ICI ET MAINTENANT

FRANÇOIS MITTERRAND

ICI
ET
MAINTENANT

Conversations
avec
GUY CLAISSE

Fayard

A Laurence et Pierre Soudet.

Présentation

Avant de l'écrire nous avons, Guy Claisse et moi, parlé ce livre. D'une conversation spontanée, et donc désordonnée, de quinze heures nous avons pendant six semaines dévidé le fil conducteur qui nous a permis, du moins je l'espère, de lier le tout en un ensemble cohérent.

Pour ne pas trahir le mouvement oral j'ai renoncé à certaines exigences d'écriture dont je me retrouve, après coup et non sans plaisir, libéré. Je n'ai rien gommé non plus des jugements, des appréciations de premier jet. Ce livre se passe de précautions. On s'en apercevra assez vite. J'avais besoin pour cela d'un partenaire qui m'obligeât à débusquer mes chasses gardées. Jacques Attali me suggéra Guy Claisse, que je connaissais vaguement, mais dont je lisais la chronique hebdomadaire du Matin de Paris avec un intérêt mêlé d'irritation qui me sembla de bon augure. Intérêt : il n'est pas ordinaire qu'un journaliste prenne le temps de se révéler, à lui-même et aux autres, écrivain. Irritation : je n'aime pas qu'on m'aime si peu. Mais dans ce genre d'aventure — un livre à deux — rien de pire que la complaisance. De ce côté j'étais paré. Qu'eût donné cependant ce travail en commun s'il n'avait été qu'un champ clos pour un duel ? Nous en sommes sortis pour regarder autour de nous, écouter, res-

pirer. *Pour mieux comprendre aussi les raisons d'un dialogue dont nous apercevions qu'il devenait échange. On ne partage pas impunément trois jours d'été.*

*L'époque à laquelle paraîtra ce livre excitera le commentaire. Pour que nul ne s'y trompe, j'avertis mes lecteurs qu'*Ici et maintenant *n'est pas un manifeste. Fidèle, assurément, aux choix de mon Parti, je m'y exprime comme je l'entends et je n'engage que moi-même. J'ai voulu que ces réflexions inspirées par l'actualité fussent pour mes amis, et pour les autres, comme elles le furent pour moi, l'instrument utile d'une recherche, un moyen d'avancer dans la connaissance d'une époque, la nôtre, qui porte en elle sa fin de siècle — et son commencement.*

François MITTERRAND.

Genèse d'un livre

Un livre avec François Mitterrand ? Je demeurai un ins-
tant sans voix devant mon téléphone lorsque Jacques Attali
me fit cette proposition. C'était une surprise. Aussi loin que
remontent mes souvenirs, je ne trouve pas trace d'une véri-
table relation personnelle avec François Mitterrand.

Je l'ai rencontré pour la première fois lors de sa campagne
présidentielle de 1965, puis à plusieurs reprises au cours de
cette période, mais toujours au milieu d'autres journalistes.
Ce ne fut pas un coup de foudre. J'appréciais, certes,
l'audace et le courage qu'il y avait à prétendre représenter
une gauche déboussolée, archibattue trois ans auparavant
lors du référendum et des élections législatives de 1962. Les
candidats à cet honneur, du reste, ne se bousculaient pas.
J'étais sensible à son inlassable dénonciation du pouvoir
personnel, à cette « République des citoyens » qu'il propo-
sait de substituer à l'espèce de régime consulaire édifié pour
et par le général de Gaulle. J'aimais qu'il n'incarnât aucune
légitimité, cette notion m'ayant toujours paru d'essence plus
monarchique que républicaine. Bref, j'ai voté pour lui.

Mon état de journaliste politique dans une station de
radio théoriquement non engagée — Europe N° 1 —
m'imposait cependant à son égard une réserve que je ne sou-

haitais d'ailleurs pas surmonter : la conception que j'ai de mon métier m'a dès l'origine incité à me garder de tout ce qui peut ressembler à une complicité avec un homme politique, fût-il de mon bord. C'est à mes yeux une condition de l'indépendance d'un journaliste. Il en est d'autres, économiques et politiques, mais ce n'est pas notre sujet. Au moins avons-nous la possibilité de contrôler celle-là.

L'homme, enfin, m'apparaissait difficile à saisir en sa vérité profonde. Non qu'il fût malaisé de l'approcher : toujours courtois, souvent cordial, François Mitterrand cherche rarement à impressionner le journaliste qui l'interroge. Mais il y a en lui une retenue qui lui fait refuser les familiarités rapides et superficielles. Ce n'est pas quelqu'un avec qui l'on s'encanaille à l'improviste un soir de congrès, ni que l'on tutoie sans être de ses intimes.

Il m'arriva parfois, à l'instar de beaucoup de mes confrères, d'imaginer que cette distance ainsi maintenue dissimulait d'inavouables zones d'ombre. Jusqu'au jour où je compris que cette réserve, qui s'ajoutait à la mienne, était faite avant tout de pudeur et de respect — des autres et de lui-même.

Jamais, dans les années qui suivirent, et alors même que j'occupais des postes clés à la télévision puis dans un grand hebdomadaire politique, François Mitterrand ne me demanda de lui « rendre un service ». Il savait, pourtant, que je continuais de suivre son combat avec sympathie. D'interviews en rencontres moins officielles, nos relations demeurèrent bonnes, mais strictement professionnelles.

Les choses faillirent mal tourner entre nous au lendemain des élections législatives de mars 1978. Comme de nombreux Français je fus impressionné, au soir du deuxième tour qui marquait l'effondrement des espoirs de la Gauche, par l'intervention de Michel Rocard à la télévision. Je l'écrivis dans mon nouveau journal, **Le Matin de Paris,** *en des ter-*

mes que François Mitterrand jugea offensants pour lui. Peut-être l'étaient-ils en effet malgré moi. La polémique interne au Parti socialiste dans la phase préparatoire au congrès de Metz, on s'en doute, ne devait ensuite rien arranger : nous étions, le journal et moi, étiquetés rocardiens.

Telle était encore la situation quand, le mercredi 16 juillet, François Mitterrand me fit appeler par Jacques Attali pour me proposer d'enregistrer un entretien en vue de faire un livre. Nous n'avions plus eu une conversation décontractée ou réellement approfondie depuis deux ans, mis à part un étrange quart d'heure, un soir de janvier 1979 sur une place de Bruxelles, balayée par une tempête de neige, où nous avait conduits une réunion de l'Internationale socialiste, et au cours duquel il m'exposa, sans attendre de réponse et manifestement sans grand espoir de me convaincre, qu'il n'était en rien responsable des tensions nées au sein du Parti socialiste, n'ayant fait que se défendre des attaques portées contre lui.

François Mitterrand ignorait, en ce début de l'été 1980, si j'étais ou non toujours partisan d'un candidature Rocard à la prochaine élection présidentielle. Il ne me l'a pas demandé. Il voulait simplement que nous fassions un travail ensemble.

Nous ne nous sommes pas rencontrés avant d'enregistrer, en trois jours, les quinze heures d'entretien qui ont servi de matériau à ce livre. Nous n'avons rien préparé de concert. Je suis arrivé à Latche le 1er août avec une batterie de questions sur les sujets qui me paraissaient d'actualité, à l'exception d'un seul : sa candidature éventuelle à la présidence de la République en 1981, étant entendu que l'heure de la décision n'était pas venue pour lui. François Mitterrand a répondu à toutes ; certaines ont surgi au fil de la conversation, sans qu'il y eût jamais la moindre contrainte, un quelconque interdit, un mouvement d'humeur ou un refus de sa part. D'autres sujets, enfin, ont été abordés par la suite, en fonction des derniers événements survenus en France et surtout dans le monde : Pologne et guerre entre l'Iran et l'Irak notamment.

François Mitterrand s'est astreint, durant tout l'été, à un énorme travail d'écriture et d'approfondissement de ses réponses, souvent douze heures par jour, parfois davantage. Le résultat est à mes yeux plus qu'un dialogue, même si cela reste un dialogue : une véritable œuvre littéraire autant qu'un acte politique, dans la lignée des meilleurs ouvrages d'un homme dont le talent d'écrivain unanimement reconnu donne de nouvelles lettres de noblesse au livre-entretien, genre difficile et malheureusement un peu galvaudé ces dernières années.

Entre les séances d'enregistrement, chacun vaquait à ses occupations. Pour François Mitterrand, sa famille, ses amis, ses chiens, ses ânes, ses chênes, ses livres ; pour moi, de brèves flâneries dans les dunes de la côte toute proche. En fin d'après-midi, nous regardions les Jeux Olympiques à la télévision. Le dernier jour, nous partîmes nous promener à vélo. Il s'était coiffé pour la circonstance d'un vaste béret landais d'un rouge éclatant. Nous fîmes halte dans un bistrot de campagne où son entrée ne dérangea pas les buveurs. Il m'apparut qu'il flottait autour des pins une rare odeur de liberté.

GUY CLAISSE.

I.
D'abord être soi-même

*Chaque homme étant ce qu'il est, le temps,
chante Brassens, ne fait rien à l'affaire. Où se
situe, la soixantaine passée, l'ambition profonde de François Mitterrand ? Nous cherchons tous l'absolu comme nous le pouvons.*

— Devant un homme comme vous, François Mitterrand,
qui joue depuis plus de trente ans un rôle de premier plan
dans la vie politique française, les questions se bousculent
naturellement sur les lèvres. On a envie d'éclaircir des
points d'histoire, de fouiller le présent dans tous ses
recoins, d'inventer l'avenir peut-être, même si c'est toujours un exercice périlleux. Alors nous allons parler de tout
ce qui intéresse aujourd'hui les Françaises et les Français,
de ce qui a fait l'actualité ces derniers mois. A l'extérieur
l'Afghanistan, l'Iran, la guerre entre l'Irak et l'Iran,
l'Alliance atlantique, le pétrole, les risques de guerre, la
politique de l'Union soviétique, la Pologne, l'évolution de la
Chine... En regardant chez nous, nous essaierons de décrire
l'évolution du régime giscardien, nous parlerons du chômage, de la hausse des prix, de la politique économique,
des phénomènes récemment apparus dans la société française comme l'écologie ou le fait associatif. De la gauche
aussi, bien sûr, du Parti socialiste, du Parti communiste et
des chances de les voir revenir un jour à l'union. Et de
l'élection présidentielle toute proche — comment ne pas y

penser ? Mais auparavant j'aimerais que nous essayions de faire le point sur vous-même en vous posant quelques questions plus personnelles. Tenez, par exemple, vous avez fait venir au journal d'Antenne 2-Midi, au mois de mars, le chanteur Daniel Balavoine. Il a dit que les jeunes ne se sentaient pas concernés par la vie politique, par le langage des hommes politiques. Ne vous êtes-vous pas senti visé ?

— Daniel Balavoine, est intervenu au moment où les journalistes d'Antenne 2 insistaient pour que nous discutions de ce qu'on appelait alors l'affaire Marchais. Je leur objectais mon désir de parler des problèmes de l'éducation nationale, des mutuelles, du chômage, qui me semblaient plus importants. Cela durait, traînait, et la fin de l'émission approchait sans que Balavoine eût placé un mot. Il pouvait croire qu'il s'était dérangé pour rien. Finalement il a explosé. Et il a élargi son propos en critiquant la nature du débat politique, le niveau où le plus souvent il se tient, et aussi son langage. Bref, il a exprimé ce qu'il avait sur le cœur.

— Je répète ma question : vous ne vous sentiez pas vraiment visé ?

— Moi aussi j'ai besoin d'entendre le cri de la jeunesse.

— Avez-vous l'impression qu'il y a une certaine dépolitisation des jeunes, une certaine désaffection vis-à-vis de la politique ?

— C'est un problème que vivent toutes les générations.

— Vous ne pensez pas que le régime actuel, le régime giscardien un peu anesthésiant, un peu lénifiant et en même temps sans idéal, sans perspectives, contribue à cet état d'esprit ?

— S'ils réfléchissent, les jeunes ne peuvent que s'engager dans les partis et mouvements qui contestent cette politique et ces mœurs. A ces derniers de le comprendre et de le faire comprendre.

— L'ont-ils vraiment compris, et d'abord le Parti socialiste ?

— Je demande à mon Parti d'employer un langage adulte et responsable, seule façon honorable de parler aux jeunes.

— Pour rester dans le même type de questions, quand Michel Rocard a lancé en 1978 le mot « archaïsme », tout le monde a immédiatement pensé, bien qu'il s'en soit ensuite défendu, que vous étiez en cause. Et il y a aujourd'hui des gens qui pensent que vous devriez laisser la place, que vous avez fait votre temps, même s'ils n'osent pas le dire tout haut au Parti socialiste. Alors vous, n'avez-vous pas l'impression que votre temps soit passé ?

— L'Histoire répondra pour moi. Connaissez-vous cette réflexion de Jules Romains que je cite à peu près : « La jeunesse c'est le temps que l'on a devant soi » ? Flatter la jeunesse est un rite ou une facilité qui ne me convient pas. On ne sait ce que vaut un homme qu'à la fin.

— Mais en politique, on n'a pas que l'âge de ses artères. On a l'âge aussi de sa vie politique, et vous êtes dans la vie politique depuis trente-cinq ans.

— Georges Clemenceau, après trente-cinq ans de vie parlementaire, n'avait jamais été ministre. Il le devint à soixante-cinq. Ce n'était qu'un petit début ! A vingt-sept ans, j'ai appartenu au gouvernement dit « des secrétaires généraux provisoires » qui a assuré la responsabilité du pouvoir lors des combats de la libération, à l'arrivée de De Gaulle à Paris et sous sa présidence. A trente ans, j'étais le plus jeune ministre que la République eut connu depuis le Premier Empire — et je le suis resté. Suis-je coupable d'être entré plus jeune que d'autres en politique ? D'avoir gardé en dépit du temps et des épreuves la confiance de mes électeurs ? Je prie ceux que cela gêne de bien vouloir m'en excuser. Je fais partie du paysage de la France.

On juge un homme sur ses idées, non sur son âge, et le

socialisme est encore aujourd'hui l'idée la plus neuve du monde. On juge un homme sur ses actes, non sur son âge, et je dirige la première formation politique française, que j'ai moi-même renouvelée pour l'adapter aux luttes modernes. A force de parler d'archaïsme, vous finirez par vexer Brejnev, Den Tsiao Ping, Reagan, Pertini, Brandt, Kreisky, Caramanlis mes aînés, Schmidt, Trudeau ou Indira Gandhi, qui sont de ma génération, et offenser la mémoire du général de Gaulle, revenu au pouvoir, vieux déjà de soixante-sept ans, pour le quitter onze ans plus tard ! Je vais même vous dire que je tire quelque orgueil d'avoir contraint depuis si longtemps et sans qu'ils réussissent à m'abattre la Droite, les maîtres de l'argent, les maîtres de l'État, à redouter l'homme seul que j'étais, l'homme libre que je suis, que je me réjouis d'avoir pu réunir Brejnev et Kissinger, les dirigeants chinois et sans doute pas mal de dirigeants allemands dans la même prière en 1974 et en 1978 : « Épargnez-nous, Dieu tout puissant, ce Mitterrand. »

Je vous réponds sur ce sujet, parce que c'est la règle du jeu que nous nous sommes fixée, mais je crains que cette conversation ne devienne futile.

— Vous ne vous découragez jamais ?

— J'ai plus de chance que d'autres qui n'ont jamais espéré voir de leurs yeux les temps nouveaux. Si Dieu me prête vie, je les verrai. J'aurais cinquante ans aujourd'hui, je vous dirais : c'est sûr.

— Il vous aura manqué quinze ans.

— Qu'en savez-vous ? C'est maintenant que j'ai mon temps.

— Au sein du Parti socialiste, vous avez souvent dit que vous vouliez transmettre le flambeau à la génération née dans le Parti. Pourquoi cela vous paraît-il important ?

— Parce qu'à Épinay notre parti n'était qu'une mosaïque d'hommes et de femmes, qui avaient milité dans des organi-

sations différentes, souvent concurrentes, parfois enne-
mies. Ceux qui sont nés à la responsabilité politique dans le
nouveau parti en vivent la réalité sans effort.

— Ne sont-ils pas encore un peu jeunes ?

— Ils sont trop jeunes, moi pas assez, on n'en sort
plus !

— Pouvez-vous me citer des noms ?

— Vous m'embarrassez. Disons que Lionel Jospin fournit
un prototype, ou bien parmi nos militantes, Véronique
Neiertz.

— Lionel Jospin serait, si je comprends bien, le successeur selon votre cœur, selon votre raison aussi.

— C'est un homme capable de remplir les plus hautes
fonctions. Il n'est pas le seul. Mais par son travail à mes
côtés, les responsabilités qu'il assume au sein du Parti et
l'autorité qu'il a acquise dans les instances internationales,
il se trouve, comme on dit, « en situation ».

— Pour être candidat à la présidence de la République il
faut avoir un certain âge...

— Ah ? Lequel ? Vous avez des idées précises ! Pour Lionel Jospin, je ne pensais pas à cette candidature plutôt qu'à
une autre, mais au devenir du socialisme en France.

— Il se pose tout de même un problème de transition
entre vous et cette nouvelle génération ?

— Ne vous inquiétez pas. Celles et ceux de cinquante ans
n'ont pas l'intention de se faire oublier.

— Ne regrettez-vous pas Pierre Mauroy ?

— Il y a entre lui et moi un lien que rien n'effacera : nous
avons reconstruit ensemble le socialisme français, et ce,
dans un climat exceptionnel de confiance mutuelle.

— Je ne crois pas que l'opinion publique ait jamais eu le
sentiment que vous prépariez votre succession.

— Alors elle se trompe. Si les militants socialistes rati-
fient mes choix, ma succession sera vite assurée à l'Assem-

blée Nationale, à la présidence du Conseil général de la Nièvre, à la mairie de Château-Chinon, et au premier secrétariat du Parti socialiste. Ce sont des choses auxquelles je
suis très attentif. Quant à l'opinion, c'est vous qui la faites,
après tout !

— Non, j'essaye de traduire un sentiment assez répandu.

— Trente-six de nos députés (sur cent-quatre) et trois
cents de nos conseillers généraux (sur mille et un peu plus)
ont été élus depuis 1976 à moins de quarante ans. Treize de
nos secrétaires nationaux (sur dix-neuf) n'ont pas cet âge.
La moyenne d'âge de nos premiers secrétaires départementaux en France est de trente-neuf ans et des secrétaires
fédéraux de la Nièvre, trente-six. Je ne me suis pas contenté
d'assurer l'avenir. Ces hommes et ces femmes sont désormais notre présent.

— Justement, vous êtes parmi les plus anciens.

— Eh oui, on commence à le savoir, soixante-quatre ans
le 26 octobre 1980.

— Avez-vous l'impression d'avoir formé une équipe ?

— Plusieurs. Celle d'Épinay et huit ans plus tard, celle de
Metz. Mais de l'une à l'autre il n'y a pas eu de fracture.

— On entend souvent dire aussi que vous aimez avoir une
sorte de cour autour de vous.

— J'ai lu ça dans les journaux.

— Est-ce que les gens que vous avez promus vous tiennent tête parfois ?

— Faites-vous communiquer les comptes rendus de nos
délibérations...

— Vous êtes quelqu'un qui accepte facilement la contestation ?

— On dit que non. Pourtant je m'émerveille de ma
patience.

— La contestation vous irrite ou non ?

— Je m'habitue.

— On vous a reproché un entourage et des experts qui avaient tendance à se substituer au Parti.

— Je n'ai auprès de moi qu'un secrétariat de quatre personnes et deux collaborateurs chargés de suivre, l'un les affaires politiques, l'autre les affaires économiques.

— Mais ces collaborateurs passent ensuite à la direction du Parti, ce qui revient à peu près au même.

— Cette promotion ne s'est produite qu'une fois avec Laurent Fabius, dont on admettra qu'il en avait la dimension. Jacques Attali a décliné l'offre que je lui avais faite d'entrer au secrétariat national et continue de travailler à mes côtés.

— On dit parfois de l'équipe de direction issue du congrès de Metz que ce sont les hussards noirs de François Mitterrand.

— Noirs ou pas, hussards ou non, ils ne sont pas à mes ordres. Ils sont mes amis.

— Est-ce que vous avez confiance en beaucoup de gens ? Spontanément, quand vous êtes devant quelqu'un ?

— Je rends ce qu'on me donne.

— Vous avez plutôt la réputation d'être un peu méfiant.

— Je fais toujours confiance à ceux que j'ai choisis. Je suis toujours méfiant avant de les choisir.

— Le processus de décision dans le Parti socialiste est-il vraiment collectif ou vous arrive-t-il, quand vous êtes sûr de vous, quand vous êtes sûr d'avoir raison, d'imposer quelque chose ?

— La direction est collégiale et je lui soumets les décisions à prendre. Il m'arrive d'être minoritaire : j'aurais souhaité qu'on refusât les exigences communistes à Reims et Saint-Étienne pour les municipales de 1977. Je n'ai pas approuvé plusieurs des dispositions importantes du texte socialiste sur l'interruption volontaire de grossesse. Il arrive aussi, trois fois l'an, que les circonstances requièrent de ma part une réaction immédiate, sans consultation préalable des autres dirigeants, ce que j'ai fait lors de la tentative manquée de Carter en Iran, pour récupérer les otages américains.

— Quelle opinion vous faites-vous de votre carrière ?

— Je sais ce que l'on dit : François Mitterrand aura manqué sa carrière s'il n'est pas président de la République.

— Ce n'est pas mesquin, c'est une haute ambition.

— Je ne suis pas ambitieux de cette façon-là. Il m'était facile après tout d'obtenir les satisfactions et les honneurs communément désirés par les hommes politiques. Mais moi, si je parviens à restituer le socialisme à la France et, au bout du compte, la France au socialisme, si j'arrive à rassembler, à cimenter les socialistes dans un puissant parti souple, divers, multiforme, pluraliste, mais quand même ordonné, et toujours unitaire, si j'en fais, et c'est bien commencé, la première force politique française,

— l'UDF n'est qu'un conglomérat de personnes et de clans qui ne durera pas au-delà du pouvoir de Giscard, tandis que le socialisme travaille, lui, à hauteur de l'Histoire — j'aurai conscience d'avoir réussi ma vie politique. Jaurès n'a pas gouverné. Blum une fois dans sa vie. Ont-ils échoué ? Attention ! Je ne dis pas « les raisins sont trop verts ». Si j'avais pu en 1974, si je pouvais emporter la présidence de la République, sans délaisser ma tâche essentielle, j'aurais saisi, je saisirais cet instrument.

— Serez-vous candidat ?

— Je vous ai répondu.

— C'est là que réside le vrai pouvoir en France, pas ailleurs.

— Qu'appelez-vous pouvoir ? Un logement dans un palais ? Le grand cordon de la Légion d'honneur ? Le droit de grâce régalien ? La curiosité des foules ? La maîtrise des décrets ? Les hommes qui se courbent ? Les hommes qui se couchent ? La télévision à la botte ? La chasse au lièvre, au tigre, au pauvre ? La fierté familiale ? La visite des ambassadeurs ? Le doigt sur le bouton de la guerre atomique ? Le cercle étroit des grands du monde ? Deux millions de chômeurs ? 15 % d'inflation ? Du nucléaire partout ? Un budget crevé ? Une France triste ? Les jeunes sous un ciel vide les pieds dans une poubelle ? Un président qui règne, qui gouverne, qui juge, qui légifère, qui commente lui-même les nouvelles qu'il inspire, monarque souverain d'un pouvoir absolu ? J'ai prononcé le mot qu'il fallait taire, l'absolu. Chacun le place où il peut, le cherche comme il peut. Valéry Giscard d'Estaing a trop de pouvoirs pour l'exercice d'un pouvoir qui ne débouche sur rien sinon sur l'injustice. Le socialisme m'apporte davantage.

— Après les élections de mars 1978 et jusqu'au congrès de Metz d'avril 1979, un débat interne très vif s'est instauré au sein du Parti socialiste entre vos partisans et vous-même d'un côté, Michel Rocard, Pierre Mauroy et leurs proches de l'autre. C'était, disiez-vous, la ligne du Parti qui était en cause. Mais beaucoup de journalistes, dont moi-même, ont eu le sentiment qu'il s'agissait en réalité d'un conflit de pouvoir, pour le contrôle du Parti. D'un conflit masqué, parce qu'en politique les luttes pour le pouvoir sont toujours habillées de considérations idéologiques...

— « Les oripeaux idéologiques dont s'habillent les ambitieux », la formule est de moi.

— Je ne méprise pas les combats pour le pouvoir.

— Moi non plus. Mais à Metz j'ai redouté que le PS ne déviât de sa route. Je le redoute encore. Autant je suis prêt pour l'élection présidentielle à faciliter les chances de celui des nôtres qui en aura le plus, autant je serai intransigeant sur la ligne politique du Parti.

— Donc à vos yeux, les risques que courait le PS pour sa ligne politique, avant Metz, demeurent ?

— Affaiblis, mais ils demeurent.

— Affaiblis pourquoi ?

— Parce que le temps a passé, parce que Metz a eu lieu, parce que la conscience politique des militants socialistes s'accroît, parce que la propagande gouvernementale et la propagande communiste se sont chargées de nous éclairer sur leur volonté commune de détruire le PS, parce que nous sommes nombreux, très nombreux à aimer notre parti, à croire au socialisme.

— N'auriez-vous pas préféré avoir une majorité à vous seul, plutôt que d'être contraint de vous allier avec le CERES ?

— Je suis intervenu personnellement très tard dans la préparation du congrès, à un moment où les jeux semblaient faits. Je n'avais pas cherché comme je l'aurais pu à me créer une clientèle personnelle, à organiser un courant. Certes j'étais accepté par tous, mais je ne possédais pas de structures, pas de troupes. Compte tenu de cette situation, le résultat de Metz a été, pour moi excellent. Quant au CERES je n'oublie pas qu'il a construit avec Pierre Mauroy, Gaston Defferre, Louis Mermaz et moi-même le Parti d'Épinay, qu'il lui a beaucoup apporté, qu'il contribue à son rayonnement. C'est sans doute pour ces raisons que Mauroy et Defferre ont plaidé avec tant de chaleur pour son retour dans la majorité dès le congrès de Nantes, soit deux ans avant Metz. J'ai bataillé contre le CERES ? Assurément. Je n'ai pas non plus consenti à une motion de synthèse avec lui à Metz parce que nous divergions sur certains aspects importants de politique extérieure. Mais ce qui nous unit l'emporte sur ce qui nous sépare. Enfin, et ce n'est pas indifférent, j'entretiens avec ses dirigeants et particulièrement Jean-Pierre Chevènement de bonnes et solides relations. Ses qualités sont grandes et s'accordent fort bien à l'aigu de son caractère comme à la fermeté de ses convictions.

— Depuis la rupture de l'union de la gauche, on a vu res-
surgir des débats que l'on croyait classés. On reparle par
exemple de jacobins et girondins, d'étatistes et de décentralisateurs. Des chapelles réapparaissent...

— C'est un débat aussi vieux que le socialisme et très
caractéristique de la société française. Pour moi qui suis
plongé dans l'histoire de la IIe République, je pourrais mettre un nom sur nos petits Fourier, Considérant, Proudhon,
Blanc, Raspail ou Leroux d'aujourd'hui. La presse, un peu
distraite, se trompe souvent de personnages et les place sur
les cases qui ne sont pas les leurs. Il est vrai qu'il y a des
étatistes centralisateurs, au PS comme ailleurs. Il n'est pas
vrai que j'en sois. Et comme vous le disiez vous-même avec
quelque insistance, puisque je suis depuis longtemps dans
la vie politique, j'ai l'avantage au moins de porter mes
papiers sur moi. J'écris, je publie. Le livre est un témoin
fidèle. Ai-je écrit une ligne qui fût étatique ? Ignorerais-je
que l'État porte la livrée de la classe dirigeante ?
Oublierais-je la leçon terrible du régime soviétique ?

— N'existe-t-il pas un problème entre vous et les militants chrétiens, membres de votre parti ?

— Entre eux et moi ? Je ne crois pas. Ils savent seulement que je regrette que la symbiose n'ait pas été vraiment
réalisée entre le courant des Assises et le Parti d'Épinay.
En effet les clivages politiques qui se sont, par la suite, produits entre nous, ont toujours épousé cette ligne de partage. Mais j'établis une distinction entre le chrétien qui en
conscience estime devoir adhérer au PS parce qu'il espère y
trouver un bon outil de combat pour le changement de la
société, et celui qui y vient, muni de son bagage, de son
paquetage et de son armement pour enlever la citadelle.

— Votre propre marche vers le socialisme ne s'est, elle-
même, pas faite sans à-coups ?

— La guerre, la captivité, la résistance ensuite, m'ont

ouvert un monde que j'ignorais. Les hiérarchies et les pouvoirs hérités de l'ordre bourgeois, dans un kommando allemand, au cœur de l'Allemagne de 1941, Hitler vainqueur, j'en ai mesuré l'artifice, je vous prie de le croire ! Mais il m'a fallu longtemps, quinze ans de vie parlementaire, les désordres de la IVᵉ République, la réconciliation de la classe dirigeante autour du général de Gaulle en 1958, l'échec et le recul des forces populaires, l'insolence des privilèges, la puissance sans bornes du grand capital, pour que j'admette une fois pour toutes que l'aventure individuelle pas plus que le discours, aussi vaste fût-il, sur la liberté et le droit, n'apportaient de réponse au besoin que j'éprouvais de prendre part au vrai combat pour l'autre libération, celle qui nous débarrasserait d'une société d'injustice. Cela vous explique l'envie que j'ai eue de rassembler les socialistes et notamment de réaliser la jonction des chrétiens et du socialisme. J'y suis parvenu pour une part. Au Parti socialiste, les catholiques militants ne nous servent pas d'alibi. Ils sont chez eux. Leur nombre y est important...

— Parmi les militants de base ?

— Oui. Mais aussi à la direction nationale et dans les exécutifs locaux.

— A quel moment cette jonction s'est-elle faite ? Aux assises du socialisme ?

— En 1971, à Épinay.

— Par adhésion individuelle ?

— Oui. Il n'y a, du moins théoriquement, que cela au PS !

— Pourquoi « théoriquement » ?

— Parce qu'en 1974, une fraction du PSU et certains cadres de la CFDT y sont venus groupés et le sont restés.

— C'était déjà les Rocardiens...

— Je ne confonds pas la cause et les effets. Simplement quand je vois que des courants se constituent au sein du PS au gré des choix spirituels, je m'inquiète et je le dis.

— On a parlé d'un complot chrétien. Est-ce vrai ?

— Qui a parlé de complot chrétien ? Ce qui est vrai, c'est que bon nombre d'adhérents du Parti socialiste, venus à lui par le canal des Assises et qui appartenaient à divers milieux de la gauche chrétienne, ont conservé entre eux des relations privilégiées, jusqu'à constituer un courant interne qui s'exprime en tant que tel. Ils disposent à l'extérieur de puissants relais et en usent parfois sans tenir compte des positions de leur parti, ou même en concurrence avec lui. Je pense qu'ils devraient se souvenir davantage qu'ils ont d'eux-mêmes changé de toit, et que sous ce toit, nouveau pour eux, vivaient déjà des gens qui ne les avaient pas attendus pour découvrir leur raison d'être.

— Là je vais être tout à fait précis, donc brutal : vous pensez qu'un certain nombre d'adhérents, venus de milieux essentiellement chrétiens, ont fait de l'entrisme dans le Parti socialiste pour favoriser un projet politique, porter Michel Rocard à la tête du Parti ?

— Pas Michel Rocard spécialement. Il se trouve que Michel Rocard, par ses qualités et son passé politique, était en mesure, mieux qu'un autre, de conduire cette action. Mais sans lui, le problème se fut quand même posé. J'ajoute que l'existence d'un courant à dominante confessionnelle exaspère par contre-coup les courants qui s'inspirent d'autres systèmes de pensée. Le sectarisme est la chose du monde la mieux partagée. C'est le bacille de Koch des partis. Je m'efforce de faire comprendre à tous, que le Parti dont ils sont membres n'a d'avenir que si, sans tomber dans le piège de l'unanimisme, il s'homogénéise. J'ajoute, puisque nous parlons des assises de 1974, que la plupart de ceux qui sont venus à nous à cette occasion, s'ils ont créé des problèmes que j'ai traités sans fard, ont aussi apporté des idées, une sensibilité, une ouverture sur la vie et les choses qui m'ont convaincu que nous avions bien fait d'en assumer le risque.

— Parce que vous n'avez pas l'intention de les rejeter ?

— Quelle étrange idée ! Ai-je jamais rejeté quiconque contribue à l'épanouissement du socialisme en France ? Ma démarche, depuis le premier jour, a été que les chrétiens, fidèles à leur foi, se reconnaissent dans notre Parti, que dérivent vers le même fleuve les sources multiples du socialisme. Au milieu du XIXᵉ siècle, hors l'avant-garde des Lamennais, Ozanam, Lacordaire, Arnaud, les catholiques de France appartenaient au camp conservateur. L'Église, secouée par la première révolution française, inquiète des progrès de l'esprit voltairien, s'était rangée aux côtés du pouvoir de la bourgeoisie, pouvoir d'une classe sociale, étroite, égoïste, féroce quand il fallait.

— L'alliance du sabre et du goupillon...

— L'Église s'est coupée des masses ouvrières. Avoir contre soi le pouvoir temporel, passe encore. Mais avoir contre soi le pouvoir spirituel ou réputé tel, quand on est le peuple des pauvres, c'est pire. Les prolétaires se sont bâti leur propre explication du monde. Puisqu'on leur proposait le bonheur dans une autre vie, et qu'au nom de ce bonheur on les abandonnait aux puissants de la terre, le message n'avait plus de sens. Le Christ obscurci, l'Église complice, il n'y avait d'issue que dans la lutte, à bras d'homme, pour la conquête, ici et maintenant, d'un état qui vous délivrerait de l'esclavage, de la misère et de l'humiliation. Par une pente naturelle, les socialistes ont rejoint, dans leur majorité, les théories qui rejetaient l'explication chrétienne. On vit même certains d'entre eux vaticiner pour chasser... la métaphysique. Non que les socialistes fussent tous rationalistes, loin de là. Beaucoup se référaient à Dieu comme à la cause première, à l'arbitre des destinées et demeuraient spiritualistes. Mais les affrontements subis par les travailleurs, la solitude dans laquelle on les avait laissés, sans la moindre lueur au fond du tunnel, rien que la peine, la répression, la prison ou la mort... ont orienté la spiritualité profonde de la classe ouvrière vers des thèmes de générosité, de solidarité et d'organisation, au-delà du présent sans espoir, vers la vision du lendemain. Comment ne pas rêver à la société idéale où des hommes égaux et justes, dans une cité ordonnée par leurs soins, se répartiraient les fruits de leur travail, toute forme de profit écartée, quand il n'y a autour de soi qu'exploitation de l'homme par l'homme, l'immense troupeau souffrant, et des maîtres impitoyables ?

— Par la soumission à la volonté divine...

— L'enracinement rationaliste et la montée du marxisme ont accentué dans le prolétariat le refus de l'Église et de son enseignement. Le socialisme qui s'était fait sans elle a commencé de se faire contre elle. Mais aussi, quel silence du christianisme ! quel long silence ! Troué de temps à autre par les cris d'agonie des fusillés de juin 48, des fusillés du coup d'État du 2 décembre, des fusillés de la Commune, exécutés sans jugement au nom de l'ordre et de la loi ! Il y avait plus de charité dans le cœur d'une Louise Michel que dans la communion des saints de l'Église romaine. Pourtant, à la fin du siècle, Léon XIII à Rome et chez nous le Sillon amorcèrent le tournant. La première guerre mondiale hâta l'évolution. Les fraternités du front, la mort partout, pour tous, la patrie en danger apprirent à chacun à reconnaître en l'autre les valeurs dont il se réclamait, même si la traduction laïque ou religieuse demeurait différente sinon antagoniste. Du fond de l'Église et du monde chrétien ressurgit l'appel initial. Le personnalisme d'Emmanuel Mounier acheva d'apporter au socialisme chrétien ses lettres de noblesse. Un oncle, frère cadet de ma mère et mort à vingt ans, avait appartenu aux équipes de Sangnier. On m'avait élevé dans la piété de sa mémoire. J'entendais mes parents catholiques, et catholiques pratiquants, parler avec tristesse de cette Église si loin des humbles et pourtant qu'ils aimaient. La Bible a nourri mon enfance. Huit ans d'internat dans une école libre, à Saint-Paul d'Angoulême, m'ont formé aux disciplines de l'esprit. Je ne m'en suis pas dépris. J'ai gardé mes attaches, mes goûts, et le souvenir de mes maîtres bienveillants et paisibles. Nul ne m'a lavé le cerveau. J'en suis sorti assez libre pour user de ma liberté. Comment après un tel apprentissage et quelque distance que j'aie prise avec lui, n'aurais-je pas été apte à comprendre qu'un socialiste avait le droit de croire en Dieu !

— Ce n'est donc pas un problème philosophique pour vous ?

— Pas du tout.

— Un problème de pouvoir dans le Parti, pardonnez-moi si j'insiste, ou quoi ?

— Je ne voudrais pas, puisque des courants existent au sein du Parti socialiste, — matière à réflexion dont nous reparlerons —, je trouverais absurde et dangereux qu'un courant dit « de pensée » commît l'erreur de s'identifier à un « choix spirituel ».

— Un autre problème, voisin de celui-ci, est apparu récemment, celui du comportement des courants les uns vis-à-vis des autres. Je veux dire par là, que les courants ont assuré une représentation démocratique des différentes sensibilités du Parti et peut-être même des différents groupes. Mais ne sont-ils pas devenus des clans qui vivent pour eux-mêmes, qui agissent dans leur intérêt plus que dans celui du Parti, cela n'a-t-il pas finalement abouti à figer le débat ?

— Le mal est sorti du bien. Le bien, c'est la proportionnelle, décidée au congrès d'Épinay qui a permis à des groupes divers de cohabiter dans une seule organisation, au lendemain d'une période où ils s'étaient entredéchirés. Nous avions l'ambition de les réunir dans la même maison. Assurant à chacun son dû, la proportionnelle y a beaucoup contribué. On comptait cinq motions à Épinay qui, représentées à la proportionnelle dans nos organismes dirigeants, risquaient de se cristalliser en tendances. Nous l'avons évité en développant une dynamique qui a eu raison des divisions factices. Cependant, j'ai observé dans les années suivantes, un début de sclérose. L'élan de 1971, les circonstances historiques, la force des événements, sans omettre les affinités naturelles ou acquises auraient dû précipiter l'osmose entre les fractions héritées du passé. C'est le contraire qui s'est produit, chacune d'elles s'organisant en commando avec ses mots d'ordre, sa façon d'occuper le terrain et son encadrement.

— Elles se sont même bâti chacune leur doctrine...

— N'exagérons rien. Mais les contours des courants se sont durcis ces derniers temps. Courant CERES, courant Rocard, courant Mauroy, courant de la majorité lui-même subdivisé en plusieurs fractions, des clientèles se forment. A l'intérieur des courants — même si je suis solidaire de la majorité, je ne participe à aucun d'eux, — j'imagine qu'une discussion démocratique précède la décision. Mais une fois la décision prise, tout se passe comme si les membres de ces fractions étaient liés par une discipline supérieure à celle du Parti lui-même.

Le danger de voir poindre plusieurs partis dans le Parti est suffisamment réel pour que je m'en préoccupe. C'est ce risque qui a inspiré mes récentes interventions et mises en garde. J'irais, s'il le fallait, jusqu'à demander une modification des statuts.

— Est-ce que le facteur élection présidentielle pour

laquelle le Parti doit faire émerger un candidat, a joué dans le processus de constitution de courants rigides ?

— Non, ceci a précédé cela.

— Et quelle en est la raison profonde ?

— Cherchez-la dans la nature des socialistes. Il y a chez eux un goût authentique de l'affirmation par l'idée. De plus, les socialistes ont le sens de la camaraderie. Quand on adhère à un groupe, fût-il un groupuscule, si l'on est d'accord sur une idée centrale, les solidarités se mécanisent sur tous les autres points. C'est l'esprit de chapelle, variété secondaire de l'esprit tribal. Comme l'histoire socialiste est riche en philosophies et en propositions diverses et que l'histoire commande le présent, on retrouve en pointillé l'histoire d'un siècle et demi de socialisme dans le Parti socialiste actuel. Ne nous privons pas de cette richesse mais sachons l'ordonner.

— N'avez-vous pas l'impression que vos propres réactions ont parfois figé le débat d'idées. Je veux dire par là qu'on a l'impression depuis quelques mois, quand quelqu'un s'exprime sur un sujet quelconque, qu'il a une idée, qu'on ne commence pas par examiner vraiment son idée, mais par se demander à quel courant il appartient ? Je caricature un peu, mais j'ai senti cela à plusieurs reprises.

— Vous connaissez cette pancarte, accrochée aux barrières des passages à niveau : « Attention un train peut en cacher un autre ? » Une émission de France-Inter a plaisamment paraphrasé la formule. Moi, je vous dis « Attention, un débat peut en cacher un autre ». Que la suspicion, encouragée par des campagnes de presse, se soit installée parmi nous, assurément. J'en ai moi-même souffert. Mais j'ai essayé d'en comprendre le processus. Nous vivons beaucoup ensemble au Parti socialiste. Nous nous réunissons chaque semaine, tous courants confondus, le mercredi, trois, quatre, cinq heures au sein de notre Bureau

Exécutif, tous les deux mois au Comité directeur, tous les deux ans dans un congrès, précédé par la mobilisation de nos sections sur des textes minutieusement discutés, avec entre-temps des comités de travail, des colloques, des séminaires, des conventions et parfois un ou deux congrès extraordinaires. Quiconque désire un débat peut l'ouvrir quand il veut, ce ne sont pas les occasions qui manquent. Pourtant après mars, le bruit a commencé de se répandre : « Mitterrand est crispé, il refuse le débat. » Et moi j'interrogeais : « Quel débat ? » sans que nul ne daigne m'éclairer. Ceux qui se plaignaient à l'extérieur et à la cantonade de ne pas l'obtenir, se gardaient à l'intérieur d'en dire davantage. Qu'est-ce que cela signifiait ?

J'ai compris assez vite, qu'un débat en cachait un autre et ai fini par m'en amuser. Après cela la rumeur a couru : Mitterrand ne veut pas qu'on pose les « vraies questions ». Alors j'interrogeais : « Qui veut poser les vraies questions ? ». Et la réponse ne venait pas. On attendait peut-être que je demande quelle est la dixième preuve de l'existence de Dieu ! En voilà une vraie question ! Mais l'oiseau migrateur « vraies questions » a disparu à l'horizon comme avant lui l'oiseau « ouvrir le débat ». Personne n'a songé à lui jeter du sel sur la queue. J'ai compris alors que la dernière née des techniques politiques, à mi-chemin du marketing et de la flagellation, était celle du vague à l'âme. Eh oui, comme d'autres le cannabis on cultive chez nous le vague à l'âme, petite drogue douce et délétère. Mais en vérité, le Parti socialiste est le lieu de France où l'on discute le plus aisément et le plus librement : il m'arrive souvent de rappeler qu'à deux heures du matin, il est temps d'aller se coucher.

— Rangez-vous la thèse des deux cultures, c'est-à-dire le vieux débat entre Jaurès et Guesde, l'opposition entre les socialistes individualistes, décentralisateurs et les socialis-

tes pour lesquels tout doit passer par le pouvoir d'État,
rangez-vous donc cette thèse développée par Michel Rocard
à votre congrès de Nantes en 1977 dans cette catégorie des
drogues douces et délétères ?

— Mais non, mais non, tout au contraire. Il s'agit là d'un
grand, d'un vrai débat. Y a-t-il ou non opposition fondamentale entre le socialisme historique, structuré par des organisations de masse, pétri par les luttes, attaché à des objectifs tels que la conquête du pouvoir d'État, la rupture du
système économique, la transformation des rapports de
production, l'appréhension par la collectivité nationale des
grands moyens de production et de crédit, et l'autre socialisme, que j'appellerai associatif, aussi ancien que le premier, mais plus sensible au développement des solidarités
de base, partisan des pouvoirs éclatés et d'esprit liber-
taire ? A l'écoute de Michel Rocard, à Nantes, on l'aurait
cru. J'ai approuvé qu'une telle discussion fût lancée. Je n'ai
pas approuvé le caractère tranché et finalement simpliste,
qu'elle a pris par la suite comme si n'existaient pas de multiples passages d'un socialisme à l'autre, comme si la
synthèse n'avait pas déjà été tentée, et, selon moi, réussie
par le Parti socialiste d'Épinay. On ne prouve rien par la
caricature, fût-elle ressemblante. Le socialisme historique
parce qu'il était marqué par l'empreinte de Marx, a été assi-
milé, identifié aux vieillissements du marxisme, y compris
au travers du prisme léniniste. Puissamment aidé par la
propagande bourgeoise qui aurait eu bien tort de n'en pas
faire ses choux-gras, le courant sans frontières qui tente
d'inhiber le Parti socialiste s'est rassemblé autour de
l'étendard, nouveau *Labarum* annonçant « le socialisme est
mort », façon de dire pour être juste : « leur socialisme est
mort », « leur » socialisme, le nôtre, celui de la lutte des
classes et du pouvoir d'État, du plan préféré au marché, de
la nationalisation des monopoles privés, des revendications

de la base. On s'enchantait du syllogisme répandu dans les salons parisiens, « Lénine était dans Marx et Staline dans Lénine, donc le goulag sort de chez Marx. » On oubliait que Jaurès pratiquait la dialectique marxiste, Blum aussi, oubli commode pour n'avoir pas à poser la question : « Le goulag sort-il de Jaurès ? »

Pourtant, comme dans toute critique, sous les reproches sectaires ou de simple dépit perçait une vérité. Le socialisme de pouvoir éloigné du pouvoir empruntait les chemins de son rival en utopie, s'inventait à son tour un monde irréel peuplé d'hommes irréels, ajustait des mécanismes dans le vide et, parti d'une explication scientifique de l'histoire, débouchait, après un long voyage, sur la planète lisse de l'idée platonicienne. Et tout cela au nom de la rigueur des faits. On s'était battus pour que l'homme esclave put conquérir sa liberté. On l'enfermait déjà dans la pièce des machines, le cerveau-robot ordonnant à sa place les conditions de son bonheur. Une certaine paresse d'esprit rendue possible par la substitution d'une mystique aux exigences de la raison et à la connaissance de la nature humaine conduisit à ériger en dogmes l'humble démarche de ceux qui cherchent. J'ai dit combien j'admirais les progrès de la science économique et de la science sociale dus aux premiers théoriciens du socialisme scientifique. Ils m'ont convaincu qu'ils détenaient l'explication majeure des temps présents. Mais je me méfie de leur postérité qu'émerveille la finalité de la ruche. « L'homme fait sa propre histoire » disait Marx. Il était sain qu'un coup de vent fît tomber de notre arbre les feuilles mortes de l'économisme.

L'autre socialisme, mélange paradoxal de Fourier gratiné de Proudhon et corrigé par les Pères de l'Église a de l'homme et du travail une idée plus morale qu'économique, se fie au spontané, se méfie des structures dont il redoute qu'elles étouffent plus qu'elles n'encouragent l'initiative individuelle, et, paradoxe encore, faute de croire à sa capacité de transformer la société capitaliste par ce biais retourne au saint-simonisme du père Enfantin féru de modernisme organisationnel. Je le rejoins quand je le vois protéger l'homme, fragile produit du quotidien et de l'espérance éternelle. Je m'en éloigne quand je le vois camper au pied de la forteresse ennemie et se contenter d'emboucher la trompette, comme si les murs allaient tomber, la septième fois.

Ces deux histoires ont engendré deux cultures différentes et, il faut l'admettre, concurrentes. J'aimerais mieux qu'elles se complètent pour se fondre plutôt que de s'opposer pour se détruire. Le socialisme a besoin de tous ceux qui rejettent le pouvoir de la classe dominante et refusent l'aliénation de l'homme. Quant à se garantir contre les démons et les vices que tout pouvoir porte en lui-même, les quinze thèses sur l'autogestion que nous avons adoptées en 1975 fixent au socialisme sa mission nouvelle : inventer les contre pouvoirs.

— Vous avez été deux fois candidat unique de la Gauche vous avez été le rassembleur des socialistes, le Parti d'Épinay a marqué un grand changement dans la vie politique française. Ce que l'on appelle la Gauche non communiste, brusquement, marchait presque d'un même pas...

— Évitons de peindre en rose la situation de 1971. Je ne l'ai emporté que de justesse à Épinay et la nouvelle équipe dirigeante a dû travailler dur de 1971 à 1974 pour parvenir au point où nous en sommes. Il faut dire aussi qu'avant nous Alain Savary avait ouvert notre chemin. C'est vrai que les années 1974 à 1977 ont représenté pour le Parti socialiste un formidable bond en avant et que cette renaissance a pris un aspect légendaire. Mais pour imposer — démocratiquement — la conviction à laquelle adhéraient avec moi une poignée d'hommes et de femmes que j'appellerai l'équipe première, conduite par Pierre Mauroy et composée des douze membres du secrétariat national du début, de nos collaborateurs immédiats et de mes plus proches compagnons, sans oublier le rôle discret et décisif de Gaston Defferre et celui de Gérard Jacquet cela n'a pas été si simple. La nature de notre dialogue m'amène à m'exprimer à la première personne, à employer le mot « je ». Mais rien n'eut abouti sans les idées, les conseils, le travail et l'amitié de l'équipe en question vite enrichie par des apports nouveaux.

— Je vois bien cet aspect légendaire dont vous parlez : en fait, vous étiez l'homme, jusqu'en 1977 à qui tout réussissait. Je veux dire que votre démarche politique qui partait en 1965 d'une Gauche désunie, d'un Parti socialiste presque liquidé, avec ce score dérisoire de 5 % pour son candidat en 1969, avait abouti à faire un grand parti dans une gauche unie.

— Pourquoi parlez-vous au passé ?

— Cela marche moins bien maintenant.

— Non, cela ne marche pas moins bien. C'est simplement plus difficile. En passant de 10 à 23, 24 % des suffrages, nous nous sommes rapprochés des zones moins compressibles de l'opinion française. Après avoir récupéré notre propre terrain, nous entrons maintenant sur le territoire des autres et avançons plus lentement. Normal, non ? Le pourcentage que nous avons obtenu en 1978 en dépit de l'échec de la Gauche a été le plus élevé qu'un Parti socialiste eût jamais atteint dans des élections législatives, fût-ce au temps de Jaurès et de Blum. Quant aux difficultés de l'union, j'avais analysé dès 1971, avec mes amis, la contradiction que recélait notre démarche, contradiction inévitable.

— Quelle contradiction ?

— Pour que la Gauche pût l'emporter en France il fallait que le Parti socialiste devînt d'abord majoritaire à gauche. Mais comment, nous interrogions-nous, le Parti communiste supporterait-il le déclin puis la perte de sa suprématie ? Plus nous approchions de la victoire commune et plus les conditions de l'affrontement se précisaient. Que voulez-vous, nos partenaires s'étaient habitués depuis quarante ans à constituer le fer de lance et en même temps le gros des troupes de la Gauche organisée. Et voilà qu'au moment où celle-ci allait accéder au pouvoir, ils devaient renoncer à jouer le premier rôle. Je comprends qu'ils aient bronché devant l'obstacle. Mais je souhaitais qu'il fût possible de dominer cette contradiction. C'est la raison pour laquelle j'ai longtemps refusé l'actualisation du Programme commun. Je pressentais que si le Parti communiste demandait ce nouveau débat avec tant d'insistance, ce n'était pas comme en 1972 pour resserrer nos liens, mais pour les rompre.

— Vous avez expliqué dans *L'abeille et l'architecte* que le PC français avait espéré reproduire en France une situation à l'italienne, avec un PC à 40 % et un PS en force d'appoint. Voyant ensuite que le Programme commun, l'Union de la Gauche risquaient de le mener à une situation sinon totalement inverse, du moins à placer le PS en position dominante, il a refusé d'aller plus loin.

— Nous parlerons de cela plus tard.

— Bon. Mais si le refus de la prédominance socialiste est, pour les communistes, une raison importante, la vraie question au fond, n'est-elle pas celle-ci : y a-t-il une chance pour que cette raison disparaisse un jour ?

— Il faut que le Parti communiste prenne la juste mesure de ce qu'il peut et ne peut pas. Il n'est, pas plus que nous, propriétaire de ses suffrages. Il s'adresse à des Français qui appartiennent le plus souvent aux classes exploitées et ces Français ont l'intérêt le plus évident, le plus urgent, à renverser la domination de la Droite, bourgeoisie d'argent, classe des notables, grand capital. Ils veulent que cela change parce que pour eux, c'est vital. Or, s'ils s'aperçoivent que le Parti auquel ils font confiance refuse le pouvoir pour des raisons, parfois obscures, de stratégie internationale ou pour de simples rivalités de préséance, ils s'en écarteront. Le Parti communiste prend le risque sérieux de parier sur le vide. Il n'y aura pas beaucoup de millions de Français pour s'y jeter avec lui. En vérité, la direction du PC pense que nous craquerons sous la violence de ses attaques. Et que nous justifierons après coup les accusations de 1977. D'où l'importance décisive pour nous de rester fermes dans nos choix et de ne pas changer de cap. C'est en allant, voici déjà dix ans, là où nous sommes aujourd'hui que nous avons retrouvé la confiance populaire. C'est en y restant que nous la garderons.

— Vous parliez tout à l'heure de la capacité de résistance du Parti socialiste à ces attaques incessantes du PC qui vous a accusé à peu près de tout ce qu'on peut imaginer.

— Cette capacité m'a, je dois l'avouer, agréablement étonné. Ai-je assez entendu autour de moi, ai-je assez lu dans la presse cette question : que va devenir ce parti faible le PS, face à ce parti fort le PC ? La preuve est faite qu'on se trompait, pour le moins, d'adjectifs. Le Parti socialiste a résisté parce qu'il était un parti à la ligne ferme et souple, non pas faible, face à une structure plus rigide que forte. Dans des sports comme l'escrime ou la boxe, et ce sont de beaux sports, on se brise à frapper en force. D'autres comparaisons me viennent à l'esprit mais nous ferions mieux, vous et moi, de lire les fables de La Fontaine.

— En ce qui vous concerne, vous plus personnellement, il y a eu, si l'on en juge par une série de sondages qui sont sortis après mars 1978, un certain détachement de l'opinion publique à votre égard. Est-ce que d'abord vous croyez à ces sondages ? Et si vous y croyez, comment les avez-vous analysés ?

— La tendance, en politique comme ailleurs, mieux vaut la connaître que l'ignorer. Mais je n'apprendrai rien à personne si j'observe que les sondages, selon la nature des questions posées et l'interprétation des réponses, offrent aux manipulateurs d'opinion un vaste champ d'opération. Il y a un tel abus des sondages que les gens « sondés » finissent par exprimer non pas leur préférence mais l'idée qu'ils se font de la préférence des autres. C'est le phénomène du tiercé ! De même, les sondages confondent popularité et crédibilité. Or, on peut être populaire et ne pas apparaître en situation de gouverner. Aux yeux de beaucoup, je m'identifie à l'Union de la Gauche. Quand celle-ci va mal, je ne me porte pas (politiquement) très bien. Et quoi de plus juste ? On ne m'imagine pas dans la peau de quelqu'un qui trahirait son camp. J'aime mieux cela que le contraire ! Mais les sondages ça va, ça vient. Rien de plus humiliant pour lui, et de plus inquiétant pour les autres que l'homme politique dont les pensées et les actes sont suspendus au baromètre de la SOFRES (ou de l'IFOP, si vous voulez) et qui court après les humeurs de l'opinion publique.

Quand j'ai mené avec Forni et quelques autres la bataille parlementaire contre la loi Peyrefitte, on m'a dit : gare aux sondages. Les Français sont plus attachés à leur sécurité qu'aux libertés. Eh bien moi, je crois que la loi Peyrefitte en s'attaquant aux libertés attente en profondeur à la sécurité de nos concitoyens. Pourquoi voulez-vous que je le taise ? Me suis-je gêné pendant trente ans et davantage ? Vais-je commencer maintenant ? Non seulement je me mépriserais de concéder à ce calcul une once de mes convictions mais encore, à distance, je ferais un piètre calcul. L'image que vous renvoie le miroir a quelque chance de vous ressembler. Mais fabriquer l'image pour plaire, pouah ! Quand j'ai assuré de ma solidarité les immigrés de Chilly-Mazarin et de Garges-les Gonesses, ceux de la rue Vercingétorix en rupture de loyer avec la Sonacotra, ceux de la RATP en grève pour un salaire aux deux tiers du SMIC, ceux de l'église Saint-Bernard, traqués, pillés et expulsés, on m'a dit « les Français n'aiment pas qu'on vienne leur prendre le travail qu'ils ne font pas, les ouvriers surtout, vous perdez votre temps. » Quel temps perdu si je gagne ce qui compte pour moi ? Sur quelles balances les « sondés » pèsent-ils et la perte et le gain ? Quand j'ai condamné l'intervention russe en Afghanistan et alerté l'opinion sur le danger que représentaient pour la France les fusées russes SS 20, on m'a dit : attention, regardez les autres, presque tous les autres, comme ils filent doux, Giscard compris. Critiquer les Russes aujourd'hui, c'est trois cent mille voix de l'appareil communiste en moins pour 1981. On ne prend jamais assez de précautions. Rappelez-vous la petite visite de Tchervonenko à Giscard entre les deux tours, l'autre fois ! Eh bien moi, je crois que l'affaire de l'Afghanistan et l'installation des fusées mettent en péril l'équilibre mondial, accroissent les risques d'une guerre atomique, rompent les principes de droit sur lesquels repose ce qui nous reste de civilisation et je le dis. J'agirais de même avec quiconque, de l'Est, de l'Ouest, du Nord, du Sud. Être d'accord avec soi-même, je ne connais pas meilleur bulletin de santé ! Bien entendu si mes prises de position rencontrent la faveur des sondages, tant mieux pour moi. Mais je ne joue pas le sort de mon pays et la vie des Français pour ce seul agrément. Supposez un sondage sur Munich en 1938, sur l'armistice de 1940, sur Pétain en novembre 1942, et supputez le résultat probable ! Je ne recommande pas, bien entendu, de prendre les sondages à rebrousse-poil et de s'entêter par souci de singularité à contrarier l'opinion générale. N'empêche. Au train où l'on va, je m'inquiète de ces hommes politiques qui, pour un point dans les sondages, se soulageraient d'un Munich par mois.

— A propos des sondages vous venez de parler de « manipulateurs d'opinion ». Estimez-vous que les instituts de sondage servent le pouvoir en place ?

— Évitons les jugements téméraires. Ce qui est sûr c'est que l'un des principaux instituts appartient à une grande banque d'affaire que nous avons l'intention de nationaliser — ce qui ne fait pas plaisir à ses propriétaires — et que, si l'on cherchait bien, pour les autres... Enfin je remarque que les sondages sont généralement favorables à ceux qui les commandent, je veux dire à ceux qui les paient.

— Pour la prochaine campagne électorale, la campagne présidentielle, il a été prévu un nouveau système de sélection des candidats. Ceux-ci doivent désormais être parrainés par au moins cinq cents élus — parlementaires, conseillers généraux ou maires — représentant au moins trente départements. C'est un système qui tend à éliminer les candidats considérés comme marginaux. Vous paraît-il démocratique ?

— L'élection à la présidence de la République n'est pas Radio-Crochet. Je trouve la loi sévère. Je ne la désapprouve pas.

— En 1965 et 1969, il n'y avait pas ces règles draconiennes et on n'a pas eu tellement de candidats.

— Si, trop.

— A quoi peut-on attribuer cette tendance ? Au besoin d'expression des gens ?

— Dans une société cloisonnée comme la nôtre, le besoin de s'exprimer est pour l'esprit — et le cœur — ce que le besoin de manger est pour le corps. Comment résister, au surplus, à l'attrait de cette formidable tribune qu'est la télévision quand on croit avoir quelque chose à dire ? Mais, trop de candidats, pas de candidats, sauf un, celui de l'Élysée. La démocratie n'y gagne pas.

— Le nouveau système peut aussi éviter que l'on suscite des candidatures de diversion. Imaginez le cas d'un candidat socialiste, qui pourrait être vous — c'est une supposition — On veut lui faire perdre des voix sur sa gauche et sur sa droite : on suscite deux candidats écologistes au lieu d'un.

— Pourquoi parler d'écologistes ? Giscard d'Estaing et Georges Marchais quêtent à la porte des églises, et sur les foires et marchés, pour découvrir les candidats de complaisance qui pourraient nous gêner.

— Certains de vos propos, ce printemps, ont pu donner l'impression que vous faisiez l'impasse sur la prochaine élection présidentielle, ou qu'après tout vous considériez que ce n'était pas à vos yeux, une échéance capitale. Est-ce que je me trompe ?

— Tout Parti politique a pour objectif le pouvoir et nous ne négligerons rien pour le gagner. L'élection présidentielle dans le système de la Ve République est le nœud des institutions, le point central de la politique française. Comment ferais-je l'impasse sur le rendez-vous prochain que le Parti socialiste et son candidat auront avec le suffrage universel ? Tant de choses en dépendront. Cependant, je veux qu'on sache que le socialisme n'est pas à la merci d'une élection.

— Il faut citer ces propos car ils m'avaient frappé. C'était le 2 juin dernier, devant la Convention Jeunesse du PS à Créteil dans le Val-de-Marne. Vous aviez dit : « l'élection présidentielle de 1981 n'est qu'un incident de parcours parmi d'autres, et qui ne peut nous apporter que des satisfactions et en aucun cas des déceptions ». N'était-ce pas une déclaration un peu forcée ?

— L'expression a sans doute dépassé ma pensée et doit être réinsérée dans le contexte du discours. Puisque nous pouvons gagner, il serait décevant de perdre.

— Cette campagne présidentielle vous paraît-elle ouverte ? Les sondages qui semblent accorder les plus grandes chances à Valéry Giscard d'Estaing d'être réélu vous paraissent-ils crédibles ?

— J'ai commencé la campagne de 1965 avec 11 % des

intentions de vote, de Gaulle avec 63 %. Je l'ai terminée à 45 %, de Gaulle à 55. Un sondage, quinze jours avant le premier tour plaçait Lecanuet avant moi. J'ai eu deux fois plus de voix que lui.

Peu de mois avant la campagne de 1974, quatre sondages accordaient plus de 60 % des suffrages à Giscard et à moi moins de 40. J'ai fini à 49,2, lui à 50,8.

Poher dans les premiers sondages de 1969 écrasait Pompidou. Pompidou a été élu.

— Dans une élection présidentielle, il y a toujours plus ou moins une surprise. En 1965, il y a eu votre candidature, plus celle de Lecanuet qui ont provoqué le ballottage du général de Gaulle auquel personne ne s'attendait au départ. En 1969, il y a eu l'apparition et la disparition de M. Poher : il n'existait pas trois mois avant, on a cru qu'il allait gagner, finalement il s'est effondré. En 1974, il y a eu le phénomène Chaban-Delmas, qui lui aussi partait favori. Toujours d'après les fameux sondages, il paraissait mieux placé que Giscard d'Estaing. On s'attendait plutôt à un duel Chaban-Mitterrand au deuxième tour, et patatras, effondrement de Chaban. Cette fois-ci, quelle peut être l'inconnue de la prochaine élection ?

— L'inconnue a pour fonction de n'être pas connue.

— Que peut-il se produire ?

— Il y a l'imprévu et il y a les constantes.

— Quelles constantes ?

— Pour m'en tenir à la période 1974-1980, j'en distingue trois. La première est que la Droite et la Gauche structurées s'équilibrent à peu près, un peu à l'avantage de la Gauche — aux alentours de 43-44 % — et que la décision se fait sur les marges.

— 10 à 12 %.

— La deuxième est que, quel que soit le pouvoir d'un homme, son audience, il lui est difficile, si j'en juge par ce qui s'est produit pour de Gaulle, pour Pompidou et pour moi, d'atteindre 44 % au premier tour. Comme s'il existait un mur invisible.

La troisième est que les migrations à l'intérieur de chacun des deux camps, Droite et Gauche, n'affectent pas leur stabilité globale : rares sont les transferts de voix de la Droite à la Gauche, et vice versa. J'observe cependant que le Parti communiste tend à compenser les pertes qu'il subit dans son milieu traditionnel en attirant à lui le poujadisme ambiant. Quand ces électeurs le quittent, beaucoup retournent d'où ils viennent.

— Vous avez rappelé qu'au deuxième tour de 1965, vous aviez atteint 45 % des suffrages ou presque, alors que vous n'en aviez obtenu que 32 % au premier tour. D'où est venue la différence ?

— De la Droite, ou plutôt des gens de droite qui ne pardonnaient pas à de Gaulle l'indépendance de l'Algérie.

— Le peuple de gauche en 1965, c'était donc seulement ces 32 % ?

— Le peuple de gauche qui votait... à gauche, oui. Le reste votait de Gaulle.

— De Gaulle disparu, tous sont revenus à gauche ?

— Ce phénomène avait commencé avant le départ de De Gaulle. Ma candidature de 1965 a amorcé le mouvement.

— Pour quelles raisons de fond ?

— En 1958, la bourgeoisie avait rendu le gouvernement à de Gaulle, mais de Gaulle lui avait rendu le pouvoir. Les gens de gauche qui avaient espéré en lui durent admettre qu'il n'avait pas touché aux privilèges, que le développement du capitalisme national et international s'était accéléré au détriment des forces productives, que les inégalités s'aggravaient. S'était aussi produit un effet d'usure auquel nul n'échappe. Enfin, existait désormais une force de remplacement que j'incarnais. Le rassemblement de la Gauche se révélait plus attractif que le retour à la vieille Droite.

— En 1965 vous étiez candidat, en fait, pour témoigner qu'il existait une gauche.

— Je n'avais aucune chance d'être élu et je le savais. Je n'imaginais même pas qu'un deuxième tour de scrutin fût possible. Au zénith de sa popularité, la position du général de Gaulle était alors considérable. Mais le délabrement dans lequel vivotait la Gauche, les disputes, les querelles, l'impuissance, me paraissaient insupportables. J'ai voulu relever le gant, cristalliser les espérances et commencer de rassembler. C'est pourquoi, après que Gaston Defferre eut retiré sa candidature, j'ai ici, dans les Landes, décidé de me présenter. Je dois dire qu'au début, j'ai surtout lutté pour vaincre l'inertie. Je n'arrivais pas à réunir dans une même salle les représentants des différentes formations politiques qui étaient censées m'appuyer. La SFIO me soutenait à condition que je ne rencontre pas les communistes. Les communistes me soutenaient à condition que je les rencontre. Le Parti radical me soutenait en invitant à voter aussi Lecanuet. Le PSU, enfin, soutenait le candidat de la Gauche à condition que ce candidat fût un autre que moi. Malgré tout, en moins d'un mois, la présence d'un candidat unique de la Gauche a catalysé l'opinion jusque-là indécise et, dans les dernières semaines de la campagne, suscité un formidable courant populaire.

— En 1974, la situation était différente, la Gauche était unie et vous faisiez campagne pour gagner.

— En 1974, c'est la mort de Georges Pompidou qui a précipité l'heure de l'élection. Beaucoup de gens autour de lui avaient spéculé sur sa disparition et préparé sa succession. Que de regards sur ce visage qui s'enfonçait dans le néant ! Je n'avais pas le goût de prendre part à la veillée funèbre. Au surplus, je n'étais pas personnellement pressé de m'engager. Je mesurais la difficulté de la tâche. En 1969, c'était trop tard pour moi, en 1974, trop tôt. Vous vous souvenez sans doute que ce sont Robert Fabre pour les radicaux de gauche et Georges Marchais pour les communistes qui, les premiers, ont exprimé publiquement le vœu que je sois candidat...

— ... Il n'y avait pas d'autre candidat possible à cette époque...

— ... sans doute.

— ... et il existait un Programme commun.

— Nous disposions en effet d'une bonne plateforme politique mais la crise économique était encore ignorée des Français.

— La première vague de hausses pétrolières venait d'avoir lieu début 1973.

— Les causes de cette crise n'étaient pas connues de l'opinion publique et ses effets pas ressentis.

— Personne n'imaginait encore l'ampleur de la crise.

— L'année 1974 s'est terminée avec une hausse de 14 % des prix dont 4 % environ imputables au pétrole. Mais en mars, nous étions peu à prévoir la suite. De sorte que lorsque j'évoquais l'inflation incrustée dans les rouages du système capitaliste bien avant la crise de l'énergie, lorsque je dénonçais l'aggravation des inégalités dans notre société, lorsque je décrivais les progrès du mal qui rongeait le tissu industriel français, bref, quand je faisais le compte des ratages du Ministre de l'Économie et des Finances de l'époque et la pauvreté de ses analyses, j'avais l'air d'employer des arguments électoraux.

Et puis, un président de la République qui meurt et l'élection dans les vingt à trente-cinq jours — règle institutionnelle — d'un nouveau chef de l'État, cette succession se déroule dans un climat psychologique peu favorable à quelqu'un de l'opposition. Enfin, la Droite, avec Valéry

Giscard d'Estaing disposait de son meilleur candidat. L'effondrement du candidat gaulliste, prévisible, mais pas à ce point, a montré que la France conservatrice, figée dans ses vieilles structures, représentée par ses notables, ses chambres d'agriculture, de commerce, d'industrie, ses médecins, ses avocats, ses notaires, sa fortune foncière et ses relais auprès du capital international avait choisi son homme. Moins d'un an plus tôt, lors des législatives de mars 1973, la Gauche, tout en continuant sa progression recommencée depuis huit ans n'avait obtenu que 46 % des suffrages face à un président malade et un Premier ministre sans popularité. Il me fallait arracher quatre points. J'en ai gagné trois et demi.

— Le combat en tout cas était clair puisque vous représentiez la Gauche contre la Droite. Pour 1981, le combat risque d'être beaucoup moins clair.

— Précisez.

— Je pense à la troisième élection présidentielle, celle qui est devant nous.

— Vous oubliez celle de 1969.

— La SFIO de Guy Mollet était en crise, en pleine déconfiture. La Fédération de la Gauche démocrate et socialiste, dont vous étiez le président depuis 1966 et qui avait réalisé une percée lors des élections législatives de 1967, avait éclaté. Le nouveau Parti socialiste n'existait pas encore, puisqu'il fut créé ensuite par Alain Savary et véritablement mis sur orbite par vous à la faveur du congrès d'Épinay en 1971. On ne pouvait imaginer pire situation que celle de 1969...

— Je n'ai pas été acteur de ce drame.

— Je ne pense pas que vous ayez envie de revenir sur cet épisode.

— Non.

— Il se produit une évolution sociologique caractérisée

par l'accroissement du nombre des salariés dans la vie économique française. Logiquement cette évolution devrait se poursuivre.

— Les salariés représentent aujourd'hui 80 % de la population active. Le front de classe sur lequel nous nous appuyons s'élargit chaque jour. La Gauche, socialement majoritaire en France, le sera politiquement — elle l'est peut-être déjà — quand les couches socioprofessionnelles exploitées auront compris l'identité de l'acte économique, de la protestation sociale et du bulletin de vote. C'est la tâche des partis de gauche et des syndicats ouvriers de hâter cette prise de conscience. Voilà pourquoi j'ai dit un jour : « amis, rassemblez-vous, la victoire de la Gauche est inéluctable. » Mais cela dépend d'abord d'elle.

— Si l'on suit votre raisonnement, la Gauche devrait être à 60 % à la fin de ce siècle.

— Mathématiques et politique ne sont pas sœurs jumelles. La Gauche gouvernera, et bien avant la fin du siècle. A condition qu'elle s'unisse. Si les dirigeants communistes s'obstinent à la diviser beaucoup de temps sera perdu. Alors, le Parti socialiste assumera par lui-même la mission historique du véritable changement.

— En attendant, la Gauche reste aux portes du pouvoir...

— En attendant, le Parti socialiste lutte pied à pied. Je prends mon époque comme elle est, mon pays comme il est, la Gauche comme elle est. Et j'agis. Je me souviens d'avoir dit à Helmut Schmidt un jour qu'il me recevait à Bonn : « Si vous aviez, en Allemagne, compte tenu de votre démographie, huit à neuf millions de communistes, ou bien vous n'auriez jamais été chancelier, ou bien vous auriez signé un Programme commun. »

— Et que vous a-t-il répondu ?

— Il a souri. Il aurait pu aussi m'objecter : « Vous avez signé un Programme commun et vous n'avez pas été président de la République ». J'aurais pensé : « J'ai changé le cours des choses. Le reste viendra par surcroît. »

— Pour parler de victoire, vous êtes toujours contraint de parler au futur. En attendant la Gauche échoue...

— On dirait que répéter « échec, échec » vous fait plaisir.

— Vous semblez très sensible à ce reproche d'échec.

— On le serait à moins. Avoir rassemblé les socialistes puis la Gauche, avoir refait du Parti socialiste le premier Parti du pays par le nombre de ses électeurs, par le nombre de ses élus, par l'attrait de ses idées, par la qualité de ses cadres, l'avoir replacé à son rang dans le mouvement international ouvrier, l'avoir enraciné dans les couches populaires, avoir rétabli sa rectitude politique, et cela sans argent, sans médias, sans journaux, face à une petite Gauche qui continuait de se complaire dans l'extrémisme évanescent, un Parti communiste possédé par la rage antisocialiste et une Droite cousue or et maîtresse de l'État, je vous le demande, cette victoire sur l'apparente fatalité de l'Histoire, sur la vigilance de nos adversaires et surtout sur nous-mêmes, mérite-t-elle d'être renvoyée au néant parce qu'elle reste inaccomplie ? Les militants socialistes, qui, plus que moi, ont contribué au renouveau, ressentent autant que moi l'injustice du propos.

— Et en face, la Droite n'a-t-elle pas une réelle faculté de renouvellement ? Voyez comme elle est facilement passée du gaullisme au giscardisme...

— La Droite a des intérêts, peu d'idées et les idées de ses intérêts. Elle se divise, comme en botanique, en grandes espèces : Droite populaire et Droite classique, plus quelques variétés. Comme le bonapartisme, le gaullisme assure la fonction intermittente de la Droite populaire. Le giscardisme, lui, s'inscrit dans une tradition qui n'a guère connu d'éclipses depuis bientôt deux siècles. Je ne veux blesser personne. Mais en tant que classe sociale, la Droite classique a les réflexes conditionnés de toute classe. Ses biens sont sa patrie. On l'a vu en 1792, en 1814, en 1871. On a failli le voir en 1914. On l'a revu en 1940. Avec cette droite-là, la France n'est pas en sécurité.

— Vous allez me dire qu'elle fait le jeu des sociétés multinationales ?

— Elle fait son propre jeu. C'est le même.

— La tradition gaulliste, n'est-elle pas en voie d'absorption par la Droite traditionnelle classique ?

— Oui, sauf sursaut de dernière heure. Giscard réélu, ce sera la fin.

— Comment expliquez-vous ce déclin ?

— Le gaullisme sans de Gaulle, je n'y crois guère. Mais je crois à la permanence de la Droite populaire. Un peu moins de piété et un peu plus de nerf lui rendraient l'œil et le jarret plus vifs. L'Histoire commence ou recommence par la rencontre d'un homme et d'un événement. L'événement passe toujours par là. Mais l'homme ?

— Que pensez-vous de Jacques Chirac ?

— Qu'il lui a manqué jusqu'ici l'épreuve qui forge les caractères, ou qui les brise. Mais qu'il se rassure, elle l'attend.

— La Gauche, elle, a-t-elle besoin de circonstances historiques particulières ?

— Le combat déjà séculaire du socialisme en France, c'est l'Histoire même.

— Vous parlez de combat séculaire : n'est-ce pas accepter de sacrifier plusieurs générations ?

— Il s'agirait de l'entreprise d'un homme, d'une famille, d'un clan ou d'un parti, je comprendrais votre question. Mais l'entrée sur la scène de l'Histoire d'une classe sociale, la trame de ses reculs et de ses avancées, de ses échecs et de ses succès, les mutations qui se produisent en son sein, les alliances qu'elle contracte, l'élargissement progressif de ses bases s'inscrivent dans un cycle long avec des accélérations soudaines. Je crois que nous vivons une période d'accélération.

— Le combat de la Gauche en 1981 risque de paraître infiniment moins clair qu'en 1974, puisqu'il y a de nouveau division.

— Je souhaite une candidature unique de la Gauche. Mais ne rêvons pas. Le Parti communiste a désigné son candidat. Le PSU aussi. Les radicaux de gauche aussi. Et le Parti socialiste va le faire. Sans oublier Krivine et les autres. Nous irons donc à la bataille en ordre dispersé. Je le regrette mais ne m'en offusque pas. Dans une démocratie, il est normal qu'un parti politique veuille compter ses suffrages, apprécier son audience. Un premier tour, c'est fait pour ça. A condition, bien entendu, que la discipline joue au deuxième.

— En somme, vous m'expliquez qu'une candidature unique de la Gauche revenait dans le passé à entretenir une certaine confusion vis-à-vis de l'électeur.

— Mais non ! Je vous ai dit ma préférence. Elle va vers le choix d'un candidat unique des forces de progrès contre les forces conservatrices, d'un candidat de la Gauche contre un candidat de la Droite, d'un candidat porteur des espérances et des volontés populaires contre le candidat de la classe dirigeante et des intérêts dominants. Mais cela suppose l'existence d'un contrat de longue durée entre les partis qui présentent et soutiennent ce candidat. Si la Gauche avait maintenu son élan unitaire des élections présidentielles de 1974, des municipales de 1977, des cantonales de 1976, elle l'eut emporté aux législatives de 1978 et serait imbattable en 1981. On ne répétera jamais assez qu'elle a perdu en 1978 pour cause de désunion et non pour cause de programme commun. Nous ne sommes pas sortis de cette situation.

— Est-ce que malgré tout, au deuxième tour, l'union se refera ? Et croyez-vous qu'après ce qui vient de se passer pendant trois années, cette union du deuxième tour sera crédible pour l'opinion publique ?

— L'immense masse des électeurs de gauche désire le succès du candidat qui la représentera au deuxième tour de scrutin. L'immense majorité des électeurs communistes partage ce sentiment. Malheur aux dirigeants et malheur aux partis qui l'oublieront.

— Ne peut-on craindre le « bonnet blanc, blanc bonnet » de Jacques Duclos ?

— Il s'agissait à l'époque de choisir entre Poher et Pompidou et ce choix n'était pas facile pour un parti de gauche. Les dirigeants communistes oseront-ils, cette fois-ci, renvoyer dos à dos, le candidat de la Droite et le candidat de la Gauche ? J'en doute. Ce serait pour eux une opération suicide. Mais comme l'élection se jouera sur des marges, peut-être ne résisteront-ils pas à la tentation de saboter insidieusement les chances du candidat socialiste. On jugera sur pièces. Leurs dispositions véritables apparaîtront avant le premier tour, à la façon dont sera conduite la campagne, au type d'arguments employés. Nous en avons un avant-goût avec Georges Marchais, et sa tactique de la terre brûlée. Tout lui est bon pour nuire au Parti socialiste. J'ai parlé naguère d'un Yalta intérieur, sorte de partage de la France — mais partage inégal — entre la Droite et le PC. J'espère que l'opinion communiste, essentiellement unitaire, finira par contraindre ses responsables à changer de comportement.

— On peut être assuré que la division de la Gauche la perdra.

— Dans une compétition aussi serrée, la désunion ne pardonne pas. Mais, avec ce qui se passe à Droite, les deux camps sont frappés du même mal.

— Cette union pour le deuxième tour devra-t-elle se négocier ? Je veux dire faudra-t-il préparer une plateforme commune, un programme ?

— La lecture du *Projet Socialiste* vous apprendra que mon Parti est prêt à débattre d'un contrat de gouvernement avec qui voudra constituer, sur une base sérieuse, une majorité de gauche.

— Y aura-t-il des négociations avant le premier tour ?

— Telle n'est pas l'orientation prise par l'appareil communiste qui, sous prétexte d'actions communes à la base, éludées chaque fois que nous en proposons, écarte l'éventualité et pour longtemps, d'un accord « au sommet ». Non, je ne crois guère à des négociations d'ici le premier tour.

— Mais n'avez-vous pas vous-même refusé d'engager cette discussion de premier tour, lors de votre dernière conférence de presse ?

— J'ai dit en effet, que le Parti socialiste ne négocierait pas avec les candidats de diversion. Leur maintien ou leur retrait dépendra de l'idée qu'ils se feront eux-mêmes de l'intérêt général et de l'intérêt de leur Parti. Ma remarque ne visait pas le Parti communiste.

— Pensiez-vous, disant cela, aux radicaux de gauche ?

— Oui.

— Et négocierez-vous entre les deux tours avec les communistes ?

— Le candidat de Gauche en tête au premier tour deviendra par là même le candidat de toute la Gauche. Il présentera alors de grandes options comme je l'ai fait en 1965 et en 1974 pour mobiliser les forces populaires et recherchera la plus large adhésion possible des Français sans mettre pour autant son drapeau dans sa poche. Mais je déplorerais que le Parti socialiste s'engageât avec le Parti communiste, entre les deux tours de scrutin, à la sauvette et le couteau sur la gorge, dans une négociation sur un contrat de gouvernement qui serait alors le triste produit de l'électoralisme et perdrait toute autre signification.

— Après ce qui s'est passé ces dernières années, pouvez-vous toujours envisager sans problème, sereinement, de proposer au PC d'entrer dans un gouvernement ?

— Vous vous trompez d'échéance. Il s'agira en 1981 de l'élection du président de la République.

— Oui, mais les gens vont vous demander : « François Mitterrand, avec qui les socialistes vont-ils gouverner ? » Vous savez bien que cela se passe comme ça, une campagne électorale.

— La majorité qui gouvernera après les futures élections législatives sera celle que le suffrage universel aura envoyée siéger à l'Assemblée nationale. J'espère que la Gauche saura s'unir pour l'emporter.

— Sur beaucoup de points, vous êtes actuellement en désaccord avec le PC.

— Les formations politiques de gauche établiront (ou non) lors des législatives les bases de l'accord qui permettra (ou non) les désistements du deuxième tour et donc de dessiner les contours de leur majorité. Ce sera leur affaire. Non celle du président.

— Essayons d'imaginer le schéma...

— Quel schéma ? Le président de la République devra accepter la majorité parlementaire élue par le pays, c'est tout.

— Y aura-t-il dissolution ?

— Avec un socialiste à l'Élysée, certainement, et le plus tôt sera le mieux. On ne jongle pas avec les espérances populaires.

— Donc, c'est après les élections législatives que le problème de l'équipe gouvernementale se trouvera posé ?

— Oui.

— Pourquoi pas avant ?

— Le nouveau président indiquera au pays le chemin à suivre et l'invitera à envoyer au Parlement une majorité en harmonie avec le choix présidentiel. S'il est socialiste, il proposera l'échéancier des mesures fondamentales à adopter dans les trois mois suivants, conformément aux engagements qu'il aura pris au préalable et qui reflèteront les options du *Projet socialiste*. Puis il dissoudra l'Assemblée et constituera un gouvernement pour assurer la transition.

— Mais à ce moment-là, le problème de la majorité ne sera pas résolu.

— Le mouvement qui aura porté le candidat de la Gauche à l'Élysée ne s'arrêtera pas du jour au lendemain et pèsera sur les législatives qui se dérouleront dans la foulée de l'élection présidentielle. Quant au programme de gouvernement, il appartiendra... au gouvernement de l'établir.

II.
Le tournant communiste

La rupture de septembre 1977. Et si le véritable enjeu avait été de ne pas livrer le gouvernement de la France à l'appareil communiste, ou de savoir qui de Lénine ou Blum avait eu finalement raison ? Comment, de danse en contredanse, le PCF a raté son tournant. Trop de gens lisent mal Machiavel.

— Pensez-vous qu'il n'y ait pour les socialistes qu'un seul terme à l'alternative ou bien gouverner avec les communistes, ou bien gouverner avec la Droite ? Pourquoi votre Parti n'a-t-il pas une ligne autonome ?

— Cela veut dire quoi, une ligne autonome ? S'il s'agit pour le Parti socialiste de se déterminer par lui-même, d'affirmer sa vocation propre à gouverner et à changer la société, je suis le premier partisan de la ligne autonome, il n'y a pas plus autonome que moi...

— Mais votre ligne suppose quand même l'alliance avec le PC.

— Première remarque : je n'ai entendu personne au Parti socialiste, avant 1978 et après, demander au sein de nos instances dirigeantes, la rupture de l'Union de la Gauche. Deuxième remarque : aucun parti politique n'a obtenu dans notre république, IIIe, IVe, ou Ve, la majorité absolue. Nous en sommes nous-mêmes fort loin. Or, en démocratie, on gouverne avec une majorité et on n'obtient cette majorité que par l'entente de plusieurs partis, de plusieurs formations parlementaires. La ligne autonome, dans une alliance, consiste à préserver sa personnalité et à n'accepter aucun renoncement majeur. Je ne connais que l'Autriche en Europe démocratique où un parti, le Parti socialiste, détienne une majorité absolue. Et depuis peu, la Grande-Bretagne avec le Parti de Mme Tatcher. Les sociodémocrates suédois ont besoin des suffrages communistes. Les socio-démocrates allemands, du concours des libéraux. Ce sont des majorités de coalition qui gouvernent l'Italie, l'Espagne, le Portugal, la Belgique, la Hollande, le Danemark, la Finlande, la Grèce... Telle est la réalité d'aujourd'hui. Mais l'autonomie cela se vit. Rien ne m'importe davantage que la capacité du Parti socialiste à être d'abord lui-même. C'est un mot d'ordre que j'ai lancé aux plus beaux jours de l'union. Être soi-même par l'explication théorique, par le projet politique, par l'organisation, par l'action quotidienne et même par le vocabulaire. A ce prix, non seulement nous acquerrons notre personnalité véritable, mais le pays se reconnaîtra en nous. Quand nous aurons atteint 30 % et plus des suffrages, nous nous trouverons dans une situation chère aux politologues : une forte majorité relative produit un effet de polarisation au bénéfice du parti qui en dispose et lui donne une dimension nouvelle. Ce sera pour un deuxième temps.

— On reproche au Parti d'Épinay de n'avoir pas su s'inventer un langage.

— Je me suis souvent plaint d'entendre les socialistes s'exprimer dans le langage des autres et subir la fascination de la phraséologie communiste. On m'objectera que cette confusion résulte d'une commune origine, mais cette explication ne me satisfait pas. D'abord le Parti socialiste, bien qu'il accorde une grande importance aux théories de Marx, n'est pas un parti marxiste. Quant au Parti communiste, il est plus proche de Lénine que de Marx. L'âpre rivalité qui a opposé les socialistes utopistes aux socialistes scientifiques, les fourieristes aux proudhoniens, les marxistes aux coopérateurs, les chrétiens aux rationalistes, avait abouti au XIXᵉ siècle à un remarquable épanouissement idéologique. La révolution de 1917, suivie de la dispersion des socialistes en Occident et de leur anéantissement à l'Est a, au lendemain de la deuxième guerre mondiale, provoqué un affaissement de la pensée, un affadissement du langage, tandis que le bloc communiste affirmait, lui, sa cohérence autour d'un pays phare, maître d'une partie du monde, doté des prestiges de la puissance, l'URSS. De cette expérience soviétique, on mesure aujourd'hui les tragiques limites. Mais le martèlement communiste, soutenu par une presse vivante et nombreuse, par une propagande colossale, par une étonnante maîtrise dialectique, par un dévouement militant sans bornes, a continué de modeler l'esprit de la majorité de ceux qui refusaient le système capitaliste. Le socialisme, le vrai, celui en lequel nous croyons, ne pouvait survivre qu'à la condition de retourner aux sources tout en s'éveillant aux réalités du temps. Nous avons au Parti socialiste beaucoup réfléchi, beaucoup discuté. Notre théorie du front de classe, nos thèses sur l'autogestion, nos projets de décentralisation, notre méthode de planification, notre approche des relations du Plan et du marché et par-dessus tout, notre volonté de fonder la société socialiste sur le respect intransigeant des droits de l'homme, individuels et collectifs, nos vues sur la paix, l'arbitrage international, la sécurité collective et le désarmement, notre souci de préserver les équilibres naturels face à la récente mais écrasante domination de l'homme sur ce qui l'entoure, tout cela nous a conduits à l'idée simple, très simple, mais souveraine, que la réponse finale était dans l'homme. Et que cette réponse justifiait notre action.

— Après les élections de 1978 et avant le congrès de Metz, on pouvait encore se demander si la crise avec le Parti communiste n'était pas provisoire et espérer qu'il serait possible de recommencer comme avant. Mais aujourd'hui, chacun peut se rendre compte qu'il faudra trouver autre chose.

— L'Union de la Gauche est et reste une entreprise difficile. Par ses surenchères le Parti communiste a mis, de lui-même, un terme à la phase « programme commun ». Certes on ne recommencera pas comme avant ! Pourtant face à la Droite et au rassemblement de ses forces derrière Giscard d'Estaing, je ne connais pas d'autre réponse. Sans doute l'association de ces mots, « Union de la Gauche », a-t-elle perdu de sa vertu. Mais la réalité profonde qu'elle exprime, l'union des forces populaires, traduction politique du front de classe des travailleurs en lutte pour que cesse l'exploitation qu'ils subissent, continue d'être puissamment désirée par les masses. Ni l'exploitation, ni la lutte n'ont disparu avec l'échec de 1978. Au contraire, elles se sont amplifiées en même temps que la crise. Par-delà les obstacles dressés par l'état-major communiste, l'union redeviendra une pratique. Croyez-moi je ne suis pas dupe des faux-semblants. Je ne l'étais pas non plus en 1972. Mais si je regarde devant moi, à vue d'homme, je suis sûr que rien ne s'accomplira ni pour changer de société, ni pour changer la société, sans que les forces du travail et de la production se rassemblent de nouveau.

— Du temps du Programme commun, il y avait trois composantes dans la Gauche unie : le PC, le PS et les radicaux de gauche. Aujourd'hui les radicaux de gauche ont éclaté, vos rapports avec eux, avec Michel Crépeau, ne paraissent pas comparables avec ce qu'étaient vos rapports avec Robert Fabre dans les meilleurs moments. Y a-t-il encore quelque chose à faire de ce côté-là ?

— Les radicaux de gauche — les radicaux — ont toujours été mes amis. J'ai vécu de tout temps en leur compagnie. Au prix de quelques difficultés j'ai fini par obtenir du Parti socialiste des accords électoraux avec le MRG, dans des proportions qui ont parfois paru à mes amis tenir exagérément compte de ce petit parti. Il est vrai que le MRG pensait de même... en sens contraire. Et puis j'ai toujours désiré que notre Parti fût largement ouvert sur cette fraction républicaine de grande tradition. J'entretiens d'amicales relations, souvent affectueuses, avec nombre d'entre eux. La position prise par Robert Fabre, à l'issue des élections législatives de 1978, je ne pouvais naturellement pas l'approuver. J'ai évité cependant toute polémique, personnelle.

Pour l'élection européenne, j'ai pesé pour que les radicaux de gauche obtiennent sur notre liste deux des sièges que nous pouvions espérer conquérir. Tout ceci pour vous dire que les propos de Michel Crépeau à mon égard m'ont déçu. Mais ne mêlons pas les problèmes. Le MRG souhaite présenter un candidat à l'élection présidentielle ? C'est son affaire et je respecte sa décision.

— Vous ne croyez pas que cela traduisait quand même la réaction de l'opinion publique après l'échec de mars 1978 ? Une façon de récupérer le ras-le-bol...

— Beaucoup de gens en effet se sont baissés à ce moment-là pour tenter de ramasser nos restes. Mais il n'y a pas eu de restes. Et la responsabilité politique c'est autre chose. Tout bien pesé, je ne crois pas qu'il y aura, au mois d'avril prochain, une candidature radicale de gauche.

— Pourtant Michel Crépeau a affirmé sa résolution d'être candidat. Il a déjà essayé de se rapprocher des écologistes et repris un certain nombre de leurs thèmes.

— Je maintiens mon pronostic.

— Vous avez, après le congrès de Metz, toujours dans cet

esprit unitaire, lancé un appel aux électeurs communistes, aux communistes de base.

— A la télévision, en effet.

— ... pour qu'ils fassent en quelque sorte pression sur la direction de leur Parti.

— Oui.

— C'était l'union à la base que vous proposiez. Or, c'est aussi un mot d'ordre du Parti communiste, l'union à la base. Cela ne signifie-t-il pas chacun pour soi, et que l'on ne veut pas d'union au sommet, d'une façon ou d'une autre ?

— C'est peut-être le choix du Parti communiste. Ce n'est pas le nôtre.

— Vous avez beaucoup attendu pour les actions communes. En fait vous les avez lancées l'an dernier à Anglet et souvent par esprit tactique.

— Vous vous trompez. Nous avons engagé de nombreuses actions communes au cours des années précédentes.

— Et depuis ?

— Après Anglet, et dans les six mois qui ont suivi, nous avons proposé plus de mille cinq cents actions au PC qui en a refusé mille quatre cent soixante-dix. D'ailleurs on n'a jamais vu un Parti communiste traiter autrement qu'au sommet. C'est ce qu'on appelle le centralisme démocratique.

— Parler de l'Union de la Gauche sans envisager un accord au sommet, c'est une utopie, n'est-ce pas ?

— Ou un attrape-nigauds.

— Donc, qu'attendez-vous des actions à la base ?

— Par notre présence sur le terrain des luttes, nous démontrons aux masses, aux travailleurs, la valeur de notre engagement. Le communiste du coin sait que nous sommes sincères. Il sait que c'est vrai. Il sait que nous ne sommes pas des gens qui ont souscrit à un accord de circonstance pour une opération politique. Il sait que nous croyons à la nécessité d'une transformation de la société et que nous la voulons. Si je résumais en cinq mots ce que je pense de la reconquête socialiste, je dirais que nous avons retrouvé notre authenticité. Ces deux dernières années, j'ai tenu des réunions à Denain et à Longwy pour la sidérurgie, à Belfort pour Alsthom, dans les tanneries de l'Ardèche et de Haute-Loire, dans les usines textiles de Roanne, partout où se déroulaient des grèves dures en plein cœur de régions blessées, et j'ai reçu un accueil chaleureux, enthousiaste, là où la présence d'un socialiste eût été impossible, parce qu'indésirable, il n'y a pas si longtemps.

— Est-ce que vous avez le sentiment que votre appel a été entendu ?

— Le Parti communiste dispose d'un puissant appareil et contrôle bien son secteur d'influence. Il y consacre une grande énergie. Mais il n'est pas maître autant qu'il le croit des cœurs et des consciences. Les communistes ne suivent pas la direction de leur parti dans les campagnes de dénigrement qu'elle a lancées contre les socialistes et contre moi. Ce que nous avons fait, construit ensemble, la Gauche réveillée, rassemblée, amenée aux portes du pouvoir, cette histoire nous est commune. Quand je m'adresse aux communistes, je m'adresse à des citoyens auxquels j'ai le droit de parler. Je ne les ai jamais trompés.

— Vous disiez tout à l'heure, que le Parti communiste contrôlait bien son affaire.

— Oui.

— Vous ne croyez pas du tout à l'existence d'une crise dans le PC ?

— Si les dirigeants ne contrôlaient pas sévèrement leur appareil, la crise aurait fait des ravages.

— Elle en fait chez les intellectuels et je pense en particulier aux journalistes, à la série de démissions ces derniers temps : Hincker, Gaudard, Cardoze. François Hincker et

Michel Cardoze ont abandonné leurs fonctions au nouvel hebdomaire du PC *Révolution*, Jean-Pierre Gaudard a démissionné de son poste de chef du service économique de *L'Humanité*. Des hommes comme l'historien Jean Elleinstein, l'écrivain Jacques Frémontier, l'ancien chef de la Fédération de Paris Henri Fiszbin sont en demi dissidence. J'arrête là l'énumération, mais il y en a d'autres. Sans parler de la baisse du militantisme et de la chute des ventes de *L'Humanité* : plus de 30 % en deux ans à Paris.

— Beaucoup de communistes comprennent que leurs dirigeants ne veulent pas de l'union. Eux, ils y croient et veulent mettre par terre le pouvoir de la Droite. Que leur Parti, pour des raisons multiples, refuse le moyen du véritable changement, les révolte. Ils n'admettent pas plus que moi que la Gauche française soit sacrifiée à des intérêts qui lui sont étrangers.

— J'aimerais qu'on approfondisse les causes de la rupture.

— Je m'interroge encore là-dessus. Quatre raisons, dans mon esprit, prévalent. La première découle de la crainte qu'ont eue les dirigeants communistes d'affronter au pouvoir la crise économique et les difficultés qu'elle engendre. La deuxième, liée à la première, tient à leur déception d'avoir perdu le leadership de la Gauche et de ne pouvoir imposer leurs vues.

— C'est la situation italienne qui ne s'est pas produite.

— La situation italienne, c'est-à-dire la coexistence d'un Parti communiste fort et d'un Parti socialiste faible, je l'ai connue en France avant le congrès d'Épinay. L'unité des socialistes, leur renouvellement, leur choix d'une stratégie d'union ont rendu au Parti socialiste son destin historique. Enfin, on pouvait changer la société sans tomber dans le stalinisme ! Une nouvelle espérance était née. Cette espérance, la direction du PC ne l'a pas supportée. La façon

dont elle a réagi au résultat des élections partielles de fin
septembre 1974, marqué par un grand succès socialiste et
une certaine stagnation communiste, signe qu'un nouveau
rapport de forces s'établissait à gauche, autorisera peut-
être les historiens à situer la décision de la rupture à cette
date et non pas en 1977, qui n'en fut que l'occasion.
   La troisième raison ? Moscou me la fournit. Elle apparaît
dans les textes théoriques publiés par les revues, les journaux soviétiques. J'en ai là d'éclairants, de janvier 1977,
date intéressante pour la suite des choses. L'Histoire nous
enseigne que lorsque le PC d'Union soviétique commence
d'employer un langage unitaire et pousse à la naissance des
Fronts populaires, ce langage annonce une période de
détente internationale, à moins que ce ne soit la détente
internationale qui annonce la venue des fronts populaires.
   De même quand le Parti communiste d'Union soviétique
durcit le ton et ressort du placard un vocabulaire du genre
« classe contre classe », celui qui a été imposé, par exemple, par Staline aux communistes allemands et qui a livré la
république de Weimar à Hitler, ou du genre « crétinisme
parlementaire » emprunté à Marx et repris par Thorez et
Duclos en 1947 pour signifier qu'on ne collabore plus avec
les systèmes démocratiques, qu'on n'entre plus dans le jeu
de leurs institutions, les fronts populaires se dissolvent, à
moins que ce ne soit la rupture de ces fronts populaires qui
précède le retour à la guerre froide. Bref, les décisions prises à Paris par la direction du PC français correspondent le
plus souvent aux données d'une stratégie mondiale dont le
la est donné par Moscou.
   — Et la quatrième raison ?
   — L'Union soviétique ne souhaite pas qu'une expérience
socialiste, cautionnée par la participation d'un parti communiste au gouvernement, et différente par nature du
modèle marxiste-léniniste, voie le jour en Europe. Imaginez

le retentissement d'une telle expérience dans les pays
d'Europe centrale et orientale aujourd'hui soumis à la
domination russe et à l'idéologie léniniste, où l'on rêve de
l'impossible trilogie (impossible pour eux) : socialisme,
droits de l'homme, indépendance nationale. La vigueur
avec laquelle l'URSS a combattu le modèle scandinave, le
travaillisme britannique, la social-démocratie allemande,
l'autogestion yougoslave, souligne son souci d'éliminer
toute concurrence sur le terrain qu'elle s'est approprié.
Une expérience française n'arrangerait rien à ses yeux :
quand la France rencontre une grande idée, elles font
ensemble le tour du monde. D'où l'inclination de l'URSS
pour les gouvernements d'union nationale en Europe de
l'Ouest quand elle juge utile la présence d'un Parti communiste aux affaires. Cela pose moins de problèmes que
l'Union de la Gauche ou plutôt cela les pose à un niveau
plus acceptable : la tactique substituée à l'idéologie.

— L'Union soviétique n'aurait-elle pas voulu du même
coup ménager les États-Unis, aussi désireux qu'elle du
statu quo ?

— Vous me devancez. Une expérience socialiste en
France inquiétait à la fois les deux superpuissances. Aux
avertissements de Kissinger a répondu le clin d'œil de
Moscou.

— Mais si personne ne veut de cette union, vous poursui-
vez une chimère !

— Ce n'est ni à Moscou, ni à Washington, ni à Bonn, ni à
Pékin que le peuple français décide de son histoire. Dans
cette offensive générale des puissances du monde contre
l'union des forces populaires en France, je vois l'éternelle
alliance des orthodoxies. Cela me donne d'autant plus envie
de faire de notre pays celui qui fera bouger l'ordre établi où
des millions d'hommes étouffent.

— Cet aspect international n'est guère apparu lors de la

rupture de la Gauche de septembre 1977. On a surtout invoqué à l'époque un désaccord sur les nationalisations ou plus précisément sur les filiales des sociétés à nationaliser. — Et pourtant, là n'a pas été le vrai motif de la rupture. On se serait entendu sur la liste des filiales à nationaliser et sur le mode d'indemnisation des actionnaires. D'autres questions importantes restaient en litige comme la composition des conseils d'administration et le mode de désignation des PDG, mais les éléments d'un compromis étaient réunis. Quand j'ai proposé que la totalité des biens des sociétés nationalisées et donc que la totalité du capital qu'elles détenaient dans ce qu'on appelle « les filiales » passent dans le secteur public, nous avons été près d'aboutir. Mais une autre discussion s'était engagée qui prenait une curieuse tournure à propos des problèmes de défense. Peut-être n'avons-nous pas suffisamment, côté socialiste, prêté attention à cet aspect des choses.

Vous vous souvenez d'une interview que j'avais accordée à Jean-Pierre Mithois dans Le Matin, début août 1977. J'y reprenais l'idée que j'avais lancée quelques jours auparavant, et que Pierre Beregovoy avait transmise au comité chargé de l'actualisation, d'un référendum sur le choix nucléaire et j'émettais des doutes sur la politique de dissuasion. J'étais en cela fidèle au Programme commun qui prévoyait l'arrêt de la construction de la force de frappe. En 1972, les dirigeants communistes avaient même suggéré que les stocks fussent détruits. Les fusées, les avions et les sous-marins à la casse ! Avec un tel acharnement que dans un document publié en 1975 et qui reproduisait le discours jusqu'alors secret prononcé par Georges Marchais devant son Comité central du 29 juin 1972, soit trois jours après la signature du Programme commun, ils nous accusaient d'avoir refusé cette destruction par soumission à l'impérialisme américain ! Et patatras, voilà que paraît en mai 1977 le rapport Kanapa. Ce rapport approuvé à l'unanimité par le Comité central du PC, décidait un tournant à 180° en matière de défense : le PC se ralliait à l'armement nucléaire, que dis-je, il s'en faisait le héraut, le chantre. Tout cela à la veille des négociations sur l'actualisation du Programme commun. Pour une actualisation, c'en était une ! Mes déclarations télévisées, mon interview à Jean-Pierre Mithois exprimaient de sérieuses réserves sur cette façon de faire, sur le fond et la forme. C'est alors que Georges Marchais m'a accusé de trahir le Programme commun que j'avais pourtant interprété strictement.

— Georges Marchais a renouvelé cette accusation trois ans plus tard dans une émission d'Antenne 2. On n'a pas oublié le « quand j'ai entendu François Mitterrand refuser de s'engager sur une défense nationale indépendante j'ai dit à ma femme : fais les valises, on rentre à Paris, Mitterrand a décidé de rompre l'union ».

— Affirmation fantaisiste et relation peu vraisemblable. Il suffit pour s'en convaincre de lire le passage du Programme commun consacré à la bombe atomique. D'ailleurs le voici, page 171 du petit livre *Le Programme commun de gouvernement de la Gauche* publié aux Éditions sociales par le Parti communiste en 1972 : « Renonciation à la force de frappe nucléaire stratégique sous quelque forme que ce soit. Arrêt immédiat de la fabrication de la force de frappe française ; reconversion selon un échéancier précis de l'industrie nucléaire militaire en industrie atomique pacifique avec le souci de préserver les intérêts des travailleurs concernés. En aucun cas les problèmes posés par cette reconversion ne serviraient de prétexte au maintien de l'industrie nucléaire militaire. »

Vous comprenez qu'il n'est pas possible après cela que Georges Marchais ait eu le réflexe de penser : « François Mitterrand condamne la force de frappe donc il abandonne

le Programme commun » puisque le Programme commun condamnait la force de frappe !
— Pourquoi l'a-t-il dit ?
— Parce que la décision de rupture était prise. Telle était l'opinion de Pierre Beregovoy qui a conduit, côté socialiste, les négociations sur l'actualisation de façon remarquable avec un grand souci de conciliation et une égale fermeté et qui juste avant l'algarade de Marchais avait obtenu de Paul Laurent et Charles Fitermann un accueil plutôt favorable sur « une consultation du peuple français » ! Tel était l'avis de Gaston Defferre qui m'a écrit à ce moment-là de Marseille une lettre pour me dire qu'il considérait la volte-face communiste comme acquise.

Songez que Marchais à la télévision, est allé jusqu'à supposer que si les Américains ou les Allemands attaquaient la France, les socialistes ne bougeraient pas. Certes, l'outrance est sa façon de dire bonjour. Mais elle signifiait cette fois-ci que dans la hiérarchie des préoccupations communistes, les « filiales » n'occupaient qu'un rang assez modeste.

— Tout cela a d'autant moins de sens que le PS à son tour s'est rallié à l'arme nucléaire.

— Aussi n'avons-nous pas fait du rapport Kanapa — comme nous l'aurions pu — un motif de rupture. Nous avons même accepté le réexamen de la question. Seulement nos procédures, à nous, sont démocratiques. Il nous fallait consulter nos militants. Ce que nous avons fait en janvier 1978 pour conclure que, nonobstant nos objections, l'armée française s'étant depuis vingt ans construite autour de la dissuasion nucléaire, nous devions tenir compte de cette réalité, ou bien renoncer à toute défense nationale. Mais nous n'avons pas approuvé pour autant la thèse Kanapa.

— Quelle est la différence ?
— Énorme ! Le rapport Kanapa démolit la stratégie de

dissuasion tout en prétendant la défendre. De quatre façons. En demandant d'abord que la France signe un « engagement de non-emploi en premier de l'arme nucléaire », thèse américaine reprise par Moscou dont l'objet est d'annuler l'effet de toute dissuasion autre que celle des deux superpuissances. En demandant que la France renonce à la stratégie anti-cités pour se rallier à la stratégie anti-forces, manière également de rendre caduque notre force de frappe. En demandant la création immédiate d'un système indépendant de détection, ce qui pour des raisons techniques évidentes, n'était réalisable qu'à moyen terme mais, dans l'intervalle, neutralisait notre défense. En demandant que la décision d'utiliser l'arme atomique soit collégiale, et pas n'importe quelle collégialité : les chefs militaires, le Premier ministre, les ministres, les partis... Là encore, la dissuasion reposant sur la crainte d'une action instantanée et foudroyante, vous imaginez le temps perdu jusqu'à ce que les partis aient donné leur accord... Je n'hésite pas à le dire, le rapport Kanapa ne marquait pas le ralliement du Parti communiste à une défense nationale autonome mais une nouvelle tentative, plus feutrée, plus subtile, de destruction de cette défense.

— On a parlé aussi d'un plan communiste de réorganisation de l'État.

— Vous évoquez ici l'une des plus graves discussions qui nous aient opposés. Fin juillet 1977, dans les dernières heures de la discussion sur « l'actualisation », la délégation communiste nous a remis une note écrite où était exposée sa conception de l'État et de ce qu'elle appelait le partage à égalité des droits et des devoirs des partis au gouvernement. Certains passages de cette note m'ont aussitôt alerté. Et d'abord celui-ci : « La composition (du gouvernement) prendra pour base l'influence électorale respective des formations unies autour du Programme commun ». Ainsi, c'est moi qui commente, les ministres ne seraient plus choisis en fonction de la représentation nationale, mais du nombre de suffrages obtenus par chaque parti dans le pays. Cette proposition ne soulèverait pas d'objection si les élections législatives avaient lieu à la proportionnelle, réforme prévue par le programme socialiste et par le Programme commun. Mais, la législation en vigueur (elle l'est toujours) était tout autre. En exigeant un partage du pouvoir à la proportionnelle des suffrages alors que l'Assemblée nationale était élue au scrutin majoritaire, la délégation communiste nous précipitait au royaume d'Ubu et tentait de porter un coup aux institutions représentatives.

Mais je continue ma lecture :

« Il sera créé un ministère chargé de la définition et de la mise en œuvre du Plan et de la politique économique et sociale à moyen et à long terme. Dans ce domaine ces compétences seront globales. Notamment il sera chargé d'orienter et de coordonner les politiques industrielle et agricole, la planification régionale, la planification sociale et culturelle. Il regroupera les actuels services du Commissariat au Plan, la direction de la prévision et l'INSEE, les moyens de la Datar, les fonctions d'intervention économique de la Direction du Trésor, la BNI et les circuits de financement à moyen et long terme lui seront rattachés. Les directions du Trésor, du Personnel et des services généraux de la concurrence et des prix de l'actuel ministère des Finances seront mises à sa disposition autant que de besoin »... Après les Finances, l'Intérieur :

« Il sera créé un ministère chargé de la réforme administrative et des collectivités locales qui regroupera la Direction générale de l'Administration et de la Fonction publique (actuellement secrétariat à la fonction publique rattaché au Premier ministre), la Direction générale des Collectivités locales (actuellement ministère de l'Intérieur), le ser-

vice central de l'organisation et des méthodes (actuellement ministère des Finances) et le service de l'organisation
administrative (actuellement secrétariat général du
gouvernement) »...

Admirez l'art du charcutier ! Les dirigeants communistes
qui se doutaient qu'ils avaient peu de chance d'occuper le
ministère de l'Intérieur et ne souhaitaient pas les Finances,
les démantelaient hardiment. Candidats aux ministères du
Plan et de la Réforme administrative, devenus superminis-
tères, ils se mettaient en position d'absorber la substance
de l'État, de s'emparer des sources de financement et de la
distribution des aides et subventions, de contrôler la vie
des communes et des départements, de contrôler l'administration centrale. L'originalité de cette structure d'État
était qu'il n'y avait plus d'État. Et comme si cela ne suffisait pas, du même mouvement, le Premier ministre, à son
tour, tombait dans la trappe. Écoutez ces passages avec
attention :

« Le Premier ministre aura pour fonction essentielle de
diriger et d'animer l'action gouvernementale dans son
ensemble. Ses services et notamment le secrétariat général
du gouvernement contribueront à préparer les réunions du
gouvernement et à prêter leur concours à l'exécution de ses
décisions, sans interférer avec la responsabilité propre des
ministres ». « Les pouvoirs de chaque ministre s'exerceront
dans le cadre de sa responsabilité propre, qui sera pleine et
entière, et de la coopération interministérielle. Ils s'appli-
queront à un domaine précis et à la politique d'ensemble
concernant celui-ci »... Et encore : « La coopération interministérielle s'effectuera au sein du Conseil des ministres
et du Conseil de cabinet auxquels participeront tous les
membres du gouvernement. De plus des comités interministériels restreints et permanents rattachés à l'un des
ministres concernés et dotés d'un secrétariat léger seront

chargés de la mise en œuvre des grands projets du Programme commun de gouvernement »...

Il était admis à l'époque, qu'en cas de victoire de la gauche, le Premier ministre serait socialiste. Du coup, le Parti communiste l'effaçait de la carte. Notre roi fainéant animerait, coordonnerait, coopérerait, contribuerait, préparerait, prêterait son concours. Mais il ne pénétrerait pas dans les vastes zones interdites où allaient gouverner les maires du Palais. Face à la responsabilité « pleine et entière » de ses ministres, on le cantonnait dans les assemblées, Conseil des ministres et Conseil de cabinet, noyé, fondu dans la pratique de la décision collective. Exclu des comités interministériels permanents, placés sous la coupe du seul ministre compétent, il lui restait la lecture des journaux et les rêveries très solitaires d'un promeneur à Matignon.

Dès que j'ai eu connaissance de ce dossier, je n'ai pas laissé languir nos partenaires et les ai informés qu'il n'était pas question d'en pousser plus loin l'examen, les socialistes ne concevant pas le gouvernement de la France comme un butin, gouvernée par une mosaïque de ministères transformés chacun en forteresse ou en blockhaus, tous feux dirigés sur celui d'à-côté, propriété exclusive des partis qui en détiendraient le commandement. Je n'affirmerai pas que ces remarques aient réchauffé l'atmosphère.

Un dernier mot, si vous le voulez bien, sur cette actualisation. Il n'est pas de moi mais de Georges Marchais. On le trouve dans un petit livre de propagande communiste intitulé *Programme commun de gouvernement actualisé* et paru aux Éditions sociales. Aux pages 9 et 10 de son introduction, Georges Marchais écrit : « En bref, ce qu'il faut, c'est la mise en œuvre du programme commun actualisé, comme nous l'avons proposé. C'est ce programme, dont notre conférence nationale des 7 et 8 janvier dernier a fait le programme national du Parti communiste français... »

Le programme national du Parti communiste ! C'était donc cela que l'on voulait de nous sous prétexte d'actualiser le Programme commun de la Gauche, qui, lui représentait une avancée, une transition vers la société socialiste. En 1972 le Parti communiste avait donné raison, après un demi-siècle, au Léon Blum du congrès de Tours. En 1977, il revenait au Lénine des vingt et une conditions.

— Mais pourquoi le PC a-t-il accumulé les surenchères alors qu'après tout il était dans le même bateau que vous, et un bateau qui se dirigeait vers le port, je veux dire, la victoire ?

— La victoire commune lui importait moins que l'échec socialiste. Une autre stratégie s'était en secret substituée à celle qu'il clamait aux quatre vents. Il voulait désormais contraindre le PS, harcelé, fouaillé, accusé de tous les maux, à renoncer à l'union pour ensuite le dénoncer, s'il regimbait, et tenter de le troubler et de le diviser en le taxant de « virage à droite ». Cela paraîtra insensé mais correspond à la froide logique de cette direction sans âme : elle se réjouit de l'amertume, du désespoir, de la colère qu'elle provoque sciemment. Son plus grand bonheur serait de pouvoir pourfendre l'anticommunisme qu'elle aurait fabriqué dans ses laboratoires. Jean Poperen, dont la finesse d'analyse et la science historique sont grandes, m'avait dès cette époque fourni cette explication qui paraît chaque jour davantage vérifiée...

— Le PS n'a-t-il pas sa part de responsabilité dans l'échec ?

— Oui. Quelle qu'eût été notre réponse nous aurions dû procéder plus tôt au réexamen de notre politique militaire. Nous aurions dû établir plus tôt et plus clairement la liste des entreprises à nationaliser et ne pas donner le sentiment d'hésiter sur les effets de l'appropriation publique. Par contre, ni sur le plan de nos relations avec l'URSS, ni sur l'organisation de l'État, nous ne pouvions faire davantage.

— Où en êtes-vous, à ce propos, de vos relations avec le Parti communiste d'Union soviétique ?

— La visite de notre délégation à Moscou en 1975, nos discussions avec Brejnev, Souslov, Ponomarev, les contacts qui s'en sont suivis soit avec l'Ambassade soviétique à Paris, soit au moyen de liaisons directes entre le Kremlin et nous, rencontres avec Zagladine, Youkov, groupes de travail à Moscou et à Paris sur les questions économiques, sur le désarmement et la sécurité collective, auraient dû convaincre les Russes que les socialistes français désiraient établir des rapports féconds d'amitié entre nos deux pays. La Russie et la France ont trop d'intérêts communs en Europe pour que nous n'en ayons pas clairement conscience. Les Russes ont-ils douté ? Ont-ils pensé qu'ils avaient plus à gagner, qu'ils obtiendraient plus de garanties avec la droite ? Je n'en sais rien. S'ils cherchaient des clients, et non pas des amis, nous n'étions pas preneurs. Pas plus aujourd'hui qu'hier nous n'irons quêter l'investiture de Moscou ou de Washington et je dédaigne ces bénédictions étrangères, ces autorisations impériales qui font, paraît-il, les bons candidats à l'élection présidentielle.

— Le PC explique que vous avez viré à droite, sous la double pression du patronat et des Américains.

— En 1965, pour quel candidat unique de la Gauche ont-ils fait campagne ? Il y avait déjà un patronat et des Américains ! Et en 1974 ? Il y avait déjà un patronat et des Américains ! Et le Programme commun, qui l'a signé ? Il y avait déjà, en 1972, un patronat et des Américains. Et qui, aux cantonales de 1978, aux municipales de 1977, aux législatives de 1978, aux cantonales encore de 1979, qui chaque dimanche de chaque semaine en 1980, pratique l'Union de la Gauche, invite à la discipline et au désistement en faveur du candidat de Gauche le mieux placé pour l'emporter, sinon mon Parti et moi-même ?

On me représente souvent comme un homme de pouvoir, ambitieux et tenace. Mais j'aurais été plus stupide encore de livrer pendant vingt ans ce dur combat pour, à trois mois d'une victoire assurée, renoncer au pouvoir qui mangeait dans ma main !

— Il est clair que les communistes et vous avez buté sur autre chose que de petites histoires.

— Nous avons vécu une phase cruciale de la lutte historique des idées et des hommes commencée en 1920, entre deux conceptions du socialisme. C'est ce qu'a fort bien expliqué Lionel Jospin face à Marchais, lors d'un débat des *Dossiers de l'Écran* à l'occasion du soixantième anniversaire du congrès de Tours.

— Tous ces obstacles, toutes ces raisons qui font que le PC n'a pas voulu de la victoire de la Gauche risquent de durer longtemps. Ne sera-ce pas demain comme hier ?

— Le Parti communiste, dans les mêmes circonstances, réagira de la même façon. Mais les circonstances changent. Il ne peut pas jouer son crédit, perdre son influence sur des masses qui comprennent que la victoire est renvoyée aux calendes grecques pour des raisons idéologiques, stratégiques ou tactiques, étrangères à leur sort. De plus en plus, il y aura des ouvriers qui chômeront, dont le pouvoir d'achat baissera, qu'on privera de Sécurité Sociale, qui ne pourront donner à leurs enfants l'instruction dont ils rêvent, qui feront grève, qui occuperont·leur usine, qui se mobiliseront contre la fermeture de leur entreprise, des voyageurs qui protesteront contre la suppression d'une ligne secondaire de la SNCF, des travailleurs indépendants, des chefs de petite et moyenne entreprise qui en auront par-dessus la tête des faillites et des liquidations judiciaires, chair à pâté du grand capital, des cadres exaspérés d'être la cible favorite des gouvernements impécunieux, des paysans qui barreront les routes, qui jetteront les artichauts dans les sous-préfectures et leur bétail à l'Élysée, des marins qui bloqueront les ports, alors que pour vivre mieux, et pour vivre autrement, il suffisait de maintenir l'union jusqu'au bout. Je vous le garantis, ils ne marcheront plus. Le coup de 1978, les dirigeants communistes ne pourront pas le refaire deux fois, sans dommage terrible pour eux, mais, je le répète, à la condition que les socialistes tiennent bon sur le terrain qu'ils ont choisi à Metz comme à Épinay, qu'ils ne renoncent pas, qu'ils n'entrent pas, fût-ce par lassitude ou par colère, dans le schéma auquel tout le monde les convie, du Parti communiste à ceux qui nous gouvernent, et on comprend pourquoi. Oui, tout dépend du Parti socialiste. Notre fonction, par notre fermeté, par notre présence sur les terrains de lutte, par notre enracinement dans les entreprises et quand il le faut, par notre intransigeance, est de créer les conditions politiques auxquelles le Parti communiste ne pourra échapper. Peut-il apparaître longtemps, lui qui rassemble tant d'admirables militants, comme le Parti qui vole et la peine et l'espoir ?

— Croyez-vous que ceux qui sont aujourd'hui dans la minorité du PS pensaient autrement que vous sur ce point ?

— Je n'aurais pas fait ce que j'ai fait à Metz si je ne l'avais pas craint. Mais je ne demande qu'à dépasser la part possible du malentendu.

— L'Union de la Gauche persiste au moins sur le terrain, dans les municipalités. D'une manière générale, malgré quelques difficultés au moment du vote des budgets, ça ne marche pas trop mal.

— Il y avait deux cent vingt et une communes de plus de trente mille habitants lors de l'application de l'accord de 1977. Dans dix-huit cas, l'alliance ne s'est pas faite. Le PS gère majoritairement aujourd'hui quatre-vingt-une de ces communes. Le PC soixante-douze. Au point de départ, le PC en détenait cinquante et nous quarante-et-une. Ce qui veut dire que le Parti socialiste en a gagné quarante et le Parti communiste vingt-deux. Je dis cela pour contrarier une opinion très répandue, selon laquelle nous aurions fait un beau cadeau au PC. Cet accord nous a valu, aux uns et aux autres, à gauche, le plus beau succès de notre histoire.

— N'y a-t-il pas aujourd'hui crise dans certaines municipalités d'union ?

— Crises graves : cinq ou six ; crises latentes et désagréables : une quinzaine. D'une façon générale, ces difficultés ont pour origine le refus des communistes de voter les impôts et donc le budget, et la petite guerre qu'ils livrent contre la majorité socialiste élue sur la même liste qu'eux. Cette attitude insupportable ne sera pas supportée. Le contrat qui nous lie suppose que les minorités s'inclinent devant les majorités, une fois terminée la discussion démocratique. Après quoi la discipline doit jouer. J'ai soutenu les maires qui ont privé de délégation leurs adjoints indisciplinés. Je les y ai même invités.

— Vous considérez le vote des budgets municipaux comme un critère de solidarité ?

— Appliquer le contrat municipal avec le souci de préserver toutes les chances de l'union, mais sans concession dès lors qu'il y a manquement grave, oui, telles sont mes instructions. A titre d'exemple, j'ai suivi pas à pas l'évolution de la crise de Brest et lorsque le maire, Francis Le Blé, a écarté ses adjoints communistes de la direction de sa municipalité, j'ai approuvé sa décision.

— Mais dans l'ensemble, les communistes n'ont finalement pas trop mal joué le jeu.

— Les communistes souhaitent rester dans les conseils municipaux.

— Pourquoi, d'après vous, maintiennent-ils cette union de la gauche à ce niveau et pas au niveau national ? Est-ce que c'est uniquement pour ménager leurs positions ou est-ce qu'ils voient plus loin ? Est-ce que l'union peut un jour se refaire par là, à la limite ?

— Possible. Je ne pense pas que le Parti communiste ait le désir de saccager tous les lieux où l'Union de la Gauche continue d'exister. De plus, il tient à la gestion des collectivités locales, comme nous y tenons nous-mêmes. Mais le Parti socialiste ne concédera pas au Parti communiste un avantage indu. L'union est un bloc. S'entendre dans les régions, les départements, les communes, n'est pas séparable d'un accord sur le plan national ou du moins d'un pacte de non-agression comme en 1934.

— On a dit tout à l'heure que l'un des objectifs de Georges Marchais, c'était de faire en sorte que le Parti communiste redevienne plus fort que le Parti socialiste.

— Je ne songerai pas à le lui reprocher.

— Mais s'il y arrivait, est-ce que vous accepteriez, vous, de refaire l'union dans ces conditions ?

— C'est une hypothèse d'école.

— Oui mais intéressante.

— J'ai signé le Programme commun alors que nous représentions 10 % de l'opinion publique et le Parti communiste 23 % ou 24 %. Aujourd'hui, nous en représentons 23 à 25 % et le Parti communiste 20 %. Si les communistes reprenaient le dessus, hypothèse gratuite, il appartiendrait à d'autres socialistes de poursuivre ma tâche. Cela signifierait que je me serais trompé ou que mon parti aurait changé de ligne.

— Vous avez semblé aussi chercher une autre voie pour faire sortir la Gauche française de la crise : la voie eurocommuniste. Vous avez eu des contacts suivis avec les communistes d'Italie et d'Espagne...

— Nous n'avons pas choisi la voie eurocommuniste qui ne concerne que... les communistes. Nous avons seulement resserré nos liens avec les deux partis franchement eurocommunistes, l'italien et l'espagnol, et nous nous sommes trouvés à l'unisson dans quelques circonstances importantes : défense des droits de l'homme en URSS, dénonciation de l'agression militaire en Afghanistan, construction européenne. Nos partenaires privilégiés n'en restent pas moins le Parti socialiste italien de Bettino Craxi et le Parti ouvrier espagnol de Felipe Gonzalez.

— Berlinguer et Carillo auraient-ils viré à droite ?

— Les militants et électeurs communistes français lisent d'autres journaux que L'Humanité et se posent forcément des questions quand ils apprennent que ces socialistes français tant vilipendés gardent de bonnes relations, que dis-je, les améliorent avec les communistes d'autres pays... Mais au-delà de cet aspect qui n'est pas négligeable, nous observons avec un vif intérêt l'évolution de ces partis dits eurocommunistes vers d'autres normes que celles du marxisme-léninisme. Enfin nous nous sentons solidaires du mouvement ouvrier européen et nous souhaitons que socialistes, socio-démocrates, travaillistes et communistes, décidés à transformer la société dans le respect de la démocratie, apprennent à se connaître et à travailler ensemble.

— Justement, après votre rencontre avec Enrico Berlinguer au printemps dernier à Strasbourg, l'idée a été lancée que les partis socialistes et communistes européens qui voudraient bien s'y associer pourraient prendre un certain nombre d'initiatives communes.

— Oui.

— Qu'est-il resté de tout cela ?

— Du solide.

— Pouvez-vous préciser un peu ?

— Sont déjà programmés des rencontres sur l'Europe, la

sécurité collective, le droit des gens, le droit des peuples à disposer d'eux-mêmes. la culture méditerranéenne, ainsi que des débats théoriques sur la nature du socialisme et son histoire. Ce sera la première fois que de tels échanges auront lieu.

— Il ne manquera que les communistes français ?

— Manqueront les Partis communistes qui ne disposent pas d'une entière liberté d'action par rapport à Moscou. Les Italiens, les Espagnols, les Yougoslaves, les Roumains, les Anglais et les Suédois, qui ont refusé de s'associer à la conférence européenne des Partis communistes organisée par Georges Marchais à Paris récemment, ont, dans une certaine mesure, préservé cette liberté. Nous ne cherchons pas à brouiller les cartes à l'intérieur du monde communiste. C'est d'ailleurs hors de nos moyens. Ils sont communistes. Nous sommes socialistes. Avant que ces données ne changent, beaucoup d'eau coulera sous les ponts. Mais le communisme espagnol et le communisme italien ont une résonance historique particulière. Le fait que se développent entre nous des compréhensions nouvelles annonce d'autres mutations.

— Allez-vous prendre une initiative quelconque avant l'élection présidentielle, et cela quelle que soit votre situation, que vous soyez candidat ou non à l'élection présidentielle ?

— A Marseille les 14 et 15 septembre, s'est tenu un colloque sur la culture méditerranéenne. Des communistes étrangers s'y trouvaient. Début octobre, l'Institut socialiste d'études et de recherches (l'ISER) qu'anime Jean Pronteau a organisé une rencontre du même type sur la social-démocratie. Des communistes étrangers s'y trouvaient. Mais ces initiatives n'ont aucun lien avec l'élection présidentielle qui reste une affaire entre Français. Nous ne mélangeons pas les genres.

— Si l'on met à part les communistes français, l'eurocommunisme vous paraît-il être quelque chose de structuré ?
— Non, pas exactement. Qu'est-ce que l'eurocommunisme ? Un dépassement du marxisme-léninisme par le
retour aux sources. Marx, qui vivait en Angleterre et avait
sous les yeux le modèle avancé du capitalisme du XIXᵉ siècle, attendait des luttes qu'elles accélèrent le processus
qui, selon lui, devait conduire la société capitaliste à son
terme par l'effet de sa propre logique, notamment par
l'accumulation et la concentration du capital. Le changement politique découlerait, pensait-il, de l'évolution des
structures économiques et des rapports de production.
Lénine a renversé la proposition. Dans un pays comme la
Russie des tsars, économiquement arriéré, l'analyse de
Marx renvoyait la Révolution dans l'infini des temps. A partir d'un coup de force politique, Lénine a construit de toutes pièces le système économique que nous connaissons
aujourd'hui. Ces deux démarches ne sont pas contradictoires : on fait avec ce qu'on a. Mais elles inspirent différem-
ment les communistes contemporains. Cunhal au Portugal
a tenté le coup politique rendu possible, jugeait-il, par la
révolution des œillets et la prédominance des militaires
ouverts au communisme. Les communistes finlandais ou
islandais, en revanche, entrent et sortent des gouvernements de leur pays à la façon des plus classiques démocrates. Carrillo et Berlinguer ont compris la vanité d'une révolution communiste en Espagne — traumatisée, à quarante
ans de distance, par sa guerre civile — et en Italie — toujours menacée par les reviviscences fascistes. Ils se rappro-
chent de l'analyse de Marx et s'éloignent de celle de Lénine.
Ils n'attendent plus d'un coup heureux l'avènement du
communisme et se contentent, par la pression des masses,
par l'action syndicale, par l'accession aux responsabilités
politiques dans le cadre du système parlementaire et des

institutions régionales et municipales, par la multiplication des contre-pouvoirs tolérés par la démocratie, d'avancer vers la conquête légale du pouvoir. Quand la théorie léniniste gêne, on la rejette. Je n'y vois pas seulement une habileté tactique, mais la marque de l'intelligence de l'Histoire. Je crois aussi qu'ils supportent mal la pesante mainmise de Moscou. Parlant de l'URSS, l'un d'eux me disait récemment : « cette puissance étrangère », expression peu habituelle dans la bouche d'un communiste.

— Marchais revient-il, lui, au marxisme-léninisme ?

— Marchais avance en dents de scie. Danse et contredanse. En fait, le PCF a raté son tournant. Après les velléités de Waldeck Rochet, le manifeste de Champigny, la campagne sur « l'union du peuple de France », l'abandon de la notion de « dictature du prolétariat », la signature du Programme commun, la condamnation timide mais réelle de certaines décisions soviétiques, on pouvait croire que Marchais suivrait la trace de Berlinguer. Il s'y est efforcé, sans doute. J'en vois la preuve dans son désir, aujourd'hui dépassé, d'apparaître comme l'ami, le compagnon privilégié de Berlinguer, conversations, rencontres et meetings à l'appui. En même temps le langage, les attitudes s'adoucissaient jusqu'à devenir lénifiants. « Le communisme aux couleurs de la France » prenait le goût de sucre d'orge. C'est le PS qui, sans le vouloir, du moins sur ce plan-là, a déréglé la mécanique. Après Épinay, le PC s'est trouvé déphasé, pris de court. Tout occupés par la succession de Waldeck Rochet, Marchais et ses amis ont laissé passer l'heure. Le rôle qu'ils se promettaient de remplir, les socialistes l'ont joué et d'autant plus facilement que les socialistes, eux, n'avaient pas besoin de l'apprendre. Quand le PC a décidé, septembre 1974 ?, septembre 1977 ?, de casser l'Union de la Gauche et d'abattre le PS, il a retrouvé le ton de l'insulte, de l'anathème, et de l'accusation forcenée et gratuite. Les Français, étonnés de cette rupture de ton, ont accordé du coup moins d'intérêt aux assurances démocratiques que démentait un comportement quotidien. Sa docilité, son suivisme, son refus de condamner l'invasion de l'Afghanistan ont achevé de démontrer que la direction du PC, finalement, était rentrée dans le rang.

— Dans son dernier livre, *L'espoir au présent*, Georges Marchais brise définitivement avec la ligne Programme commun, démocratie avancée, union du peuple de France, pour s'engager dans la voie de la Révolution. Sommes-nous revenus en 1928 ?

— Quand le PC veut tout cela veut dire qu'il ne veut rien.

— Vous doutez donc de sa sincérité ?

— Je ne sonde pas les consciences. Mais le nouveau visage de Georges Marchais est purement circonstantiel. Ou bien c'est du tir court et la Révolution durera jusqu'au soir du premier tour de l'élection présidentielle. D'ici là le candidat communiste aura typé, durci son image pour attirer le maximum de mécontents. Ou bien c'est du tir long et la Révolution durera jusqu'à ce que le Parti communiste ait réussi à distancer le Parti socialiste. Je ne prends pas très au sérieux cette révolution à usage interne de la Gauche. Quant à la révolution contre la classe dirigeante et son gouvernement, ce n'est pas l'équipe dirigeante actuelle du PC qui la fera. Elle est bien trop à l'aise sous Giscard. En Charente on dit « benaise ». Et si vous en doutez, interrogez Brejnev.

— Sur le fond, c'est-à-dire sur les objectifs de société, est-ce qu'entre Berlinguer et Marchais il y a aujourd'hui une différence ?

— Ils croient au même Dieu, pas à la même Église. On ne se débarrasse pas de ses actes, comme ça, d'un coup d'épaule. Dans les mêmes situations les actes de Marchais et les actes de Berlinguer sont différents. Inutile de chercher ailleurs une autre explication. Trop de gens lisent mal Machiavel.

— En tout cas, par rapport à l'Union soviétique, il s'est produit chez Berlinguer et Carrillo une évolution très sensible.

— Qui n'est pas toujours celle qu'on croit. Examinons les faits. Berlinguer a dénoncé l'affaire Sakharov et l'invasion de l'Afghanistan comme il avait condamné le deuxième coup de Prague. La valeur objective de cette condamnation demeure. Une pierre qu'on jette dans l'eau, des cercles concentriques se forment à la surface. Mais au fond, sait-on ce qui se passe ? Je crois à la réalité de l'eurocommunisme. Je redoute sa fragilité. Les déboires infligés à Berlinguer par la démocratie chrétienne, l'extrême raideur de la route qu'il a choisie, à mi-chemin de la majorité et du gouvernement, les contradictions grandissantes de son propre parti, son courage même, jouent à la longue contre lui. Le Parti communiste d'Union soviétique l'observe, et à mesure que s'affaiblit la stratégie du « compromis historique » mêle le compliment au blâme. C'est nouveau. Le rappel à l'ordre de Berlinguer aux syndicats italiens y compris la CGI (CGT italienne) jugés par lui coupables d'avoir signé un accord avec le gouvernement Cossiga... accord cependant situé dans la ligne du « compromis historique », montre qu'il est difficile de résister aux prestiges et aux foudres de l'orthodoxie ! De même Carrillo, l'homme qui a su dire non à Moscou lorsqu'il était clandestin exilé, paraît bien seul. Une délégation du Parti communiste espagnol, reçue en juillet au Kremlin, a eu droit aux congratulations « fraternelles et chaleureuses » des dirigeants soviétiques. Le 20 octobre s'ouvre à Berlin-Est une conférence des partis communistes et mouvements assimilés du monde entier. Souslov y sera. Seuls les Yougoslaves n'iront pas. Oui, le ton change. Mais je crois qu'en dépit d'inévitables oscillations la réalité historique demeure.

— François Mitterrand, une question me démange : si le Parti communiste français est resté stalinien, pourquoi avez-vous accepté de traiter avec lui ?

— J'y ai répondu, me semble-t-il, tout le long de notre entretien. Je n'ai pas agi autrement que Blum en 1936, Staline régnant. J'ai cru, comme lui, à la force entraînante, à la capacité des socialistes à gouverner la France et à changer la société, forts de la confiance des forces populaires. Je vous étonne ? J'y crois toujours.

III.

L'État-Giscard

Dans une monarchie qui pratique l'hypocrisie sans vulgarité, il s'agit moins de changer l'état des choses que d'en parler. Mais jusqu'où peut aller un président de la République qui a d'autant plus besoin de pouvoirs qu'il a moins d'autorité ? C'est le régime tout entier qui est en cause.

— Nous arrivons à la fin du septennat de Valéry Giscard d'Estaing. Le régime, selon vous, a-t-il évolué ? L'équilibre institutionnel qui était celui de la Ve République tel qu'il a été légué par Georges Pompidou à Valéry Giscard d'Estaing s'est-il transformé dans un sens plus ou moins présidentiel, plus ou moins démocratique ?

— L'équilibre institutionnel, en France, depuis 89, c'est l'oiseau rare ! L'amour du droit écrit qui nous est entré dans le sang avec la transfusion romaine et notre propension à régler par décret les affaires des hommes, nous poussent à codifier à tour de bras nos passions du moment. Nous compensons notre inconstance par des vues éternelles aussitôt gravées dans le marbre. Nos révolutions passent d'abord chez le notaire. Résultat : quinze constitutions en cent-quatre-vingt-dix ans. La plus parfaite fut celle qui ne dura qu'un jour, en 1793. Si parfaite fut son existence qu'on rêve depuis lors de la rééditer. Remarquez que je ne me pose pas en gardien de la loi. J'ai eu à me pronon-

cer sur l'acte de naissance de la IVe et de la Ve République
et, les deux fois, j'ai voté contre. Certains y décèleront un
sens aigu du contretemps. Une interprétation plus aimable
m'accordera que j'avais lu et réfléchi. Je pensais qu'une
assemblée législative toute-puissante ferait tomber la
IVe République du côté où elle penchait, l'anarchie, et
qu'un président, maître après Dieu, sinon avant, de
la Ve la ferait basculer du côté de la monarchie ! Je
me souviens de cet article 13 de la constitution de 1946
où il était écrit : « l'Assemblée nationale vote seule la loi.
Elle ne peut déléguer ce droit. » En foi de quoi ladite
Assemblée vécut de reniements et de manquements à ce
droit. Conclusion plaisante pour l'esprit : c'est à de Gaulle,
son ultime recours, qu'elle vota les pleins pouvoirs. Et en
mourut. Je me souviens aussi que, de la constitution de
1958, de Gaulle jura devant le comité consultatif nommé
par lui et présidé par Paul Reynaud, qu'elle serait parlementaire, et notamment que le gouvernement, responsable
devant l'Assemblée, conduirait la politique du pays. J'aimerais savoir ce qu'en pensent aujourd'hui MM. Chaban-
Delmas, Debré, Chirac, Barre, anciens et actuel Premiers
ministres auxquels on prête un goût prononcé du pouvoir
et leur propose cette devinette : « Que dit l'article 20 de la
constitution ? » Ah s'il pouvait parler celui-là ! On l'enten-
drait répondre j'imagine : ''je n'ai pas besoin de jean-
foutres''. Je corrige tout aussitôt cette expression qui n'est
pas de mes habitudes. ''Jean-foutre'' on l'est une fois, deux
fois, pas trois quand on n'a pas la vocation. Est-ce pour se
défouler que M. Chaban-Delmas a été candidat à la présidence de la République ? Que M. Debré l'est ? Que
MM. Chirac et Barre le seront ?

Encore cet effacement du Premier ministre a-t-il varié dans
la pratique d'un président à l'autre. De Gaulle n'avait pas la
manie de court-circuiter son gouvernement. Il se contentait

de régner. J'ai relevé naguère dans *Le coup d'État permanent* la triple hérésie du secteur réservé, du retour à la justice retenue que l'on croyait tombée de notre droit public avec la tête de Louis XVI, et de cette conception selon laquelle tout pouvoir procéderait de la légitimité historique dont lui, de Gaulle, s'était coiffé — comme Bonaparte de sa couronne. Je n'y reviendrai pas, d'autant plus qu'aujourd'hui, j'aurais des indulgences. Avec Giscard on a vu pire. L'actuel président concentre dans ses mains les trois pouvoirs traditionnels, exécutif, législatif et judiciaire, et le pouvoir moderne de l'information, il gomme les institutions, tire sur toutes les cordes, extrait des textes tout leur jus, crée un régime de fait qui n'a d'équivalent nulle part, un régime non-dit où la démocratie formelle couvre une marchandise importée du bric à brac des dictateurs sans qu'on puisse de bonne foi l'appeler dictature, système ambigu, douceâtre d'apparence, en vérité implacable, auquel il ne reste qu'à doubler la mise, ou plus exactement le septennat, pour qu'il prenne un tour définitif, monarchie populaire et si peu populaire. Faute d'être parlementaire l'apparence voudrait qu'on rangeât la république de Valéry Giscard d'Estaing dans l'honorable catégorie des régimes présidentiels. Mais là encore, que d'approximations ! Le président des États-Unis d'Amérique possède infiniment moins de pouvoirs que le nôtre. Sous le contrôle permanent et sévère du Sénat, de la Cour suprême, de la presse, il ne peut ni se passer d'un vote, ni nommer librement un ambassadeur. Depuis le Watergate on le plaindrait presque de son abaissement. Le président du Mexique n'est pas rééligible. Le nôtre l'est. Celui du Venezuela, pas avant dix ans. Le nôtre tout de suite et indéfiniment. Les présidents d'Espagne, de Grande-Bretagne, du Maroc, d'Arabie sont rois (ou reines). Bourguiba est élu à vie. Pinochet y pense. Le nôtre sans doute aussi, mais en France ce sont des choses qu'on n'avoue pas. Dans les pays communistes les inamovibles Brejnev, Ceaucescu, Pham Von Dang, Castro, Kim Il Sung, les inusables Husak, Jivkov, Kadar ou Honecker ne sont pas tout à fait présidents mais seraient tout à fait dictateurs s'ils n'avaient pas à supporter l'appareil d'un parti. Le nôtre n'en a pas. Si je cherche une équivalence du côté de l'Afrique ou de l'Amérique latine je suis embarrassé par l'obligation de prudence. Entre le sage Houphouet et le fou Bokassa, ce ne sont pas les textes qui font la différence. Évoquer l'Argentine offenserait. Le Brésil aime les généraux et notre président n'est que sous-lieutenant.

— Ne pensez-vous pas que cette âpre critique de M. Valéry Giscard d'Estaing paraîtra excessive ? Vous-même, pour la faire accepter, y mêlez un certain sourire...

— Je ne m'inquiéterais pas de l'aspect singulier qu'a pris la République française si ne s'accumulaient les signes annonciateurs d'orages prochains. Je ne prête pas à Valéry Giscard d'Estaing de noirs desseins. Il se trouve bien comme il est, il trouve la France bien comme elle est. Tant mieux pour lui. Tant pis pour elle. Mais la léthargie n'est plus ce qu'elle était. On regrettera bientôt d'avoir perdu l'esprit des lois.

— De votre comparaison caustique entre le système français et les autres sur les pouvoirs du président, dois-je conclure que vous souhaitez, à votre tour, changer la constitution ?

— Ni le Programme commun de la Gauche, ni le projet socialiste ne prévoient la refonte catégorique des institutions. Mais ils proposent de les changer sur quelques points sensibles. Ne désirant pas discuter ici d'un projet détaillé de constitution, j'épargnerai à nos lecteurs de longs développements et me bornerai à l'examen du rôle du président. Je commencerai en disant que sept ans, c'est trop. Du moins dans le contexte actuel. Quand le chef de l'État sous la IIIe et la IVe arbitrait entre l'exécutif et le législatif, une telle durée collait à la fonction. Maintenant qu'il est à la fois chef de l'exécutif et chef de la majorité, à la tête d'un camp contre un autre et qu'il absorbe la totalité des pouvoirs, sept ans de présidence interdisent un fonctionnement normal de la démocratie. Sans doute un président élu par la gauche renoncerait-il de lui-même aux usages que nous dénonçons. Mais changer l'homme ne suffit pas. Vous savez que j'ai souhaité la réduction du mandat présidentiel de sept à cinq ans, mesure qui figurait dans mes options de 1965 et qu'ont repris les différents programmes auxquels j'ai, par la suite, souscrit. Je me demande maintenant si l'on ne devrait pas plutôt décider la non-rééligibilité au terme des sept ans ou une seule rééligibilité possible au terme des cinq ans.

Si je choque quelqu'un par cette proposition ce ne sera pas M. Giscard d'Estaing qui déclarait à Europe 1, le 19 mai 1974 : « On peut se poser la question de savoir si ce doit être six ans ou cinq ans. Sept ans c'est trop long et je souhaite que le Parlement reprenne l'examen du projet de loi qui avait été déposé par le gouvernement à l'initiative du président de la République. » Le président de la République dont parlait Giscard, c'était Pompidou, et le projet de loi dont il souhaitait le vote c'était celui qui réduisait le mandat présidentiel à cinq ans. Il existe à la lecture de ce texte un point sur lequel l'unanimité nous rassemble, lui, les autres et moi : si sept ans c'est trop long, quatorze, ça l'est encore plus ! Hypothèse d'école : si M. Giscard d'Estaing était réélu et s'il terminait ce second mandat il disposerait d'une durée de pouvoir supérieure à celle de tous les dirigeants occidentaux, exception faite de M. Kekkonen en Finlande, durée que n'atteignent en Europe que les archontes communistes.

— La pratique des institutions que vous reprochez à Valéry Giscard d'Estaing n'est-elle pas due au fait qu'il n'avait pas une majorité aussi cohérente que celles dont pouvait disposer naguère de Gaulle ou Pompidou ?

— Certes, il lui a fallu cravacher...

— Et qu'il est obligé d'asseoir l'autorité présidentielle en violant sa majorité, à l'occasion.

— Ah ! s'il se contentait de violer sa majorité, on s'en consolerait. Mais je ne suis pas sûr de votre explication. J'ai l'impression que le système a suivi sa pente naturelle. A la limite, moins un président a d'autorité, plus il a besoin de pouvoirs. Cela peut mener loin.

— Vous avez dit que tout pouvoir était passé dans le domaine du président de la République. Les Français en tout cas ne semblent pas s'en formaliser.

— Que les Français s'en accommodent, assurément. Dès que les apparences sont sauves l'esprit public s'habitue au pouvoir personnel et Valéry Giscard d'Estaing, qui a du savoir-faire, est assez intelligent et fin pour éviter que cette mainmise ne prenne un aspect grossier ou choquant. Bref, le suppositoire passe bien.

— Je souhaite que vous vous expliquiez davantage, sans que nous nous perdions dans le labyrinthe institutionnel...

— Un gouvernement fort de la confiance du Parlement peut-il imposer sa volonté au président dans le domaine de l'exécutif ? Non. Le Parlement peut-il imposer sa volonté au président dans le domaine législatif ? Non. Le président peut-il imposer sa volonté au pouvoir judiciaire ? Oui. Le président peut-il imposer sa volonté à la presse audiovisuelle qui couvre l'essentiel du pouvoir de l'information ? Oui.

— Par exemple ?

— Commençons par les relations du président et du gouvernement. Je rappelle pour mémoire la rédaction de l'article 20 de la constitution déjà cité : « Le gouvernement détermine et conduit la politique de la Nation. Il dispose de l'administration et de la force armée. Il est responsable devant le Parlement. » Et de l'article 21 : « Le Premier ministre dirige l'action du gouvernement. Il est responsable de la Défense nationale. Il assure l'exécution des lois... » Voilà pour les principes. Dans la réalité les choix de l'Exécutif s'élaborent, se déterminent à l'Élysée. Le Premier ministre est un commis de haut rang mais il n'est qu'un commis, un fonctionnaire du président qui le nomme et le révoque comme il veut, quand il veut. On a vu Michel Debré prié par de Gaulle de se retirer, en avril 1962, sans avoir été mis en minorité par l'Assemblée, et Jacques Chaban-Delmas, en juillet 1972, renvoyé par Georges Pompidou alors qu'il venait d'obtenir de l'Assemblée un vote massif de confiance. L'actuel chef de l'État va plus loin et, aux lieu et place du gouvernement, s'occupe lui-même de l'intendance. Il désigne les titulaires de missions d'étude et de réflexion sur les sujets les plus variés : tourisme, révolution bio-industrielle, circulation, prostitution, protection des animaux, propreté. Il assigne au Premier ministre des tâches ponctuelles : rénovation du ministère de l'Économie et des Finances, préparation du plan Sud-Ouest, et sans plus se soucier de sa personne et de son rôle, passe par-dessus sa tête pour s'adresser directement à tel ou tel ministre et le charger d'une tâche particulière : le ministre de la Culture pour la rénovation du Grand-Palais ou la construction aux Halles d'un Palais de la Musique, le ministre des Transports pour que la lumière soit faite sur le naufrage du pétrolier Betelgeuse. Mais l'intervention la plus spectaculaire consiste pour Valéry Giscard d'Estaing à définir les objectifs et le calendrier du gouvernement par des lettres publiques à son Premier ministre. Je me demande si le téléphone ne serait pas plus rapide et une

bonne conversation plus utile que la correspondance à sens
unique envoyée par le chef de l'État à son Premier ministre,
surtout quand on en connaît le contenu. On croirait ouvrir
la table des matières des œuvres complètes de M. de La
Palice. Le 28 novembre 1977, le chef de l'État recommande
à M. Barre de rénover les structures du ministère de l'Économie et des Finances, le 7 avril 1978, d'enrayer la dépréciation du franc, le 17 juin 1978 de mettre en œuvre les
décisions prises pour la Corse, etc. Quand il enjoint à
M. Barre « de mettre en œuvre tous les moyens techniques
nécessaires pour s'opposer à la dépréciation du franc », on
l'imagine mal écrivant le contraire. Force est de déduire, de
la rigoureuse inutilité de ces missives qu'elles visent un
autre but que celui d'émouvoir leur destinataire. L'impression se confirme quand on constate que, strictement inven-
toriées, les initiatives et les décisions de M. Giscard
d'Estaing qui ont modifié un tant soit peu la situation exis-
tante se comptent sur les doigts d'une main et jamais en des
domaines importants. La lettre de l'Élysée invitant
M. Barre à proposer un moyen de garantir l'épargne populaire avant janvier 1978 n'a pas eu, trois ans après, le commencement d'un commencement d'exécution. Mais on en a
beaucoup parlé. Les radios et les télévisions ont occupé
leurs bulletins d'information à chanter les louanges et à
broder le compliment. Qui sait si, dans l'arrière-fond de la
conscience des petits épargnants volés par la politique de
Giscard, il n'y a pas trace d'un sentiment de gratitude pour
la bonne pensée dont ils ont été l'objet ? Bref, cette procédure semble faite non pour changer l'état des choses mais
pour qu'on en parle.

 Suivez maintenant avec moi la progression de l'État-
Giscard dans les rouages du pays par le noyautage de
l'administration. Depuis Napoléon III, on n'a pas vu mieux.
De Gaulle, sous ce prisme, prend figure d'apprenti. J'ai là,

dans mon dossier, un article paru dans *Le Monde* du 2 mars
de cette année, sous la signature d'Yves Agnès, et intitulé
« Les Hommes du Président ». Apprendre qu'une dizaine de
recteurs d'université, sur vingt nommés ces temps derniers, ont été candidats aux élections pour le compte de
l'UDF, que deux autres ont appartenu au comité de soutien
à la candidature de Valéry Giscard d'Estaing est aussi ins-
tructif qu'apprendre en sens contraire, que le directeur
des écoles au ministère de l'Éducation, jugé peu sûr, a été
remplacé par un membre du cabinet du ministre, que le
recteur de Nantes, noté comme libéral de gauche, a été
remercié.

Le limogeage des préfets paraîtra plus naturel, plus conforme à la tradition. Mais on s'amusera de savoir qu'à la
liquidation des gaullistes correspond la promotion des proches du président, collaborateurs directs et même membres de sa famille. Dans l'administration centrale, c'est un
conseiller technique à l'Élysée qui occupe le poste de directeur général des collectivités locales et un ancien directeur
du cabinet de M. Poniatowski qui accède aux fonctions de
directeur général du ministère de l'Intérieur. Le directeur
des affaires politiques au ministère des Affaires étrangères
sort du cabinet de l'Élysée et le directeur des affaires économiques et financières du cabinet de M. Barre. L'ancien
chef d'état-major général de l'armée, le général Méry, était
précédemment chef d'état-major particulier de M. Giscard
d'Estaing. Son successeur, le général Vanbremeersch,
l'était déjà au même état-major. Le directeur de la Jeunesse
et des Activités socio-éducatives vient du cabinet de
M. Barre. Le directeur du Tourisme est secrétaire national
des Républicains indépendants. Le directeur des Enseignements supérieurs a signé l'appel universitaire pour le candidat Giscard d'Estaing en 1974. Le directeur général des
Transports intérieurs appartenait précédemment au cabi-

net de M. Jean-Pierre Fourcade. Le directeur de la Flotte de commerce au cabinet de M. Barre... Dans le secteur para-public l'inondation s'étale. Au Centre français du commerce extérieur, M. Guy Carron de la Carrière était auparavant conseiller de M. Giscard d'Estaing au ministère de l'Économie et des Finances. L'Institut national de la consommation a à sa tête M. Pierre Fauchon, ancien secrétaire général du Centre démocrate. Le délégué à la qualité de la vie est M. Jean-Claude Colli, ancien vice-président du parti radical et président du Carrefour social-démocrate. Le musée du dix-neuvième siècle a été confié à M. Jean-Philippe Lachenaud, maire de Pontoise, délégué UDF dans le Val d'Oise. Et l'Office franco-québécois pour la Jeunesse à M. Dominique Bussereau, ancien secrétaire général du mouvement des Jeunes giscardiens, à l'époque « Génération sociale et libérale. »

Deux des trois grandes banques nationalisées sont dirigées par d'anciens collaborateurs directs de Valéry Giscard d'Estaing : MM. Claude Pierre-Brossolette au Crédit Lyonnais et Jacques Calvet à la BNP. Le directeur général de la Banque française du Commerce extérieur est M. François Giscard d'Estaing, cousin germain du président. Le Crédit foncier de France est dirigé, depuis octobre 1975, par M. Max Lacan, ancien conseiller de M. Giscard d'Estaing au ministère de l'Économie et des Finances.

— Que M. Giscard d'Estaing ait dans les mains la totalité du pouvoir exécutif, paraît assez démontré. J'ai suivi moi-même jour après jour et pour m'en inquiéter les progrès du faux présidentialisme qui nous tient lieu d'institutions. Il serait intéressant maintenant d'examiner en quoi le président de la République, maître de l'Exécutif, exerce plus encore que ses prédécesseurs, comme vous l'assurez, le pouvoir législatif.

— Je rappelais à l'instant le dialogue de Gaulle-Reynaud

devant le Comité consultatif constitutionnel qui, comme vous le savez, a préparé le texte qui fut soumis au referendum des Français et devint, par leur approbation, la constitution de la Ve République. C'était le vendredi 8 août 1958, onzième séance du Comité.

Paul Reynaud : « Le Premier ministre désigné par le président de la République pourra-t-il être révoqué par lui ? »

Charles de Gaulle : « Non ! Car s'il en était ainsi, il ne pourrait pas effectivement gouverner. Le Premier ministre est responsable devant le Parlement et non pas devant le chef de l'État en ce qui concerne la conjoncture politique. Le chef de l'État a pour rôle essentiel d'assurer le fonctionnement régulier des pouvoirs publics. Il nomme donc le Premier ministre, comme sous la constitution de 1875, ce qui supprime l'investiture, sans exclure l'usage de la question de confiance. Le Premier ministre forme alors son gouvernement et le président de la République signe les décrets par lesquels sont nommés les ministres. Si le Premier ministre demande la révocation d'un de ses ministres, le président de la République signe le décret, mais l'initiative de la décision n'est pas prise de son propre chef. S'il n'en était pas ainsi, l'équilibre serait compromis. Le président de la République, j'y insiste, est essentiellement un arbitre qui a pour mission d'assurer, quoi qu'il arrive, le fonctionnement des pouvoirs publics. »

Paul Reynaud : « Votre réponse, monsieur le Président du Conseil, revêt une importance extrême. Elle apaisera les inquiétudes de ceux qui se demandaient si l'avant-projet s'inspirait de l'esprit du régime présidentiel ou de celui du régime parlementaire ».

Paul Reynaud pouvait se rassurer. Une constitution qui, d'une part, prescrit que « le gouvernement détermine et

conduit la politique de la Nation » et, d'autre part, que « le
Premier ministre après délibération du Conseil des ministres, engage devant l'Assemblée nationale la responsabilité
du gouvernement sur son programme ou éventuellement
sur une déclaration de politique générale », comme l'édicte
son article 49, est bien parlementaire. Malheureusement
les choses ne se sont pas tout à fait passées comme cela et
même pas du tout. Non seulement, je l'ai dit, le gouvernement ne « conduit », ni « ne détermine », mais encore il ne
se présente plus devant l'Assemblée pour lui soumettre son
programme. J'ai entendu Guy Mollet, l'un des ministres
d'État rédacteurs de la constitution, raconter neuf ans plus
tard, lorsque Georges Pompidou refusa de solliciter la confiance des députés au lendemain des élections législatives
de 1967, qu'il avait suggéré à de Gaulle de rédiger autrement l'article 49 et d'écrire « doit engager » au lieu
d'« engage », afin d'éviter toute dispute ultérieure sur
l'interprétation de ce texte. De Gaulle lui avait alors
répondu que le verbe « engager », au présent, avait en fait
une valeur impérative, de même que le code de la route
lorsqu'il constate que les voitures « roulent à droite ». Las !
Les voitures roulent à droite, mais le gouvernement
n'engage pas sa responsabilité. Il est vrai qu'il en a si
peu. Le régime parlementaire de la Vᵉ avait vécu avant de
naître.

Quant à l'Assemblée, jalonnons les étapes de sa décrépi-
tude. Elle a perdu le droit de fixer son ordre du jour,
l'heure et la durée des discussions. Elle a perdu l'initiative
des lois : les propositions parlementaires, sauf de rares
exceptions dont le gouvernement reste juge, sont toutes
écartées. Elle a perdu la liberté de se réunir quand elle le
veut en session extraordinaire. Elle a perdu son droit de
regard sur la politique internationale. En vertu de
l'article 53 de la constitution c'est elle qui doit autoriser la

ratification ou l'approbation des traités et accords. Mais l'article 128 du règlement interdit le dépôt de tout amendement. En outre, le Conseil constitutionnel estime qu'elle n'a pas à examiner les accords dits « techniques », ce qui permet au gouvernement d'accorder des aides financières à l'étranger, comme la consolidation de la dette du Chili, sans aucune autorisation parlementaire. Elle a perdu le droit d'amender la loi de Finances et d'augmenter les dépenses même quand elle propose de les compenser par une économie ou par la création d'une recette. Elle a perdu le droit de créer et de déterminer les taxes parafiscales dont le produit dépasse pourtant huit milliards de francs. Elle a perdu le droit d'affecter des recettes à l'objet de son choix. Elle a perdu le droit d'amender un projet de loi quand le gouvernement demande un « vote bloqué » : c'est la procédure dont Alain Peyrefitte a usé pour faire passer sa loi répressive en juin et celle qui sert chaque année pour la loi de Finances. Elle a perdu le droit de considérer ses votes comme acquis puisque le gouvernement peut toujours demander une seconde délibération. Elle a perdu le droit de contrôler les ordonnances puisque le gouvernement ne peut recourir à cette procédure que « pour l'exécution de son programme » et qu'il ne fait pas approuver son programme. Elle a même perdu le droit de voter la loi. Il suffit pour cela que le gouvernement engage sa responsabilité sur un texte, c'est-à-dire qu'il demande la confiance. Si l'opposition ne dépose pas de motion de censure, le texte est adopté d'office, sans vote. Si la censure est repoussée, la loi est également considérée comme adoptée. C'est de cette façon-là qu'a été approuvée en 1977 l'élection du Parlement européen au suffrage universel, comme naguère la loi de programme militaire. Utilisée avec précaution par MM. Debré et Pompidou, cette pratique est devenue systématique avec M. Barre. Ni le budget 1981 ni la cotisation

sur les retraites du régime général de la Sécurité sociale n'ont été votés par le Parlement.
— On pourrait imaginer la totalité des lois adoptées sans vote du Parlement ?
— Oui.
— Mais ce serait un changement de régime !
— J'estime que l'emploi répété de cette procédure par MM. Giscard d'Estaing et Barre a déjà changé la nature du régime. Les droits et compétences perdus par le pouvoir législatif — et j'ai volontairement limité mon énumération — soit du fait de la constitution, soit du fait des lois organiques, soit du fait du règlement des assemblées, soit du fait de l'interprétation du Conseil constitutionnel, soit du fait de l'usage, ont, quand on les additionne, réduit le pouvoir législatif à rien. De régime parlementaire il n'est depuis longtemps plus question. Dans les régimes présidentiels classiques, la représentation nationale discute et vote la loi. Ce n'est même plus le cas chez nous.
— Exécutif, on a compris, Législatif aussi. Ce sont des points sur lesquels nos opinions se rejoignent et je ne vous pousserai pas dans vos retranchements. Mais le Judiciaire ! L'indépendance de la magistrature subit, on le sait, de nombreux coups de canif, mais n'en demeure pas moins une garantie réelle de notre démocratie. Le pouvoir du président de la République, si ce n'est dans de rares cas dont on ne peut faire une règle, s'arrête là.
— Je n'ai qu'un argument de droit et un argument de fait à vous opposer. L'argument de droit : c'est le chef de l'État qui nomme les membres du Conseil supérieur de la Magistrature et c'est le Conseil supérieur de la Magistrature qui nomme les magistrats. C'est tout. L'argument de fait : c'est que dans toutes les affaires financières, de mœurs ou simplement crapuleuses qui, de près ou de loin, pouvaient atteindre le pouvoir politique, le cours de la justice a été

dévié. Je ne prétends pas que le chef de l'État se soit chaque fois et personnellement mêlé de ces affaires. Qu'il le puisse me suffit pour ne pas l'accepter.

— Auriez-vous raison qu'il n'en existerait pas moins des juges courageux et un corps, la magistrature, de haute conscience professionnelle.

— Sans doute. Aussi déplorerai-je d'autant plus qu'avec tant de magistrats insoupçonnables il soit toujours possible au pouvoir exécutif de distinguer pour s'en servir celui qui ne l'est pas.

— Vous réformeriez le Conseil supérieur de la Magistrature ?

— Ce serait l'une des premières mesures à prendre. Les magistrats doivent élire leurs représentants au Conseil.

— Parmi les affaires notoires de ces dernières années quelles sont celles qui vous paraissent franchement scandaleuses ?

— Notoires : l'affaire de Broglie et celle des micros espions posés par des policiers déguisés en plombiers dans les locaux du *Canard enchaîné*. Il en est de moins connues, et qui paraîtront mineures mais qui ne le sont pas à mes yeux parce qu'elles mettent en cause précisément l'indépendance des juges : l'affaire Jean-Pierre Michel, cet ancien secrétaire général du syndicat de la Magistrature, candidat du PS aux élections législatives en Haute-Saône et qu'on vient de frapper professionnellement parce qu'on l'accuse d'avoir participé à une émission de Radio-Riposte, l'affaire Bidalou, parce que ce juge non conformiste a défendu les travailleurs immigrés contre un ordre établi fondé sur l'injustice, celle du juge Ceccaldi, muté pour cause d'intransigeance. La plus scandaleuse, parce que l'État a lui-même organisé le rackett, l'affaire du vote des Français de l'étranger.

— Je comprends que l'affaire de Broglie émeuve. L'attitude du gouvernement a largement contribué au malaise. Mais la demande de comparution de Michel Poniatowski en Haute-Cour n'était-elle pas exagérée ?

— Comment faire autrement ? La voie judiciaire fermée — on avait bouclé l'instruction sur un dossier dénaturé —, il ne restait qu'un moyen légal, institutionnel pour rechercher la vérité dans cette affaire qui engageait la responsabilité d'un ministre, la Haute-Cour de Justice. Or, M. Poniatowski avait commis une lourde faute. Rappelez-vous, l'assassinat de Jean de Broglie a lieu le 24 décembre. Et le 29, Michel Poniatowski, ministre de l'Intérieur, entouré de deux hauts fonctionnaires de police, le commissaire Ottavioli, chef de la brigade criminelle et Jean Ducret, directeur de la police judiciaire, tient une conférence de presse pour révéler que « l'affaire est close » et que « toutes les personnes impliquées dans le meurtre de M. de Broglie sont arrêtées ». Bref, on connaît les tueurs, leurs complices, leurs mobiles. Le ministre va jusqu'à citer le nom de personnes qui ne sont pas encore inculpées. Cette extraordinaire intrusion dans le cours d'une instruction à peine ouverte lui vaudra une mise au point cinglante et publique, quoique officieuse, de la Chancellerie, dont le titulaire à l'époque était Olivier Guichard, garde des Sceaux. Par cette mise au point, telle que *Le Monde* l'a reproduite le 30 décembre, « la Chancellerie faisait connaître sa surprise de voir transgresser les usages et la loi. Il n'est pas d'usage, en effet, que des accusations soient ainsi portées contre des personnes, alors que celles-ci n'ont pas encore été déférées au juge d'instruction, seul habilité à prononcer une inculpation. De plus, les propos sur le déroulement de l'enquête et les affirmations qui ont été portées mercredi 29 décembre, au cours de la conférence de presse donnée au ministère de l'Intérieur, sont en contradiction avec l'article 11 du code de procédure pénale sur le secret de l'instruction ».

Olivier Guichard et Michel Poniatowski sont liés non seulement par leurs affinités politiques, mais aussi par le mariage de leurs enfants. Il fallait que l'offense aux règles du droit fût sérieuse pour que ce ministre de la Justice se considérât comme tenu d'infliger à ce ministre de l'Intérieur un pareil camouflet. Pourquoi voulez-vous que ce qui avait ému, à un tel degré, le paisible Olivier Guichard laissât insensible le groupe socialiste ? Mais jusqu'à ce que *Le Canard enchaîné* publiât les documents qui démontraient que la police avait volontairement égaré la justice, nous ne disposions d'aucun élément pour agir et si la conférence de presse du 29 décembre constituait en soi un manquement grave à la loi, nous n'étions pas en mesure d'en apprécier ni la portée ni le contenu.

Sans la double preuve apportée par *Le Canard*, preuve que la police avait été informée plusieurs mois avant le crime de l'éventualité d'un attentat contre Jean de Broglie, preuve qu'elle l'avait caché au juge d'instruction, nous n'en aurions pas su davantage. Au vu de ces révélations, avouez qu'on avait le droit de s'interroger sur le rôle de Michel Poniatowski. Qu'il eût tenté d'étouffer l'affaire paraissait évident. Qu'il eût été tenu dans l'ignorance par ses subordonnés des menaces qui pesaient sur la vie de Jean de Broglie paraissait surprenant. Sans doute le haut fonctionnaire, pris en défaut, M. Ducret, couvrait-il son ministre en assurant qu'il avait gardé par devers lui l'information accusatrice. Mais tandis que M. Ducret s'était... trompé deux fois, les informations du *Canard* étaient, elles, vérifiées.

— Ces faits sont troublants, j'en conviens. Mais ne craignez-vous pas que le Parti socialiste n'apparaisse comme s'acharnant, n'hésitant devant rien pour éliminer un adversaire politique ?

— Si le groupe socialiste à l'Assemblée nationale n'avait pas réagi, l'affaire était enterrée.

— Jean de Broglie avait été l'un des fondateurs — et même le trésorier — de la Fédération des Républicains indépendants, parti auquel appartenait M. Giscard d'Estaing. Naguère familier du président de la République, ce dernier le tenait depuis quelque temps en lisière.

— Il en savait sans doute plus que nous.

— Au-delà des agissements pour le moins maladroits de Michel Poniatowski, quels éléments vous ont troublé ?

— L'éloquence du calendrier ! Depuis des mois de Broglie est menacé. Il le sait. La police aussi, qui file le tueur à gages, l'écoute au téléphone. Mais le tueur hésite, se dérobe. Un autre le remplace. De Broglie le sait. La police aussi qui file le remplaçant, l'écoute au téléphone. L'un des complices du tueur exerce la profession d'inspecteur de police. L'œil exercé, il comprend vite, reconnaît le policier qui le suit, va droit à lui et dit : « Je sais ce que tu fais ». Rien n'empêche rien. Tueurs et policiers continuent leur ballet. Et ces trois dates :

6 décembre 1976 : Jean de Broglie passe avec armes et bagages chez Jacques Chirac et assiste au congrès constitutif du RPR.

8 décembre : la filature des tueurs s'arrête sur ordre du ministre de l'Intérieur.

24 décembre : Jean de Broglie est assassiné.

— Qu'est-ce que cela prouve ?

— Qu'on ne sait pas encore pourquoi de Broglie est mort.

— Pas de son adhésion au RPR ! Ce serait stupide.

— Et même invraisemblable. Il s'agit d'autre chose. Quel secret de Broglie portait-il ? L'enquête le montre mêlé à d'inquiétants trafics.

— Ça c'est l'affaire de Broglie, pas l'affaire Poniatowski. La commission parlementaire chargée d'examiner la requête socialiste pour l'éventuelle convocation de la Haute-Cour siège depuis trois mois. Elle n'a pas fini ses travaux. Au point où nous en sommes, quelle est votre opinion personnelle sur le cas Poniatowski ?

— Je ne suis pas membre de la commission et ne puis que vous communiquer mes propres réflexions. Michel Poniatowski m'a écrit. Lettre amère et violente, lettre d'indignation et qui en appelait au sens de l'équité. Je déteste l'hallali, ce goût morbide du gibier qu'on traque et qu'on saigne. Il peut paraître extraordinaire, et il est extraordinaire en effet, que les fonctionnaires de police n'aient pas transmis d'échelon en échelon, jusqu'au plus élevé, le ministre, les informations qu'ils détenaient sur le danger couru par ce haut personnage du régime qu'était le prince Jean de Broglie. Malgré cela, je ne puis croire que Michel Poniatowski ait eu connaissance, avant le 24 décembre, des filatures antérieures au crime et qu'il ait livré, de ce fait, Jean de Broglie à la mort.

Quelque suspicion qu'on nourrisse dans cet entrelacs d'intrigues et de compromissions, tant que la preuve ne me sera pas faite que l'ancien ministre de l'Intérieur se soit rendu coupable du crime de non-assistance à personne en danger, je le tiendrai pour innocent. Mais, moi, je ne suis pas une juridiction !

Je crois cependant que, pour des raisons qu'il importe de déceler, soit désir de jeter un voile sur des trafics politico-financiers, soit volonté de camoufler des bavures policières, Michel Poniatowski a tenté de stopper l'enquête, de brouiller l'instruction. Pourquoi ? La folle raison d'État a tourné la tête à bien d'autres.

— Si vous ne croyez pas à la culpabilité de Michel Poniatowski avant le 24 décembre, que reste-t-il de votre accusation ?

— L'article 68 de la constitution prévoit que « les membres du gouvernement sont pénalement responsables des actes accomplis dans l'exercice de leurs fonctions et qualifiés crimes ou délits au moment où ils ont été commis ». Intervenir publiquement dans une affaire dont l'instruction est ouverte et « oublier » de communiquer au juge, après le meurtre, des documents déterminants, sont des infractions « qualifiées crimes et délits » et qui tombent sous le coup, s'il s'agit d'un ministre, de la loi constitutionnelle.

— Est-ce assez pour la Haute-Cour ?

— Oui.

— Michel Poniatowski a-t-il assumé seul, selon vous, cette responsabilité, si responsabilité il y a ?

— Il n'y a pas pour moi d'affaire Poniatowski, mais une affaire d'État. Tout le montre.

— Et l'affaire Bokassa et celle des diamants ? On entre ici dans la zone trouble où l'on ne sait où commence et finit la politique...

— J'ai interpellé le gouvernement sur l'affaire Bokassa à la tribune de l'Assemblée nationale avant que circulent les bruits sur l'affaire des diamants. Le scandale, énorme à mes yeux, tenait tout entier dans la complaisance de la France avec ce couronnement, ces festivités, ces copineries, ces parties de plaisir, tandis qu'on tuait au Centrafrique. Pourtant le gouvernement savait. De nombreux parlementaires de tous bords avaient alerté les pouvoirs publics, et moi-même dès 1972 sur les crimes de Bokassa. Il a fallu l'enquête d'Amnesty International sur le meurtre de deux cents jeunes gens pour que Paris commence à s'émouvoir. On ne s'était pas inquiété du crime. On craignit ses éclaboussures. J'ai mal reçu les leçons de morale distribuées par les ministres aux députés qui posaient des questions. Présenter M. Giscard d'Estaing comme le libérateur du Centrafrique parce qu'il s'était débarrassé comme d'un remords de l'empereur, dépassait les bornes de l'impudeur. Je n'ai pas apprécié non plus l'intervention de notre ambassade à Bangui, transformée en « piscine » selon l'argot des services spéciaux, ni ces soldats français utilisés comme des femmes de ménage pour vider le palais du dictateur déchu de la moindre trace gênante, ni la substitution par la France de ministres compromis par des ministres compromis, de corrompus par des corrompus, la différence entre eux relevant seulement de l'idée qu'on se faisait à Paris de leur complaisance et de leur discrétion.

Et la comédie d'Evreux ! J'étais gêné que notre pays se fût humilié avec cet avion bloqué qui attendit deux nuits sur une piste jusqu'à ce qu'un grand seigneur dédaigneux, Félix Houphouet-Boigny, consentît à délivrer le président de son fardeau.

— Cette volonté de cacher, d'isoler Bokassa, après la fouille de son palais par les services secrets, a ajouté à la vraisemblance des accusations portées par *Le Canard enchaîné*, qui ont donné naissance à l'affaire des diamants. On a reproché à cet égard au PS d'être resté sur la réserve, comme s'il obéissait à je ne sais quelle loi du silence propre à la classe politique.

— Quoi que nous fassions, rien ne désarme nos censeurs. Nous en faisons trop : voir Poniatowski. Ou pas assez : voir les diamants. Qui nous fournira l'instrument de mesure ? C'est pourtant le PS qui a offert l'une de ses émissions « la parole est aux partis politiques » aux journalistes du *Canard enchaîné* et de *L'Aurore*, et qui a mené une vigoureuse campagne pour que le président de la République s'expliquât. Il est vrai que j'ai insisté auprès de mes amis pour qu'on ne confonde pas le doute et la preuve. Nous avons posé des questions et continuerons d'en poser tant qu'on refusera de nous répondre. Mais l'accusation ne peut être portée que par ceux qui ont connaissance des pièces et de leur origine. Tel n'est pas notre cas.

— N'êtes-vous pas troublé par l'arrestation et la mise au

secret de Roger Delpey, coupable, semble-t-il, d'avoir été trop curieux et d'avoir détenu, selon Bokassa lui-même, des documents compromettants pour Valéry Giscard d'Estaing ?

— Il ne s'agit pas ici de la saine administration de la justice. Rien ne justifie la détention préventive de Delpey qui ressemble trop à une lettre de cachet : le chef de l'État va s'y brûler les doigts.

— Vous savez que Delpey est un militant d'extrême-droite.

— C'est le cadet de mes soucis. Son droit est le même que le mien.

— Et l'affaire Boulin ?

— Robert Boulin n'a pas supporté qu'un scandale altérât l'idée qu'il s'était faite de lui-même. Cynique, il aurait pu se dire : d'autres ont fait pire sans dommage pour eux. Et survivre. Honnête, il s'est puni d'une faiblesse trop forte encore pour lui.

— Il a mis en cause le garde des Sceaux, tout de même...

— Robert Boulin était avocat. Et depuis quinze ans, ministre. Nul ne savait mieux que lui à quel devoir de réserve est tenu le garde des Sceaux à l'égard d'un juge d'instruction. Je ne crois pas qu'il ait reproché à Alain Peyrefitte de l'avoir trahi en refusant d'intervenir, mais en intervenant.

— Pour l'enfoncer ? Et ça ne vous surprendrait pas, cela ?

— Moins que ne le fut Robert Boulin !

— Ce grouillement de financiers véreux, de notaires faillis et d'hommes politiques proches du pouvoir n'annonce-t-il pas la fin d'un règne ?

— Je me garde d'un pronostic. Mais je crois qu'une démocratie a le plus grand besoin, y compris sur le plan des mœurs, de l'alternance politique. L'attelage conduit par

Giscard tue sous lui ses chevaux. Mais on attend l'entrée en lice des équipages de relève.

— Ce régime si complaisant pour les siens recourt aisément à la sévérité contre les atteintes à l'ordre public, comme si la réputation altérée d'un président de la République et les agissements douteux de ses ministres ne nuisaient pas autant, sinon davantage, aux principes dont ils se réclament.

— Vous avez prononcé le nom d'Alain Peyrefitte. Il symbolise assez bien cette morale à cloche-pied. La loi répressive qui porte son nom illustre la tendance du pouvoir bourgeois à exorciser la violence des autres sans se préoccuper de la sienne. J'ai découpé l'autre jour dans *Le Monde* un article du professeur Léauté, criminaliste de grand renom, qui analysait le récent ouvrage de Mireille Delmas-Marty sur *Les chemins de la répression*. C'est à lui que j'emprunte ce vocabulaire : « L'événement (le vote de la loi dite " sécurité-liberté " par l'Assemblée nationale) illustre une fois de plus le rôle de l'exorcisme pénal. Rien n'a servi de dire aux auteurs du projet de loi que le renforcement des peines encourues n'est jamais efficace en vue d'obtenir la baisse de la criminalité. Ce fut peine perdue que d'invoquer les principes généraux du droit français pour critiquer les nouvelles règles de l'instruction préparatoire. Les auteurs du texte en appelaient, au-delà de la logique du crime et de la peine, aux aspirations qu'ils disaient être celles de la France profonde sur la scène de l'actualité, ils faisaient le procès-spectacle de la violence. Après avoir crié contre elle ils la mettaient en accusation devant le Parlement. Leur ardeur venait de la suite des siècles. Ils espéraient, ils espèrent encore apaiser par sa condamnation l'insécurité venue de la nuit des temps... » Faute d'avoir prise sur une société qu'aucune idée d'elle-même n'inspire, Alain Peyrefitte — et bien entendu Giscard d'Estaing —

font appel, selon l'heureuse expression de Mireille Delmas-Marty, « à la magie de l'irrationnel ».

— Pour justifier le projet Peyrefitte de réforme du code pénal et de procédure pénale, le gouvernement a fait état de sondages, qu'il n'a d'ailleurs pas publiés, mais qui lui ont permis de se justifier en affirmant qu'il y aurait dans l'opinion publique un certain sentiment d'insécurité. Est-ce que vous y croyez ? On doit tout de même constater que la gauche et en particulier le Parti socialiste d'une part, les magistrats, les avocats, les juristes d'autre part, ont réagi très vigoureusement, sans pourtant réussir à provoquer un véritable mouvement d'opinion publique.

— Il faut du temps pour que l'opinion publique, surtout quand elle tremble pour sa sécurité, sache démêler dans la répression du délit ou du crime le moment où commence l'abus de droit. Que de gouvernements sans scrupules ont profité de cette disposition d'esprit pour cadenasser les procédures pénales, rétablir le délit d'opinion, légitimer la notion de responsabilité collective, multiplier les juridictions politiques. C'était un truc un peu ridicule sous la IVᵉ République que de faire voter des lois d'exception qui ne servaient à rien, petit mouvement du menton pour simuler l'autorité. La Vᵉ République n'a pas lésiné sur les tribunaux institués, destitués à la queue-leu-leu, haut tribunal militaire, cour militaire de justice, et finalement cour de sûreté de l'État qui a réalisé ce chef-d'œuvre d'ériger l'exception en règle de droit commun. Elle n'a pas davantage économisé les lois répressives, loi anticasseurs et maintenant loi Peyrefitte, qui triturent, déforment, détruisent le lent acquis des droits de l'Homme. Faites le compte des régimes qui se sont succédé en France depuis la Convention : Directoire, Consulat, Premier Empire, Restauration, Cent jours, Restauration, Monarchie de Juillet, IIᵉ République, Second Empire, IIIᵉ République, Vichy, de

Gaulle, IVe République, Ve République, ouf ! et le compte alterné des révolutions, répressions, émeutes, coups d'État, tentatives de coups d'État, états de siège, gouvernements provisoires, sans oublier trois occupations étrangères, et vous croirez qu'il reste des situations pénales non prévues, un trou dans l'arsenal de nos lois répressives ? En vérité tout a été dit et tout a été fait. Alain Peyrefitte, rendons-lui cet hommage, n'a rien inventé, sauf peut-être un certain raffinement dans l'hypocrisie. Ce n'est pas Napoléon Ier qui aurait pris des gants pour envoyer à la fourrière cette fâcheuse inamovibilité des magistrats du siège, refuge des juges indociles. Les sénatus-consultes de 1807 et de 1810 l'en ont débarrassé. Louis XVIII ne se perdait pas non plus dans ces délicatesses : pour révoquer deux mille magistrats qui se piquaient d'indépendance il suspendit la charte additionnelle. Ni Louis-Philippe, roi débonnaire qui violenta de même la charte de Charles X. Napoléon III, droit au but, exigea de tout fonctionnaire, y compris ceux de la justice, le serment de fidélité à l'Empire. Une remarque en passant, par quel étonnant détour de l'esprit, les parjures accordent-ils tant d'importance à la parole donnée ? En vacances encore, l'inamovibilité, avec Philippe Pétain qui, dès sa prise du pouvoir, se fit accorder le droit de relever tout magistrat de ses fonctions avant d'imposer à son tour, en 1941, le serment. La IIIe République ne s'est pas gênée, elle non plus, à ses débuts pour liquider 600 magistrats. Pas davantage de Gaulle avec ses ordonnances de 1943 et 1944 qui permirent une nouvelle épuration de la magistrature. Au moins, c'était clair !

Le projet Peyrefitte ne tombe pas dans ces vulgarités. Il ne heurte pas de front l'indépendance des juges. Il la contourne. Soit qu'il substitue au magistrat du siège, en l'occurrence le juge d'instruction, le couple parquet-police. Par exemple, le procureur, aux ordres du gouvernement, procédera d'office à une enquête sur la personnalité du suspect et cette enquête sera diligentée sous son seul contrôle par la police judiciaire. Soit que le procureur saisisse directement la juridiction de jugement sans intervention du juge d'instruction, s'il estime cette saisine justifiée par les charges qu'aura rassemblées la police. En outre, le procureur pourra faire procéder à la détention immédiate et provisoire du détenu sur simple demande adressée à la juridiction du jugement. On aura ainsi réussi cette performance de confondre deux fois deux démarches dont le caractère distinct demeure une exigence essentielle du droit, la mise en accusation et l'instruction, d'abord, l'instruction et le jugement ensuite. Enfin, le prévenu pourra être emprisonné pendant un délai de deux mois sans savoir pourquoi, sans avoir pu consulter son dossier, sans avoir eu la possibilité d'organiser sa défense. Bref, M. Peyrefitte a renoncé au principe, jusqu'ici absolu, de l'instruction conduite par un magistrat du siège. J'ai cité à l'Assemblée nationale, après avoir développé l'argument que je viens de reprendre, cet avis de Cambacérès à Napoléon Ier : « Par son institution, le ministère public est partie ; à ce titre il lui appartient de poursuivre, mais par cela même il serait contre la justice de le laisser faire des actes d'instruction. Le procureur impérial serait un petit tyran qui ferait trembler la cité, tous les citoyens trembleraient s'ils voyaient dans les mêmes hommes le pouvoir de les accuser et celui de recueillir ce qui peut justifier leur accusation. » Napoléon lui donna raison. Mais M. Peyrefitte lui donne tort.

Hypocrisie partout. Hypocrisie, l'habeas corpus. Hypocrisie la disparition du flagrant délit. Hypocrisie la libre appréciation de la peine par le juge. Hypocrisie la plénitude des droits de la défense. Hypocrisie, je le répète sans me lasser, l'inamovibilité. Hypocrisie la sécurité invoquée pour frapper par la bande les mouvements sociaux.

— Certaines dispositions prévues par M. Peyrefitte ont été corrigées par la Commission et par l'Assemblée.

— Oui. Mais l'intention du gouvernement révèle la dégradation du sens de la justice. Et le texte voté reste inacceptable.

— Un comité s'est constitué pour lutter contre ce projet. Le PS en fait-il partie ?

— Oui.

— Vous en mêlerez-vous personnellement ?

— Oui.

— N'avez-vous pas d'autres tâches plus immédiates à remplir ?

— La défense du droit est toujours immédiate. C'est ce soir, demain matin, qu'un seul d'entre nous peut se trouver frappé, broyé par la machine. Je veux éveiller la conscience publique. N'est-ce pas le devoir historique de la gauche ? Éveiller. Tenir en éveil. Et que les citoyens veillent sur la cité. Ils veilleront ainsi sur eux-mêmes.

— Vous attribuez aussi à Valéry Giscard d'Estaing un pouvoir discrétionnaire sur les moyens audio-visuels.

— Il m'arrive de penser que le président de la République dîne et couche à la télévision : on l'y retrouve presque chaque soir. L'excès pourrait lasser. Mais comme c'est bien fait, que c'est du travail de bon technicien, peu à peu, ce pouvoir informatif, ou déformatif, dont il s'est rendu maître, devient son principal instrument de gouvernement.

— Vous dites : du travail de bon technicien. Cela signifie-t-il que Giscard est bon à la télévision ou bien qu'il dispose d'une bonne organisation pour conditionner l'opinion publique ?

— Les deux à la fois.

— En quoi est-il bon, selon vous ?

— Par la connaissance précise de ses moyens et la maîtrise de son langage. Il sait qu'il a le souffle court, mais sa phrase en épouse exactement le rythme. Un sujet, un verbe, un complément direct. Un point, pas de virgule, ni de point et virgule : on entrerait dans l'inconnu. Pas de lien nécessaire non plus entre deux phrases. Chacune se suffit à elle-même, aussi lisse et pleine qu'un œuf. Un œuf, deux œufs, trois œufs, une ponte en série, régulière comme un métronome. La belle mécanique ! J'ai connu un mélomane qui prêtait à son métronome plus de génie qu'à Beethoven. Naturellement le spectacle ravit. Par-dessus le marché, c'est très pédagogique. Tout le monde comprend qu'un œuf est un œuf. Allez donc, après ça, expliquer le contraire ! Je veux dire par là que Giscard possède, à un rare degré, l'art d'énoncer les évidences. L'évidence ne se démontre pas. Vous pensez, comme la plupart de nos contemporains, qu'il n'est pas de plus éblouissant démonstrateur que lui. Quel bon téléspectateur vous faites ! C'est parce qu'il y a beaucoup de bons téléspectateurs comme vous que Giscard est si bon à la télévision. Je reconnais qu'il explique admirablement comment les choses se passent sans lui. Les prix ont monté en mai ? Parbleu, c'est le bœuf. En juin, c'est le melon. En juillet, c'est le gaz, l'électricité, les chemins de fer et les loyers. Comment voulez-vous que les prix ne montent pas ? Lumineux. On s'émerveille d'accéder aussi aisément aux mystères de l'économie, de pénétrer à la suite de ce guide savant dans les arcanes de la haute finance. Hé oui, c'est le bœuf ! Odieux melon ! Traître loyer ! Vive Giscard !

— Vous caricaturez.

— Bien entendu, je plaisantais. Enfin, pas tout à fait. Mais rendons les armes : il faut une belle intelligence et un verbe aiguisé pour convaincre les autres à ce point que gouverner consiste à n'être responsable de rien.

— Il vaut mieux que cela. Son style, exactement adapté à la technique audiovisuelle, est le plus moderne qui soit.

— Il y a beau temps que j'en suis convaincu. J'admirais déjà ses dons d'exposition lorsqu'il intervenait à la tribune de l'Assemblée nationale. Je me souviens d'avoir écrit, après l'une de ses présentations annuelles du budget, que je n'avais pas entendu meilleur orateur parlementaire de ce type depuis Pierre Cot. La clarté du discours, la fluidité du débit entrecoupé de pauses qui donnaient à ses auditeurs l'impression d'être admis à penser, comme le ralenti des images sportives à la télévision vous projette du fauteuil où vous caliez vos reins dans l'héroïque intimité de l'effort musculaire, le port même de la tête, tout préparait Giscard à s'installer sur nos petits écrans. Sans doute a-t-il ajouté à ses qualités naturelles beaucoup de travail. Finis les amateurs ! Mais il a reçu sa récompense. Avec lui, on entend la télévision respirer. Le triomphe des poumons d'acier !

— Il humanise la machine.

— Ou il la magnifie.

— Le résultat est là, on l'écoute, on le suit. Vous l'avez dit vous-même, il assure par là son pouvoir.

— Je m'interroge pourtant. Vous parliez d'un style moderne. Je le crois dépassé. On a moqué la rhétorique des gammes littéraires et des élans du cœur. A juste titre, le plus souvent. Les apprêts du langage blessent l'oreille comme le fard la vue. Mais à rhétorique, rhétorique et demie. Celle du technocrate s'use déjà. Hier elle était précieuse. Elle devient ridicule. Qui disait récemment : « J'ai mal à la balance des comptes » ? On a envie de se tâter. Mal à la tête ? Mal au cœur ? Mal aux reins ? Mal au ventre ? On sait où c'est. Mais la balance des comptes ? Entre la sixième et la septième côte ? Une glande inconnue ? L'un des osselets du coccyx ? Giscard n'en est pas là. Il a du sens commun et, technicien de l'à-peu-près, connaît et sent la politique comme pas un. Mais sa génération s'efface en même temps que l'économisme. Margot, qui a séché ses yeux, commence à s'ennuyer.

— Vous allez un peu vite. Il a de la ressource. Rappelez-vous ce mot fameux qui s'adressait à vous : « Vous n'avez pas le monopole du cœur ».

— Et je n'y prétend pas ! Mes réflexions, au demeurant, visent l'homme public et je me garde de juger l'homme privé que je ne connais pas. Mais nous parlions technique, il me semble. Elle a pris chez lui tant de place, qu'il ne sait pas lui-même où loger l'imprévu. Le moment difficile d'une vie, la sienne, la vôtre, la mienne, de toute vie qui se veut ambitieuse, est celui où s'inscrit le signe sur le mur qui vous apprend que l'on commence à s'imiter soi-même.

— Restons dans la technique, vous disiez tout à l'heure que Valéry Giscard d'Estaing avait fait de la radio-télévision l'instrument principal de son gouvernement. Pourriez-vous vous en expliquer ?

— Le premier acte de gouvernement de Valéry Giscard d'Estaing, élu président de la République, fut en juillet 1974, de réorganiser les moyens d'information audio-visuelle. Cinq mois plus tard, le 1er janvier 1975, sept sociétés ou établissements publics s'élevaient sur les décombres du vieil ORTF, expédié au rebut. Sept sociétés, donc sept PDG. Et sept PDG nommés en droit par le Conseil des ministres, sur la proposition du ministre de Tutelle, mais choisis en fait par le chef d'État lui-même. Avez-vous lu *Délit de vagabondage*, ce livre où Marcel Jullian, fugace PDG d'Antenne 2, raconte comment il servit d'alibi libéral au pouvoir absolu qui se mettait en place ? Je l'ai là. Voyez ce qu'il écrit à la page 129 : « Le soir même, nous avons été, les sept promus, reçus par André Rossi... Il existe une photographie — en couleurs — de la brochette de présidents entourant son ministre tutélaire. Tout cela était courtois, souriant et sérieux, comme il convient à une entreprise d'État chargée de réalisations artistiques et journalistiques. On nous assit autour d'une grande table. On nous fit un rappel de nos responsabilités, on nous énuméra nos devoirs, bref, on nous traita bien. Puis vint l'heure des recommandations. Il se faisait tard, je m'ennuyais un peu et je mourais de faim. C'est là qu'on me glissa, devant mes petits camarades, que je serais bien avisé de prendre Xavier Larère comme directeur, Armand Jammot comme directeur des programmes, et Henri Marque comme directeur de l'Information. J'ai été profondément choqué ! Nous avions cent jours devant nous avant de prendre les commandes, j'imaginais que le temps et la liberté nous seraient laissés de consulter, de réfléchir, puis de décider pour le bien de la politique adoptée, de quels collaborateurs nous entendions nous entourer ». Et cette chute terrible : « Il me semblait voir, déjà, à plat sur le tapis vert, la main de l'État posée sur notre indépendance ». Pauvre, naïf et généreux Marcel Jullian ! Il y laissa sa peau de PDG au premier renouvellement légal. Heureusement pour nous, puisqu'il put, de la sorte, libérer sa conscience.

Prenez maintenant sur la même pile, cet autre livre du même auteur : *Courte supplique au roi pour le bon usage des énarques*. Je l'ai sorti pour vous des rayons de ma bibliothèque. Vous y découvrirez une lettre de Valéry Giscard d'Estaing que vous aviez sans doute oubliée comme moi. Et pourtant, la belle lettre ! D'un cœur plus tendre, à la troisième ligne, on pleurerait. Datée du 16 janvier 1975, elle est adressée aux nouveaux PDG des sociétés de programme, donc à Jullian. Je vous la lis : « Les pouvoirs publics n'entendent pas gérer par votre intermédiaire. Ils vous en délèguent entièrement le rôle, jusqu'à l'expiration de votre mandat. C'est pourquoi ils doivent établir leurs rapports avec votre société, comme ils le font avec les autres grands moyens de presse ou d'information, c'est-à-dire en s'entretenant périodiquement avec vous-même, à leur initiative ou à la vôtre, des problèmes les plus importants de la vie de votre société, mais sans jamais intervenir dans vos responsabilités de gestion et d'information : si vous constatiez un manquement à ce principe que je considère comme fondamental, je vous demande de m'en rendre compte personnellement. De même que l'art a toujours rempli une double fonction de recherche et de délivrance, de même l'immense moyen de formation, d'information et de distraction que vous allez gérer peut-il offrir, à côté de la rencontre indispensable du réel, beaucoup d'imagination et un peu de délivrance ».

J'ai dit qu'il y avait là-dedans de quoi tirer les larmes. C'est du Louis XIV sur son lit de mort, du Lincoln dans son discours sur l'état de l'union. Enthousiasmé, réconforté, Jullian s'empressa de rendre publique la lettre présidentielle. Je reprends son récit : « Le soir même, j'ai lu ces passages devant les caméras de télévision. A l'intérieur de la société, l'effet était saisissant. Personne n'osait croire tout à fait que les choses allaient changer, mais il devenait avisé de ne pas en exclure l'éventualité. Le moment où, comme dans *Ondine*, la fille de vaisselle se met à parler en vers. Pour moi, c'était déjà suffisant. Le lendemain, patatras !, j'étais convoqué par le ministre de tutelle. Un de ses plus proches collaborateurs m'entreprenait dans le hall en me conduisant dans le bureau ministériel : " Enfin, voyons, Monsieur le Président, vous l'avez fait exprès ". " Quoi donc ? " " De lire la lettre, hier soir, au journal de 20 heures ". " Bien sûr ". " Vous devriez savoir que ce genre de lettre est destinée à ne pas être appliquée ". Nous sommes arrivés chez le ministre. Il était occupé au téléphone. J'ai demandé à appeler sur un autre poste. On me l'a tendu. J'ai réclamé l'Élysée, et quand je l'ai eu, j'ai exprimé le désir de vous (Giscard d'Estaing) parler. Alors seulement on m'a pris au sérieux. On m'a prié de raccrocher, on a prononcé le mot de « malentendu », et on a morigéné le jeune homme, précieux mais intempestif, qui avait l'art de dire des choses trop claires et donc de les rendre inacceptables à quiconque souffrait d'un peu de vertu ».

Je ne m'abriterai pas derrière Marcel Jullian pour exprimer mon opinion sur la façon dont les PDG, les directeurs des informations, les directeurs des programmes, et bon nombre des journalistes titulaires des principales rubriques des trois chaînes et de Radio-France, conçoivent et pratiquent la morale professionnelle. Dans la préface du *Projet Socialiste*, j'avais écrit une phrase qui inquiéta mes camarades du Bureau Exécutif. Ils souhaitèrent que je la biffe. Ce que je fis.

— Je pense que vos amis étaient sages et sans doute plus équitables que vous.

— Ah ? Retournons à Jullian. C'est encore lui qui donne le ton : « Les comptes électoraux de la campagne présidentielle étaient réglés au cours du jour, sur des on-dit, des bruits de couloir et des malveillances... Certains, fluctuants, inspirés et ténébreux, ont su se faire blanchir à l'heure exacte et leur carrière, désormais, a fleuri. Je sais des entourages ministériels qui, dans l'intimité d'un repas, vous disaient volontiers d'un journaliste : " Vous trouvez que je l'ai trop utilisé ? Peut-être avez-vous raison. Désormais, je le ferai venir au rapport une fois par semaine au lieu de deux " ».

— Vous ne pouvez fonder une théorie sur le témoignage d'un seul homme, honnête certainement, mais blessé dans son amour-propre.

— Je vous passe les fioritures, pain quotidien de la propagande officielle qui sévit sur nos ondes. Mais lisez ces deux coupures de presse extraites, l'une du *Monde* et l'autre du *Matin*. Elles relatent un incident survenu à

Antenne 2 dans la soirée du 17 mars 1978, soit deux jours avant le deuxième tour des élections législatives et publient l'une et l'autre le communiqué suivant des délégués syndicaux SNJ, CFDT, FO des journalistes de cette chaîne : « Les délégués syndicaux estiment de leur devoir de dénoncer l'opération de manipulation de l'opinion publique tentée par la direction de l'information, à la veille d'un scrutin capital pour le pays, au risque de mettre en cause l'honneur et la conscience professionnelle d'une rédaction, dont le seul souci est d'exercer honnêtement son métier dans le cadre du service public... Particulièrement depuis le 13 mars, la censure et la manipulation de l'information règnent sur les journaux de la chaîne. Au déséquilibre favorable à la majorité (mais non au RPR) qui a pu être constaté avant le premier tour, succèdent maintenant des actions directes. Nous citons à titre d'exemple, la diffusion mardi au journal de 20 heures, d'une rétrospective sur la crise de la gauche, mais le refus de diffuser, bien qu'il soit prêt, un sujet analogue sur les différends au sein de la majorité ; un refus d'enregistrer les réactions des leaders de l'opposition après l'enlèvement d'Aldo Moro ; la non-diffusion de plusieurs sujets réalisés par des journalistes de la rédaction et dont le seul tort était de donner une image non orientée des problèmes posés par le second tour ». *Le Matin* précise : « A l'origine de ce conflit : la décision prise voici quelques jours de réaliser deux " sujets " confiés à Patricia Charnelet, et consacrés l'un aux divisions au sein de la gauche, l'autre aux querelles au sein de la majorité. Alors que le premier a été normalement diffusé au cours de la semaine, Jean-Pierre Elkabach, directeur de l'Information, a pris la décision de ne pas diffuser le second, arguant que l'actualité ne le justifiait pas ». Quant au syndicat des journalistes CFDT, il élargit l'accusation : « Les pressions du pouvoir en place et les manipulations ayant atteint un niveau rarement égalé dans un grand nombre de moyens d'informations... C'est évidemment à la TV que cette réalité s'est le plus manifestée. Les journalistes ont calculé que le temps d'antenne consacré à la droite ces dernières semaines est au moins le double de celui consacré à la gauche. A Antenne 2, la censure sur certains sujets traités par les journalistes atteint une telle proportion que la rédaction est entrée ce vendredi 17 mars en conflit avec ses dirigeants. A TF 1, les manipulations pré-électorales, notamment la décision de la direction de diffuser ce vendredi soir, en supplément aux tranches horaires attribuées aux formations politiques, une interview de Raymond Barre, provoquent également l'indignation de nombreux salariés ».

Manipulation, censure, pressions, ce n'est pas Jullian qui le dit, ce n'est pas moi non plus, du moins cette fois-ci. Encore les protestataires, pudiques, ont-ils tu que Raymond Barre, chef du gouvernement, s'était emparé le 11 mars, à 13 heures, veille du premier tour, de l'antenne de TF 1, pour inviter les Français à voter contre l'Union de la Gauche et qu'une intervention de Valéry Giscard d'Estaing, président de la République, avait été diffusée le même jour, en début de soirée et simultanément sur Radio-France, les deux chaînes nationales de télévision et les stations régionales de FR 3... alors que la campagne électorale, en vertu de la loi, était close depuis le vendredi 10 mars à minuit.

Qu'est-ce, je vous le demande, qu'un trafic d'influence ?

— Même si cette attitude ne peut être excusée, sans doute s'explique-t-elle par l'affolement, l'inquiétude d'une bataille encore incertaine qui tenait en suspens le sort des équipes dirigeantes en place depuis vingt ans, et peut-être le sort de la société.

— Après la peur, l'insolence, c'est dans l'ordre des choses.

— Est-il exact que vous ayez répondu à Mme Baudrier, PDG de Radio-France, qui vous interrogeait lors d'un petit déjeuner de France Inter : « Quel poste écoutez-vous le matin ? — France Inter, Madame, parce que cela me permet de savoir ce que pense le gouvernement » ?

— Hélas oui. Jacqueline Baudrier m'en veut encore de cette sortie qui n'avait que le mérite de la franchise. Je le regrette un peu pour elle, dont j'apprécie les qualités.

— Le pensez-vous toujours ?

— J'ai eu tort. Il suffit d'écouter la plupart des bulletins d'information et les commentaires assortis — à deux ou trois exceptions près — de n'importe quel poste de radio, pour rendre justice à Mme Baudrier : elle n'en fait pas plus que les autres.

— Vous voulez dire que Giscard contrôle aussi les postes périphériques ?

— L'État français, par l'intermédiaire de la société financière de radiodiffusion ou Sofirad, possède 83 % de Radio Monte-Carlo, 99,99 % de la Radio Vallées d'Andorre, 70 % de Sud-Radio et dispose d'une minorité de blocage de 35,26 % à Europe 1. Xavier Gouyoux-Beauchamp, président de la Sofirad et ancien chef du service de presse de Valéry Giscard d'Estaing lorsque celui-ci n'était encore que candidat, est également président de Radio Vallées d'Andorre et de Sud-Radio, et administrateur délégué de RMC et d'Europe 1. Victor Chapot, l'un des plus proches conseillers de Valéry Giscard d'Estaing, longtemps membre de son cabinet, est administrateur de RMC, des Vallées d'Andorre, de Sud-Radio et d'Europe 1. Par l'intermédiaire de la société Audiofina qui a 54,6 % des parts, de l'Agence Havas et d'une filiale d'Havas Information et Publicité, qui disposent d'une minorité de blocage au sein d'Audiofina, l'État français, donc le Président de la République, contrôle R.T.L. A la tête d'Havas se trouve Yves Canac, ex-conseiller personnel de Giscard et l'éternel Victor Chapot siège au Conseil d'administration. Valéry Giscard d'Estaing utilise ce moyen de pression de façon systématique pour placer ses hommes et imposer ses vues. Maurice Siegel, longtemps directeur général d'Europe 1, soupçonné de tiédeur et accusé de persiflage, a été limogé. L'actuel PDG de ce poste, Jean-Luc Lagardère, également PDG de Matra, compte parmi les familiers du président de la République. Le PDG de RMC, Michel Bassi, avait précédemment succédé à Xavier Gouyoux-Beauchamp dans les fonctions de chef du service de presse du président de la République. Vous avez certainement suivi les épisodes de la bataille épique que se sont livrée Gaston Thorn, au nom du Luxembourg, et Valéry Giscard d'Estaing, en son propre nom, autour de la désignation du PDG de RTL. Giscard d'Estaing, pour une fois, n'a pas obtenu gain de cause. Gaston Thorn a payé son entêtement de son échec à la présidence de l'Assemblée européenne. Antoine de Clermont-Tonnerre, conseiller technique de Raymond Barre pendant trois ans, a été, lui, placé à la tête de la SFP, société française de production, le plus gros organisme de création et de production audiovisuelle français en matière de télévision et de films. Pour compléter le système, Gérard Montassier, gendre du président, a été nommé secrétaire général du Haut-Comité audiovisuel et Yves Canac, dont je vous ai dit qu'il présidait Havas, numéro 1 de la publicité en France, compte parmi ses missions spécifiques, le programme des satellites de télécommunication. On s'embrouille avec ces conseillers, ces services de presse, et ces gendres qui débouchent régulièrement sur les points névralgiques de la propagande officielle. C'est un Kriegspiel bien mené. Giscard a gagné sa petite guerre contre la liberté de l'information.

— Cette emprise vous a-t-elle paru s'alourdir ces temps-ci ?

— Elle ne le peut guère davantage. Le tour est joué. Giscard a échoué sur l'économie. Il n'a pas réduit d'une miette les inégalités sociales. Il n'a pas esquissé la moindre réforme fiscale. Sa politique extérieure se compose d'apparences, ou bien de grands machins qui retombent en poussière : dialogue Nord-Sud, trilogue, système monétaire international. Ça marche encore car les Français, au fond, savent qu'ils ont à leur tête un homme qui ne réussit pas mais qu'ils n'en trouverons jamais un qui expliquera aussi bien ses échecs. Mais ça pourrait ne pas marcher toujours. Alors il pose des verrous partout où risque de passer un air de vérité.

— On pourrait ranger parmi ces verrous la proposition de loi d'un député de la majorité, Robert-André Vivien, limitant le droit de grève à la radio-télévision, et le texte voté en juin 1978, qui établit de lourdes peines pour les infractions au monopole et vise ainsi les radios libres. A propos de ces radios libres, j'ai plusieurs questions à poser. D'abord, où en êtes-vous de votre inculpation à la suite de l'émission de Radio-Riposte qui a valu au Parti socialiste d'avoir ses portes enfoncées, son vestibule mis à sac par la police, et à vous-même d'être poursuivi en même temps que Laurent Fabius, député, et Bernard Parmantier, sénateur ?

— Inculpé, je le suis toujours. Le premier juge d'instruction du tribunal de grande instance de Paris, Roger Lecante, m'a un jour convoqué au Palais de Justice où je me suis rendu le 24 août 1979 au milieu d'un cortège d'élus socialistes, revêtus de leur écharpe tricolore. Le spectacle était pittoresque dans cette cour de Mai, ordinairement plus paisible. Très courtois, ce juge d'instruction. Il m'a reçu dans son bureau et m'a indiqué là qu'il était inutile de compliquer les choses, que les termes de la loi et mon comportement avoué et reconnu le contraignaient de m'inculper, qu'il souhaitait m'épargner le rituel de l'interrogatoire, et qu'il serait toujours heureux de me rencontrer à nouveau, de préférence dans d'autres circonstances. Je dus insister pour passer dans la pièce à côté, où attendaient avocats et greffier. Le juge s'inclina. Après les formalités d'usage, je demandai que fut enregistrée une déclaration qui disait à peu près ceci : « Puisque la loi l'exige de vous, monsieur le Juge, je vous prie instamment de bien vouloir inculper sans délai, le président de la République, le Premier ministre, le ministre de l'Intérieur, le ministre des Postes et Télécommunications, qui usent du monopole public de la radio-télévision comme d'une propriété personnelle. Cette quadruple inculpation, ajoutée à la mienne, aura le mérite de poser clairement le problème des radios libres en France et de la liberté d'information. »

— Il n'en a rien fait, je suppose ?

— Vous l'avez deviné. Un moment d'embarras, un silence circonspect et il m'a donné rendez-vous pour l'automne. A la rentrée d'octobre, j'ai reçu une nouvelle convocation. J'ai alors informé le juge que moi aussi, j'attendais une réponse et que d'ici là, je n'avais rien à dire.

— Et depuis ?

— Toujours rien.

— La presse a fait état de plusieurs émissions du même type organisées par le PS, émissions suivies d'autres inculpations. Qu'en est-il exactement ?

— Radio-Riposte a continué d'émettre dans le Languedoc, en Normandie, en Bretagne, en Lorraine, dans le Nord, dans la région parisienne un peu partout. Cinq parlementaires, après Fabius, Parmantier et moi, ont été inculpés : Bayou et Senès de l'Hérault, Guidoni de l'Aude, Evin de Loire-Atlantique, Sutra de l'Assemblée européenne. Le Sénat a refusé les poursuites contre Parmantier. L'Assemblée européenne agira vraisemblablement de même avec Sutra. Evin a été jugé par le tribunal correctionnel de Saint-Nazaire qui s'est déclaré incompétent. Le reste est au point mort.

— Ce sont ces inculpations qui vous ont paru contraires à la Constitution et aux dispositions qui régissent l'immunité parlementaire.

— J'ai soulevé cette question, non pour me protéger d'une éventuelle levée de mon immunité, car je tiens à rester solidaire des militants socialistes non parlementaires également inculpés, mais pour que soit mis en lumière ce nouvel abus de pouvoir du président de la République.

— Dans cet imbroglio, on ne sait plus très bien si le PS est pour ou contre le maintien du monopole.

— Un rapport de François-Régis Bastide adopté par notre Comité Directeur, et une proposition de loi en instance d'examen rédigée par Georges Fillioud, me permettront de vous éclairer. L'idée originale du rapport Bastide, reprise par la proposition Fillioud, consiste dans la création d'un organisme nouveau : le Conseil National de la Radio-Télévision. Ce Conseil, assumant la responsabilité du service public, deviendrait une autorité dont l'indépendance et le prestige l'apparenteraient à une magistrature. Le gouvernement y serait représenté, mais dans une proportion minoritaire de quatre délégués sur dix membres. Les dirigeants des sociétés ou offices de la radio-télévision seraient nommés par le Conseil, sur une liste de cinq candidats pour chaque poste à pourvoir, sur présentation du gouvernement. Ainsi serait rompu pour la première fois le lien qui a toujours placé sous la dépendance directe du gouvernement, le service public de l'audio-visuel.

— Et les radios libres ?

— Notre projet prévoit la possibilité de créer des radios locales émettant en modulation de fréquence, c'est-à-dire dans un rayon de diffusion de cinquante kilomètres environ, au bénéfice d'associations sans but lucratif. Le droit d'émission serait accordé par le Conseil National de radio-télévision. Pourraient user de ce droit les collectivités locales, les syndicats, les partis et tout groupement représentatif de la population. C'en serait fini en tout cas de la tutelle ministérielle.

— Au fond, vous ne touchez pas au monopole...

— La puissance publique conserverait en effet la propriété des moyens techniques de télécommunication, mais perdrait le monopole de la programmation.

— Le financement des antennes locales sera-t-il assuré par les recettes publicitaires ?

— Nous voulons l'éviter, de crainte que les puissances d'argent ne s'en saisissent à bref délai. Mais certaines radios libres estiment que privée d'un budget de publicité, leur entreprise ne serait pas viable et se prévalent justement de l'aisance des radios italiennes. Nous continuons d'en discuter.

Ce n'est pas le seul sujet qu'il nous reste à trancher. Quid de la diffusion par câbles ? Et des satellites de télécommunication ? A partir d'un satellite à point fixe, il sera possible d'émettre, d'ici à cinq ans, sur l'ensemble du territoire national. On dit que le projet de lanceur franco-allemand fait déjà l'objet de vives compétitions entre le gouvernement français, l'État luxembourgeois, les radios périphériques et les appétits industriels et commerciaux. Ces nouvelles donnes annoncent, comme toute révolution technique, de grands bouleversements politiques et culturels. Nous consacrerons plusieurs séances d'études avant la fin de cette année pour arrêter nos décisions.

— Vous n'avez rien dit de la presse écrite.

— Sa diversité lui permet d'échapper davantage aux pressions du pouvoir. La plupart des journaux tiennent à honneur de préserver leur liberté. Mais peu sont à l'abri du deuxième souffle des puissances de l'argent. En dépit des précautions légales prises à l'époque de la Libération, la complicité du pouvoir politique et du fric ramène à vive allure la presse française à la situation qu'elle connaissait avant-guerre et dont la Résistance s'était juré de prévenir le retour à jamais. Enfin, la plupart des grands quotidiens régionaux exercent un véritable monopole qui s'exerce parfois discrètement, mais presque toujours en faveur de l'ordre établi.

— Est-ce pour cela que le PS veut avoir son quotidien ?

— N'estimez-vous pas normal que la voix du socialisme soit aussi entendue ? Nous appelons nos militants à nous aider dans cet effort.

— Nous avons dans cet entretien effleuré le problème des rapports entre le pouvoir, la politique et l'argent. M. Raymond Barre a dit récemment : « Je ne vois pas pourquoi je ne bénéficierais pas des droits normaux de n'importe quel citoyen. » C'était à propos de sa maison de Saint-Jean-Cap-Ferrat. Dans le même ordre d'idées, certains se sont indignés du portefeuille d'actions de Mme Giscard d'Estaing.

— Ce n'est pas du même ordre. Raymond Barre, pour ce qui le concerne, a raison.

— L'activité boursière de Mme Giscard d'Estaing vous paraît plus contestable ?

— Hum !

— M. Barre donc a dit, qu'après tout un homme public, même s'il est au pouvoir, a les mêmes droits que n'importe quel citoyen. Est-ce que vous adhérez complètement à cette formule, ou pensez-vous qu'un homme au pouvoir doit s'imposer quelques contraintes supplémentaires ?

— S'il a les mêmes droits, il a plus de devoirs. A lui, en conscience, d'en juger.

— Il conviendrait peut-être d'envisager une législation

particulière sur le contrôle de la fortune des hommes politiques. Il en existe une aux États-Unis.

— La loi en France interdit de jouer en bourse à ceux qui, en raison de leurs fonctions, jouissent d'informations non répandues dans le public. Quant à la publicité des revenus, la loi l'ordonne. Mais avec de telles restrictions qu'elle reste inopérante : on peut en prendre connaissance dans les mairies mais on n'a pas le droit d'en divulguer le contenu. Je ne connais aucune autre forme de contrôle.

— Et pour ce qui concerne particulièrement la fortune des hommes politiques ?

— Je souhaite qu'ils donnent l'exemple en levant d'eux-mêmes le secret.

— Il n'y a pas que les revenus. Il y a l'état de la fortune d'un homme politique, au moment où il arrive aux affaires et au moment où il en sort.

— Parmi les quatre-vingt-neuf responsables politiques pressentis par *Le Point*, au mois d'avril dernier, pour une enquête sur l'état de leur patrimoine, je suis l'un des quinze — onze socialistes et communistes, plus quatre originaux de droite — à avoir accepté d'ouvrir leur compte. Était-ce sage de ma part ? J'en doute. Personne n'a reproché leur silence aux muets de comédie. Mais les quinze imprudents livrés à la critique y ont gagné quelques égratignures. Écoutez cette petite histoire, qui vous amusera. Vous y reconnaîtrez la malignité du pouvoir. Peut-être vous rappelez-vous que *Le Point* a touvé porte close au gouvernement. Sur le conseil exprès du président de la République, les ministres en bloc ont pris des mines indignées : « Quoi ? Un journal qui se permet de pénétrer nos vies privées ? Que le législateur en décide et nous exécuterons ! » Bref, on s'était défilé. Pour se dégager de ce rôle peu glorieux, le chef de l'État, ou le Premier ministre, je ne sais, lança ses chiens aux trousses de quelques-uns des déclarants. Je ne fus pas oublié, on s'en doute. Or, j'avais emprunté, comme quelques autres dont Robert Ballanger, président du groupe communiste à l'Assemblée nationale, une partie des dépenses causées par l'achat à Paris de ma résidence principale. Il me restait encore à payer, au Crédit Foncier, par annuités, cent quatre-vingt mille francs. Rien que de très ordinaire là-dedans. Et pourtant, un soir, au journal de 20 heures, la meilleure écoute, j'eus la surprise d'entendre le porte-parole de TF 1 commenter l'enquête du *Point* de la façon suivante : « MM. X, Y, Z ont emprunté pour se loger telles et telles sommes. M. Mitterrand, lui, a cent quatre-vingt mille francs de dettes ». Hé oui, c'étaient des dettes ! J'ai senti frémir la mémoire de mes ancêtres. Des dettes ! Les autres empruntaient, moi je faisais des dettes ! Un abîme nous séparait. Et des millions de téléspectateurs de se dire : « Ce Mitterrand, il joue aux courses, au casino (moi qui n'y mets jamais les pieds), ou quoi ? » Le coup était parti, je n'y pouvais plus rien sinon méditer sur l'imprudence d'Alceste...

— Avez-vous des revenus hors de votre indemnité de parlementaire ?

— Mes droits d'auteur, essentiellement. Copieux certaines années. Chaque grange ici pourrait porter le nom d'un de mes livres.

— Vous êtes donc partisan d'une transparence financière pour tous ?

— La publication périodique d'un état comparatif de la situation de fortune d'un responsable politique — et pas seulement parlementaire — entre le début et les diverses étapes de sa carrière, me paraîtrait tout à fait justifiée.

— On publierait votre feuille d'impôts ?

— Facile.

— Possédez-vous un portefeuille d'actions ?

— Je ne possède pas d'actions.

— Avez-vous plusieurs résidences ?

— Une résidence principale à Paris dans le Ve arrondissement. Une résidence secondaire dans les Landes à Soustons.

— Vous n'avez pas de maison à vous dans la Nièvre ?

— Non. Un étang de quatre-vingt-dix ares sur un terrain d'un hectare, en plein Morvan. Je lui fais des visites aussi souvent que je le peux. L'autre soir, j'ai dérangé un héron qui pêchait.

— C'est curieux, ne pas habiter dans sa circonscription et depuis trente-cinq ans !

— C'est comme ça. Pas davantage je ne vais aux banquets. Rarement aux cérémonies. A Château-Chinon, je loge à l'hôtel du Vieux-Morvan où j'occupe une chambre et je déjeune à la table d'hôte. Il est vrai que j'y trouve un milieu amical et quasi familial. Les Nivernais se sont habitués à mon mode de vie, sans doute parce qu'ils savent que je suis parmi eux chaque semaine, qu'il n'y a pas une des cent cinquante-trois communes de ma circonscription que je ne visite à longueur d'année, que je connais tous leurs problèmes et m'applique à les résoudre.

— Voilà pour la partie personnelle. Êtes-vous partisan du financement public des partis politiques ?

— Oui, dans une proportion raisonnable. On devrait s'inspirer des systèmes italien et allemand.

— Préférez-vous un financement régulier des partis par l'État ou un financement propre aux seules campagnes électorales ?

— Un financement régulier.

— Pourtant c'est pendant les campagnes électorales qu'apparaissent les plus graves disparités ?

— Ressources et dépenses sont alors très difficilement contrôlables.

— Est-ce que vous avez eu le sentiment, au cours de vos

campagnes, d'avoir été en situation d'infériorité financière ?

— Considérable infériorité... Déjà en 1965 face au général de Gaulle, puis en 1974 face à Giscard d'Estaing et Chaban-Delmas... Considérable. J'ai mené ma campagne de 1965 avec un peu moins de cent millions de centimes.

— Quand on dispose d'un parti qui se mobilise, ça représente l'équivalent de beaucoup d'argent, en hommes, en temps, en efforts... ?

— En 1965, je n'avais pas de parti. La SFIO a contribué aux dépenses. Le Parti communiste de son côté n'a pas ménagé ses efforts mais sans faire caisse commune avec ma trésorerie. En 1974, mon Comité National de soutien a réuni quelque huit cents millions de centimes sans compter les sommes recueillies et dépensées sur place par de multiples comités locaux.

— Et avez-vous eu l'impression que c'était suffisant ?

— Oui par rapport à nos besoins. Non comparativement aux frais de Valéry Giscard d'Estaing, affiches, panneaux d'affichage, brochures spécialisées, lettres personnalisées, films, déplacements en avion, meetings à grand spectacle, publicité déguisée, bulletins et journaux par millions d'exemplaires, trois milliards de centimes peut-être. Ajoutez à cela la campagne de Jacques Chaban-Delmas.

— Avez-vous le sentiment qu'en période électorale, la police, la force publique sont mises au service de la majorité ?

— Les moyens et les services de l'État, certainement. Avions officiels, relais dans les préfectures et les sous-préfectures, postes, votes par correspondance, etc. Plus tout ce que je ne sais pas ! De mon côté je ne dispose ni d'un service d'ordre permanent, ni de gardes du corps. Je m'en porte fort bien.

— Mais auprès du pouvoir, il y a une organisation bien

connue qui s'appelle le SAC, et qui est une sorte de police parallèle.

— Je n'en ai plus entendu parler depuis longtemps.

J'avais été très étonné lors d'un débat contradictoire avec Giscard d'Estaing à Europe 1, en 1974, de reconnaître parmi ses invités des gens appartenant aux commandos armés de l'extrême-droite, ou d'anciens membres de l'OAS. C'était son service d'ordre.

— Est-ce que vous avez le sentiment ou non que le chef de l'État a progressivement éliminé les polices parallèles ?

— Dans les affaires criminelles à relent politique, assez nombreuses ces temps-ci, certains services de la police officielle jouent le rôle de polices parallèles.

— C'est un problème qui ne vous préoccupe pas tellement.

— Je connais mal ce monde-là.

— Cela ne vous paraît pas être un danger immédiat pour la démocratie ?

— Plusieurs dirigeants de ces organisations activistes sont aujourd'hui les collaborateurs publics du président de la République, quand ils ne sont pas ses députés... alors !

— L'accusation que vous portez contre le président de la République d'avoir accaparé les pouvoirs et d'être à l'origine des abus qui s'en sont suivis, vous conduira-t-elle à orienter votre combat plus que vous ne l'avez fait ces dix dernières années sur le terrain des institutions ?

— Oui.

— Sur la durée du mandat présidentiel ?

— Oui, je vous l'ai dit.

— Sur la responsabilité du gouvernement ?

— Oui, je vous l'ai dit.

— Sur l'indépendance de la magistrature ?

— Oui, je vous l'ai dit.

— Sur la liberté de l'information ?

— Oui, je vous l'ai dit.

— J'ai voulu que vous le répétiez car c'est le régime tout entier, tel qu'il fonctionne sous M. Giscard d'Estaing que vous mettez en cause.

— Ce que je mets en cause, c'est bien la monarchie.

— Quoi, ce sera votre mot d'ordre ?

— Arrivera en effet le moment où pour rassembler les Français il faudra leur crier « Vive la République ». Ils seront d'abord étonnés, regarderont autour d'eux puis comprendront.

IV.
Vivre autrement

*Des syndicats pour négocier vraiment, des
entreprises à démocratiser, un plan pour maîtriser le développement, une société à décentraliser, une meilleure diffusion du savoir et
de la culture : il n'y aura pas de socialisme
sans que soient détruites les structures qui
assurent le pouvoir de classe des groupes
dominants. L'écologie même y trouvera son
compte.*

— Nous allons maintenant aborder le domaine économique et social. Mais avant d'analyser la politique Giscard-
Barre et les conséquences de l'expérience dite « néo-
libérale » sur la vie des Français, nous pourrions peut-être
planter le décor. En ce qui vous concerne, j'aimerais que
pour commencer vous me décriviez la réalité de vos rapports avec les différentes organisations syndicales. Je
serais curieux de savoir, par exemple, pourquoi vous ne
vous êtes pas retrouvé davantage avec la CFDT dans les luttes de ces dernières années.

— Mais on s'est retrouvé, très souvent !

— Vous avez eu quand même des divergences sérieuses.
Sur la sidérurgie, notamment.

— Je pense que vous faites allusion à la marche sur Paris
du 23 mars 1979, au moment le plus aigu du conflit de
Longwy. L'idée de cette manifestation avait été lancée par

l'ensemble des syndicats locaux — dont ceux de la CFDT — de cette région. La fédération socialiste de Meurthe-et-Moselle et notre section de Longwy s'étaient mises d'accord pour y participer. Nous aussi. Le refus de la CFDT au niveau national ne nous a pas paru constituer une raison suffisante pour que nous revenions sur notre engagement. C'est tout. Que voulez-vous, il faut s'y habituer ; la CFDT et le Parti socialiste sont des organisations indépendantes l'une de l'autre qui prennent librement leurs décisions.

— Cette divergence, sur ce point précis, n'était-elle pas l'expression d'un malaise plus profond entre la direction de la CFDT et vous ?

Edmond Maire n'a pas été tendre avec le PS, c'est le moins qu'on puisse dire, quand votre groupe parlementaire s'est abstenu sur la loi réformant les conseils de prud'hommes. Il vous a accusés de mal connaître vos dossiers.

— En l'occurrence, Maire avait mal étudié le sien. Désireux d'obtenir l'élection à la proportionnelle des délégués ouvriers, il souhaitait que nous approuvions certaines dispositions du projet gouvernemental que nous jugions inacceptables. Nous aussi nous voulions la proportionnelle. Mais pas n'importe laquelle. En proposant la proportionnelle au plus fort reste et non à la plus forte moyenne, le gouvernement favorisait les listes de diversion. Tactique d'autant plus évidente qu'il supprimait, dès le premier tour de scrutin, la référence jusqu'alors constante, à la représentativité des organisations syndicales. Ces deux mesures réunies constituaient une prime aux listes « jaunes » que suscite le patronat dans de nombreuses entreprises, et risquaient de remettre en cause le principe de la parité entre conseillers patronaux et conseillers ouvriers, principe chèrement acquis depuis 1905.

— Je ne comprends pas. La CFDT avait plus intérêt que quiconque à bloquer « ces petites listes » !

— Oui. Mais obnubilée par la conquête de la proportionnelle, et j'ai dit l'importance que nous y attachions nous-mêmes, elle a cédé trop facilement, selon nous, sur des détails qui n'en étaient pas. Elle eût été plus avisée de se ranger à notre suggestion qui consistait à étendre aux conseils de prud'hommes le mode de représentation retenu par l'ordonnance du 22 février 1945 pour les comités d'entreprise. Nous nous en sommes expliqués par la suite, et la controverse s'est apaisée.

— J'ai plusieurs fois entendu dire par les responsables socialistes que si la CGT était la courroie de transmission du Parti communiste, certains dirigeants de la CFDT rêvaient de faire du Parti socialiste la courroie de transmission de la CFDT. Vous-même, avez employé cette formule.

— Je l'ai employée, en effet, après que plusieurs dirigeants de la CFDT eurent prétendu morigéner le Parti socialiste, lui donner la leçon. Si nous avions agi de même, au centième, que n'aurions-nous entendu sur notre désinvolture ! Pendant un temps, ce fut une mode que de jouer au mentor avec nous.

— N'avez-vous pas d'autant plus mal reçu ces observations d'Edmond Maire qu'il est un ami de Michel Rocard ?

— Quelle idée vous faites-vous de ces choses ? Qui est l'ami de Michel Rocard n'est pas mon ennemi ! Michel Rocard et Edmond Maire ont milité ensemble au PSU, partagé les espérances de Charléty, exprimé les mêmes réserves sur le Programme commun, puis accompli la même évolution et rejoint le Parti socialiste en 1974, avant, toujours à l'unisson, de marquer leurs distances avec notre démarche, au lendemain des élections de 1978. Vingt ans de lutte en commun, cela cimente une amitié. C'est le propre de toutes les équipes. Moi aussi, j'ai mes amis, mes compagnons. Ce ne sont pas les mêmes ? Si, parfois. Accordez-moi assez de crédit pour penser que ce que j'écoute dans les propos d'Edmond Maire, ce n'est pas l'écho amplifié de querelles intestines, mais la voix d'un grand syndicat ouvrier. Quand il se croit autorisé à peser sur les débats du Parti socialiste, comme il l'a fait à la veille du congrès de Metz, je ne me gêne pas pour le faire remarquer. Tout le monde sera d'accord avec moi, et Edmond Maire, réflexion faite, le premier : il n'est utile pour personne que le Secrétaire général de la CFDT se transforme en porte-parole d'un courant, qui plus est minoritaire, du Parti socialiste. Voilà pour la partie polémique. Mais ça, c'est le passé. J'apprécie la qualité de cet homme capable de se remettre en question, d'imaginer, d'oser. Et j'écoute dans sa voix un son neuf.

— Dans un article récent, publié par *Le Monde*, Edmond Maire s'interroge sur le rôle du mouvement ouvrier pris entre deux feux, feu du marxisme-léninisme, « avec sa théorie du Parti avant-garde des masses, sa stratégie de conquête du pouvoir d'État comme préalable, puis moyen essentiel de tout changement fondamental » et qui ramène le syndicat au rôle d'agitateur au service du Parti communiste, feu de la social-démocratie qui « privilégie la loi, les institutions comme moyen de changement et ne pense la transformation sociale qu'au rythme électoral ». Qu'en pensez-vous ?

— Que cherche donc le Parti socialiste sinon à définir une stratégie originale du changement de société ? En ce sens, j'épouse absolument l'analyse d'Edmond Maire. Je crois comme lui que l'identification du Parti communiste à la classe ouvrière et sa mission de « peuple élu », d'une part, et d'autre part la démarche institutionnelle des socio-démocrates conduisent le socialisme à l'impasse. Je le rejoins quand il réplique à André Gorz qu'il n'est pas d'émancipation dans le temps libre sans émancipation dans le travail, et qu'aucun projet socialiste ne peut faire l'impasse sur l'avenir du travail. Je le rejoins encore lorsqu'il conteste la théorie d'Alain Touraine sur la mort du socialisme et la capacité du mouvement associatif à prendre la place supposée vacante des Partis et des syndicats. Ce n'est pas la première fois que nous nous trouvons, lui et moi, sur la même longueur d'onde. Comment expliquer autrement l'intérêt grandissant porté par la CFDT au Parti socialiste, même si cet intérêt se marque davantage par la critique que par l'éloge ? Comment expliquer autrement que tant de socialistes adhèrent à la CFDT, tant de cédétistes au Parti socialiste ? Au fond, nous avons vécu chacun à sa façon et dans deux organisations différentes, une expérience de même nature. J'ai été heureux l'an dernier d'entendre Edmond Maire reconnaître la difficulté qu'avaient les syndicats à s'adapter aux activités nées de la transformation des métiers et des techniques et donc à prendre en compte les revendications nouvelles. Il exprimait la préoccupation qui est la mienne dans le domaine qui est le mien. Sans doute ai-je plus de peine à le suivre dans les subtiles distinctions entre le qualitatif et le quantitatif. Le SMIC à plus de trois mille francs, il n'y a pas plus quantitatif : des gros sous qui ne font pas un gros salaire. Quel smicard crachera dessus cependant ? Il sait bien qu'avec trois mille cent francs on vit mieux qu'avec deux mille cinq cents. Vivre mieux, vivre autrement, ce sont des thèmes que j'ai moi-même lancés à la veille des législatives. Encore faut-il vivre d'abord. Mais je ne retire pas une virgule au solide argument que Maire expose dans *Le Monde* selon lequel « il n'est pas de socialisme sans bonnes conditions de travail, sans sécurité face aux machines dangereuses, sans prévention des risques de cancers professionnels, sans une autre conception de l'organisation du travail et des qualifications ».

Est-ce tout ? Non. Je n'ai pas de dédain pour le « système électoral » de la social-démocratie que je pratique moi-même autant que je le peux. Et je crois, comme Lénine, que tout changement fondamental passe par la conquête du pouvoir d'État. J'ajouterai qu'il n'y aura pas non plus de socialisme sans que soient détruites les structures qui assurent le pouvoir de classe des groupes dominants, sans que d'autres soient instituées pour que le changement soit durable et je renverrai pour cela nos lecteurs à l'excellente lecture du *Projet socialiste*.

— N'est-ce pas une querelle d'église ? Ou plutôt de chapelle ?

— Non, de méthode. Le socialisme est trop précieux pour qu'on laisse ses bagages en route.

— La CFDT, lors de son congrès de 1970, a fait acte solennellement d'adhésion au socialisme.

— Le courage intellectuel et l'intelligence politique de ses dirigeants ont contribué ce jour-là à orienter le cours du siècle vers la société qu'ensemble nous bâtirons.

— Pourquoi courage ?

— La majorité de ses adhérents, d'après les sondages de l'époque, ont voté contre le candidat unique de la Gauche en 1965. Cette majorité a basculé dans l'autre sens en 1974. Ce ne sont pas des choses si simples à accomplir !

— Elle a rallié l'Union de la Gauche ?

— Oui, tout en marquant ses réserves sur le Programme commun.

— Elle a quand même accepté, de 1974 à 1978, de s'investir dans cette perspective politique.

— Elle a eu le mérite, ce faisant, de soutenir une action qui lui apparaissait comme la seule capable de transformer la société.

— Il reste que le Parti communiste peut s'appuyer sur une grande confédération syndicale, la CGT qui relaie ses mots d'ordre dans les entreprises, et que le Parti socialiste, lui, n'a pas ce moyen. N'aurait-il pas pu l'obtenir de la CFDT ?

— Pour éclairer nos lecteurs, il me faut évoquer ici un point d'histoire. Un an après la création du premier Parti socialiste unifié, la SFIO, ou section française de l'Internationale ouvrière, les syndicats, réunis à Amiens, ont adopté en 1906 une charte qui, sous l'influence de la tendance anarcho-syndicaliste, forte de ses traditions et du souvenir encore présent de la Commune de Paris, a séparé pour la première fois la fonction syndicale de la fonction politique. Jusqu'alors le mouvement ouvrier assumait et confondait les formes multiples du combat révolutionnaire. Le désir de n'être pas liés par les décisions des partis, d'échapper à la pratique parlementaire, de formuler et de défendre les revendications sociales, quelle que fût la nature du gouvernement, poussa les syndicats à tracer avec intransigeance, les voies de leur indépendance. Onze ans plus tard, l'avènement du bolchevisme en Russie et la prééminence, imposée par Lénine, du Parti communiste, sur l'organisation ouvrière, les confirma dans leur résolution. Alors que partout ailleurs, les Partis socialistes ou sociaux-démocrates d'Europe continuaient d'être la projection politique d'un seul et même mouvement ouvrier — ils le sont toujours : les Trade-Unions déterminent les orientations du Parti travailliste, le DGB assure au Parti social-démocrate allemand sa base militante —, la SFIO, dont le recrutement, surtout à ses débuts, provenait pourtant des milieux syndiqués, dut vivre et se développer parallèlement aux centrales ouvrières. Sans doute les liens ne furent-ils pas rompus. Les statuts de la SFIO firent même obligation à ses militants d'adhérer à un syndicat. D'étroites et confiantes relations se poursuivirent entre les dirigeants. Dans les grandes circonstances, ils se concertèrent et unirent leurs actions. C'est ainsi qu'on leur doit la victoire du Front populaire. Il n'empêche que la charte d'Amiens, d'une certaine façon, a déraciné le socialisme français... Imaginer, comme vous le faites, la CFDT relayant dans les usines, les consignes du Parti socialiste, relève de l'histoire-fiction...

— Vous savez bien que, nonobstant l'indépendance qu'elle affiche, la CGT relaye les consignes du Parti communiste, que son secrétaire général, Georges Séguy, et son secrétaire général adjoint, Henri Krasucki, sont respectivement membre titulaire et membre suppléant du Bureau politique du Parti communiste. On dit aussi que de son côté, Edmond Maire est membre du Parti socialiste. Alors...

— Je crois que la fusion, en 1936, de la CGT (centrale à dominante socialiste, de loin la plus nombreuse, la plus importante) et de la CGTU (centrale à dominante communiste) a constitué l'événement majeur de notre politique intérieure depuis un demi siècle. Les cadres communistes, formés à ce type d'action, ont rapidement noyauté l'organisation unifiée et s'en sont emparés. Vous avez cité Georges Séguy, mais Benoît Frachon, son prédécesseur, appartenait lui aussi au Bureau politique du Parti communiste. A partir de là, ont été tenus deux discours parallèles, l'un pour protester de l'indéfectible attachement de la CGT à l'indépendance syndicale, l'autre pour diffuser et imposer les mots d'ordre du Parti. Nous vivons toujours dans cette confusion.

— Confusion que vous entretenez. La majorité des membres de votre secrétariat national n'est-elle pas composée d'adhérents de la CGT ?

— La majorité, non. Mais nous comptons en effet dans nos rangs une forte proportion de militants actifs de la CGT. Seulement quand ils accèdent à la direction locale ou nationale du Parti, ils s'éloignent de leurs responsabilités syndicales. Nous respectons, nous, la charte d'Amiens !

— Il n'en reste pas moins qu'au travers de responsables politiques comme Claude Germon, ancien rédacteur en chef du *Peuple*, Pierre Joxe, Anne Tregouët, Alain Busnel ou Marcel Debarge qui occupent au Parti socialiste des places-fortes, la CGT peut disposer chez vous de réels moyens d'influence.

— Vous pourriez tenir le même raisonnement pour la CFDT à laquelle adhèrent Pierre Beregovoy, Paul Quilès, Michel Coffineau, Guy Bèche, Annette Chépy, secrétaires nationaux du Parti socialiste comme les précédents ! Ce serait aussi faux !

Puisqu'il y a pluralisme syndical, le Parti socialiste veille avec un extrême scrupule à la liberté de choix de ses membres. Nous ne téléguidons personne. CGT, CFDT, FO, CGC, nos militants vont où ils veulent. De même, lorsque leur profession les porte vers les syndicats de l'enseignement, ou les organisations agricoles.

— N'est-ce pas une dispersion regrettable de vos forces ?

— C'est la logique de l'Histoire.

— Par comparaison avec la CGT, la CFDT et FO sont-elles à votre avis restées fidèles à l'esprit de la charte d'Amiens ?

— Oui, avec des nuances. FO en confondant parfois deux notions différentes, l'indépendance et la neutralité. La CFDT en se montrant de temps à autre plus jalouse de son indépendance que de la nôtre. Mais nous en avons déjà parlé.

— Nous n'avons pas encore parlé de FO. Quels types de rapports avez-vous avec elle ?

— Bons.

— Et avec André Bergeron ?

— Bons aussi.

— Pourtant le temps n'est pas si loin où André Bergeron était mis en accusation au sein du PS, auquel il appartient, où des militants réclamaient son exclusion, où des congrès huaient son nom.

— J'ai toujours fait front contre cette campagne que j'estimais injuste et détestable. Nous n'avions pas à sanctionner les actes, accomplis ès qualité, du secrétaire général d'une centrale ouvrière, homme et militant loyal de surcroît. Nous n'avions pas non plus à transformer le Parti socialiste en champ clos des rivalités syndicales. Au demeurant nombre de ceux qui reprochaient à André Bergeron son refus de l'unité d'action avec la CGT et ses négociations avec le gouvernement et le patronat ont opéré depuis un recentrage qui ressemble comme un frère au réformisme de FO.

— Vous condamnez le réformisme ?

— Non. Certes le mot est lourd d'une histoire malheureuse. Mais si le réformisme consiste pour un syndicat à négocier des avantages pour ses mandants, je pense que c'est sa fonction. Vocabulaire mis à part, la CGT n'agit pas autrement. J'ai naguère soutenu la Fédération de l'Éducation Nationale à laquelle on intentait un procès du même ordre. J'appréciais la solidité d'André Henry, de Guy Georges et de leurs camarades et la haute idée qu'ils se faisaient de leur responsabilité syndicale. La suite a démontré qu'ils avaient tenu bon, que je ne m'étais pas trompé.

— Tout de même FO, contrairement à la CGT et à la CFDT s'est abstenue de prendre position en 1974 sur votre candidature à l'Élysée.

— Prétendre que je n'aurais pas préféré son concours serait mentir. Mais vive la liberté, fût-ce quand elle me gêne !

— Depuis quand n'avez-vous pas revu Georges Séguy ?

— Octobre 1979. Dans le cadre des rendez-vous qui ont suivi mon appel d'Anglet.

— On dit que vos relations, chaleureuses naguère, se sont gâtées.

— Chaleureuses ? Avec un homme de la trempe, du caractère de Séguy, elles pourraient l'être. Mais le facteur personnel joue peu dans ce monde protocolaire, mécanique et féru de procédure écrite où la Gauche évolue. Gâtées ? La CGT à l'époque du Programme commun m'a réservé des heures exaltantes. Quel puissant mouvement et quelle force en émane ! Mais avec plus de rondeur et de finesse, plus de précautions, quoi, elle a pris avec nous les mêmes distances que le PC.

— On raconte que lors d'une de vos dernières rencontres vous avez rompu l'entretien au bout de dix minutes...

— Quand la CGT parle politique à la place des partis ou pour le compte d'un parti, je n'écoute pas.

— Et quand elle vous parle des luttes ouvrières et de la conquête du pouvoir, ce n'est pas politique, ça ?

— Si vous voulez. Mais chacun son domaine. L'indépendance ne marche pas à sens unique.

— A la CGT, comme au PC on vous a pris à partie lorsque vous avez dénoncé ce que vous appeliez « leurs combats d'arrière-garde ».

— C'est d'Anglet, précisément, que j'ai lancé cette formule. Vous voyez que cela ne nous a pas empêchés de nous voir le mois suivant Séguy et moi. Par « combats d'arrière-garde », je visais notamment le comportement du PC, au Havre, lors du départ du *France*. Il avait si mal conduit son affaire qu'il ne parvenait même plus à mobiliser quatre cents personnes sur le port. Ses attitudes, ses mots d'ordre belliqueux répercutés par la télévision tombaient complètement à plat. Tout le monde savait, PC compris, que le *France* partirait à l'heure dite. Et il est parti à l'heure dite. J'enrageais de ce cadeau offert au gouvernement, de cette désinvolture à l'égard des travailleurs réduits à jouer un rôle de figuration. Tant que les dirigeants du PC, et par contre-coup de la CGT, ne reviendront pas franchement à l'Union de la Gauche, je tiendrai les démonstrations de ce genre pour un décor de carton-pâte.

— Partout communistes et CGT passent à l'action directe, bloquent ou refusent la négociation, font du maximalisme, crient à la trahison quand les socialistes, FO, la CFDT et la FEN refusent de les suivre. Que pensez-vous de cette perpétuelle surenchère ?

— Qu'elle reflète beaucoup plus la volonté de diviser les forces politiques et syndicales de la Gauche que de gêner le gouvernement et le patronat. Brouillonne et sans portée, cette agitation n'est que la révolution du comme si. On veut avoir l'air, on fanfaronne. L'essentiel est de pouvoir accuser les autres de « virer à droite. »

— Pourquoi ?

— Le PC n'a qu'une pensée : le premier tour des présidentielles et son rang par rapport au PS. Cette obsession le poujadise.

— Sans doute la crise est-elle affaire de gouvernement, mais la Gauche n'a-t-elle pas sa part de responsabilité dans la difficulté qu'éprouvent les organisations syndicales à faire face ?

— Faut-il que je le crie ? Seule une victoire politique de la Gauche offrira une réponse durable aux justes revendications sociales. Sans cette victoire, les avantages acquis par les luttes seront toujours remis en question. Le patronat ne signe que des trêves. Qui aurait imaginé le démantèlement de la Sécurité sociale, la privatisation du secteur public ? Tout ce qui nuit à la conquête du pouvoir par la Gauche nuit à la cause des travailleurs.

— Si le Parti socialiste accédait au pouvoir, essaierait-il de conclure un pacte avec les syndicats ? Comment établirait-il ses rapports avec eux ?

— Il fut un temps, en 1974, où nous étions d'accord, partis et syndicats, pour réunir une conférence nationale de type « Matignon » — comme le fit Léon Blum. Dans l'état des relations des organisations syndicales entre elles, un tel rendez-vous serait aujourd'hui difficile. Je continue de croire à son utilité.

— Sans mettre en cause l'indépendance syndicale, si un gouvernement demande un engagement à un syndicat,

celui-ci n'est plus réellement libre de ses mouvements.
— On est toujours libre de signer ou de ne pas signer un accord. Si on le signe, la règle est celle du contrat. Il arrive souvent que ce soient les syndicats qui réclament la présence du gouvernement autour de la table. Témoin, le conflit de la pêche maritime cet été. A plus forte raison quand le gouvernement sera celui des travailleurs.
— Avez-vous des contacts avec la Confédération Générale des Cadres, la CGC ?
— Oui. Aimables au temps de M. Malterre. Désagréables avec M. Charpentié. Utiles avec M. Menu. Avec ce dernier, une fois émises les protestations mutuelles d'indépendance respective, plusieurs rencontres de travail ont rapproché nos points de vue.
— La CGC conteste vivement plusieurs de vos positions. Et se plaint d'un double langage.
— Mon langage sera simple. Posez-moi des questions.
— La CGC entend sauvegarder la hiérarchie des salaires, que vous voulez réduire.
— Ne confondons pas éventail des salaires et éventail des revenus. La hiérarchie des salaires inscrite dans les conventions collectives sera respectée par les socialistes. De plus, la négociation d'une grille unique pour l'ensemble des salaires tirera vers le haut les rémunérations des cadres qui sont vraiment des salariés.
— La CGC juge excessif le poids de l'impôt sur le revenu et considère que le cadre est la « vache à lait » de notre système fiscal. Elle craint que le financement des mesures sociales préconisées par les socialistes ne l'alourdisse encore.
— Mais nous protestons nous aussi contre l'iniquité de l'impôt qui frappe les salariés !
— Les cadres sont très attachés au maintien du quotient familial dont vous demandez la suppression.

— Nous demandons d'en limiter, d'en plafonner les effets.

— Les cadres ne l'acceptent pas.

— Eh bien, nous ne sommes pas d'accord !

— La CGC ne veut plus que les cadres soient réduits au rôle d'exécutants auquel le patronat les confine et propose de créer des structures de participation.

— Le pouvoir, c'est la propriété. D'une façon générale les cadres n'ont pas connaissance de la stratégie industrielle, des investissements, des objectifs opérationnels, des marchés, pas même du budget de l'entreprise à laquelle ils consacrent leur temps, leur savoir, leur capacité créatrice. Mieux payés, en apparence mieux traités, admis à un statut social qui les rapproche des détenteurs du capital, ils n'ont, en vérité, pas plus de part à la décision que le manœuvre-balai, y compris à la décision où se jouera leur sort, le licenciement. Quand le PS propose la réforme des comités d'entreprise, la création de comités de groupes et de holdings dans le secteur privé, des conseils d'administration tripartites et des conseils d'unité, d'atelier ou de service dans le secteur nationalisé, il défend la dignité des cadres. Je suis personnellement favorable au maintien du collège cadres pour l'élection de leurs représentants, question que n'a pas encore tranchée mon Parti.

— Grief plus vif, la CGC se prononce pour le maintien des avantages acquis en matière de protection sociale, régimes complémentaires et non-déplafonnement des cotisations d'assurance-vieillesse. Votre groupe parlementaire a déposé une proposition de loi qui contredit ce point de vue.

— Aucun avantage acquis ne sera remis en cause. L'institution à terme d'un régime unifié de Sécurité sociale, qui figure dans notre programme, aboutira à une amélioration sensible des prestations, donc des conditions de vie et de retraite de l'ensemble des salariés. Les sytèmes de retraite complémentaire seront maintenus sous leur forme actuelle tant que l'objectif d'une retraite pour tous représentant 75 % du salaire des dix meilleures années de carrière ne sera pas atteint. Jusqu'à cette échéance, les fonds de caisses de retraite continueront d'être gérés par les intéressés.

Encore dois-je préciser que dans le régime unifié l'unité de réglementation (les mêmes droits pour tous) et de financement (les mêmes sources pour tous) ira de pair avec la décentralisation des organismes de gestion.

Quant au déplafonnement de l'assurance vieillesse, puisque la proposition de loi dont vous m'avez parlé et qui en retient le principe outrepasse notre programme qui, lui, n'en dit rien, je saisirai le Parti de cette contradiction.

Quoi qu'il en soit, je vous affirme de nouveau qu'un gouvernement à direction socialiste ne décidera rien sans concertation préalable avec les organisations syndicales intéressées.

— Le Parti socialiste se dit parti ouvrier. A l'origine c'était vrai. Avec le temps, le développement des secteurs secondaire, tertiaire et les mutations propres à la classe ouvrière, votre parti recrute aujourd'hui dans des milieux très différents, que vous unifiez, du moins en théorie, sous l'appellation de Front de classe. J'admets qu'il existe entre ces catégories sociales ou groupes socio-professionnels, des affinités et même des identités : pouvoir d'achat, mode de vie, éducation, logement, formation culturelle... Mais nous voilà loin des manuels smicards et des OS, qui peuplent encore les entreprises...

— Distinguons s'il vous plaît entre électeurs et militants : nos militants appartiennent en majorité au tertiaire, mais la proportion d'ouvriers reste forte, 36 %. Cette proportion diminue chez les responsables locaux et nationaux : question de temps, de langage, d'habitude. Je m'efforce d'y remédier. Nos électeurs représentent un plus large éven-

tail. Quant aux ouvriers, les sondages indiquent que 33 %
d'entre eux votent communiste et 29 % socialiste.

— Mon intention n'était pas d'engager un débat sur la
réalité sociologique du Parti socialiste et de son électorat
qui nous est connue par de nombreuses études spécialisées.
Mais si vous n'êtes pas, *stricto sensu*, un parti ouvrier, vous
apparaissez comme un parti de salariés. D'autres, plus critiques que moi, diraient un parti de fonctionnaires.

— Nous n'en rougirions pas, mais ce n'est pas exact.

— La plupart de vos textes tournent cependant autour de
l'État et de sa fonction, du secteur public et de son extension, de l'industrie, des rapports de production, des conditions de travail au bureau, à l'usine, etc. C'est surtout dans
les périodes électorales que vous vous adressez aux commerçants, artisans, agriculteurs, qui sont souvent eux-
mêmes chefs de petites et moyennes entreprises.
Entretenez-vous des relations avec leurs organisations
représentatives ? De quoi discutez-vous avec elles ? Avez-
vous quelque chose à vous dire ?

— Il me semble que votre information sur ce point date
un peu. Le Parti socialiste, en dix ans, a considérablement
élargi son audience. Nous savons que l'exploitation de
l'homme par l'homme ne s'arrête pas aux frontières du
monde ouvrier. Mais j'aimerais préciser notre position sur
une liberté dont on dit à tort que les socialistes la récusent,
la liberté d'entreprendre.

Qui possède aujourd'hui la liberté d'entreprendre ? En
principe tout le monde. Cependant de nombreuses organisations professionnelles protègent leurs mandants contre
la concurrence sauvage et font que l'exercice de certains
métiers répond à des critères depuis longtemps réglemen-
tés, architectes, boulangers, géomètres, pharmaciens,
médecins, notaires, chauffeurs de taxi, etc.

Mais l'important n'est pas là. Dans la pratique, il ne suffit pas d'avoir une bonne idée et du courage pour créer une entreprise, il faut réunir les moyens, trouver des capitaux, bénéficier d'appuis. Les banques accordent des crédits au compte-goutte. De leur côté, les grandes firmes disposent de mille possibilités pour assujettir à leurs intérêts telle ou telle entreprise gênante pour leur hégémonie. La liberté, dans le système économique où nous sommes, est trop souvent, selon l'expression de Rosa Luxemburg, celle du renard libre dans le poulailler libre. Les plus forts ont raison des plus faibles, soit qu'ils les écrasent, soit qu'ils leur imposent leur tutelle. Menacés par la concentration capitaliste et pris dans une mutation économique accélérée, le commerce, l'artisanat et les PME se trouvent en butte à une crise dont on mesure la gravité au nombre des faillites.

— La théorie socialiste ne distingue-t-elle pas dans la liberté d'entreprendre et l'appât du profit le germe des tares de notre société : la formation du capital ?

— L'expérience, bonne conseillère, et la connaissance de l'histoire nous ont appris à écarter la thèse de la table rase. Nous pensons que dans une économie fondée sur la croissance sociale, où la lutte contre les gaspillages en tous genres doit être intensifiée, l'entreprise de taille moyenne, industrielle, commerciale ou artisanale, offre un champ naturel à l'innovation technique et à la création d'emplois — les PME couvrent 65 % du domaine de l'emploi ; qu'elle ouvre aussi la possibilité de satisfaire des besoins nouveaux qui échappent à la production de masse ; qu'elle contribue enfin à maintenir l'équilibre entre les milieux rural et urbain, dans la ville et sa périphérie.

— Avez-vous rencontré les dirigeants des PME ?

— Nous avions cessé de discuter avec M. Gingembre, ce croisé toujours sur la route des lieux saints antisocialistes et qui guerroyait à tous les carrefours en flanc-garde des partis de droite. Nous avons repris langue avec le nouveau

bureau et son président, M. Bernasconi. Nous avons à éliminer les préventions injustifiées qui ont cours dans ce
milieu à l'encontre du socialisme. Nous avons aussi à nous
débarrasser d'une certaine réserve dans nos propres rangs
à l'égard de catégories socio-professionnelles indispensables à la vie du pays.

— Et les commerçants ?

— J'ai reçu au siège du Parti socialiste une délégation du
Cid-Unati, conduite par Gérard Nicoud.

— Est-ce en souvenir de cette entrevue que, seul responsable politique à le faire, vous avez protesté contre l'interdiction à vie signifiée à Nicoud par un procureur de la
République d'exercer toute activité syndicale ?

— S'il suffisait au gouvernement d'obtenir des tribunaux condamnation d'un syndicaliste ou d'un dirigeant
professionnel pour l'éliminer à jamais de l'action revendicative, où irions-nous ? Ma protestation n'a pas été vaine
puisque l'interdiction a été rapportée.

— Sur le fond, vous reconnaissez l'utilité des petites et
moyennes entreprises, du commerce et de l'artisanat, mais,
si vous gouverniez, comment empêcheriez-vous leur disparition ? Sans remise en cause de leur fiscalité ils sont
perdus.

— Sur le fond, comme vous dites, nous ne l'empêcherons
qu'en cassant le processus de la concentration capitaliste.
Mais puisque vous me parlez de fiscalité nous chercherons
à étendre le régime du bénéfice réel et là où le forfait sera
maintenu nous le pratiquerons sur la base de monogra-
phies établies en accord avec les professions. Nous modi-
fierons l'assiette de l'impôt sur le revenu par l'institution
d'un salaire fiscal. Nous corrigerons les distorsions de la
taxe professionnelle et nous allégerons, au stade du détail,
le système administratif de la TVA.

— Et la prévoyance sociale ?

— Cela fait beau temps que nous réclamons l'alignement des régimes particuliers d'assurance vieillesse et maladie sur le régime de la Sécurité sociale ainsi qu'une pension minimale indexée sur le SMIC et égale à celle des autres travailleurs pour les commerçants et artisans retraités.

— Mais sur le plan économique comment les commerçants résisteront-ils aux grandes surfaces ?

— Votre question signifie : comment résisteront-ils au grand capital ? J'ai envie de répondre : s'ils cessent de voter pour ses représentants. Quoi qu'il en soit, trois mesures immédiates permettraient aux commerçants de mieux résister à l'invasion des grandes surfaces : la récupération sur place de la TVA, la juste définition des ventes à perte et une notion plus précise du prix d'appel à la clientèle. Cela dépend du gouvernement qui ne paraît pas très pressé de sauvegarder les chances du commerce traditionnel.

— Et les coopératives ?

— Il en existe de toutes sortes qui ont eu des fortunes diverses : coopératives de consommation, de production, de distribution, de crédit. Le vaste secteur mutualiste se développe encore sous la conduite d'une équipe renouvelée, avec à sa tête René Teulade. Je suis attentivement ce qui s'y passe. Il y a là une forme d'organisation qui échappe aux lois du libéralisme et rejoint l'une des grandes traditions du socialisme, dont elle prépare l'avenir.

— Poursuivons notre tour d'horizon. Comme je vous le disais à l'instant les agriculteurs font l'objet de la sollicitude des partis politiques au moment des élections. Entre-temps, on a le sentiment d'une certaine indifférence à leur égard, de la part du gouvernement qui se contente de dramatiser chaque année les discussions de Bruxelles, de la part de l'opposition qui ne propose rien de bien nouveau.

— Votre remarque vaut pour M. Giscard d'Estaing, elle ne nous concerne pas.

— N'existe-t-il pas une méfiance ancienne du monde rural à l'égard du socialisme ?

— Évitons de nous exprimer en termes trop généraux. Il n'y a pas une, mais des agricultures. Les agriculteurs dans chaque secteur de production se divisent en groupes socio-professionnels extrêmement différenciés. Et tous les exploitants ne sont pas logés à la même enseigne. C'est ainsi que les grandes exploitations qui répondent aux critères d'une agriculture industrialisée s'en tirent fort bien. Par contre, la majorité des exploitations familiales voient leur revenu diminuer d'année en année et plus fortement que les moyennes nationales ne l'indiquent, car le revenu agricole brut, pour l'ensemble des exploitations, baissera encore cette année et pour la sixième fois de suite.

Mais revenons à votre question. Il est vrai que les agriculteurs de l'exploitation familiale ont pris tardivement conscience de leur solidarité avec les autres travailleurs. Longtemps ils se sont méfiés des idées venues de la ville qui s'associaient dans leur esprit à l'agitation, l'émeute, l'insécurité. Très attachés à l'initiative individuelle, très attachés aussi à la propriété de leurs biens, la droite a exploité ce double sentiment en présentant les socialistes comme d'affreux « partageux » qui les enverraient au kolkhoze. La création de l'office du Blé par le gouvernement de Léon Blum et l'action de Tanguy-Prigent au ministère de l'Agriculture après la dernière guerre — surtout avec la loi sur le métayage et le fermage — ont ouvert le monde paysan aux idées socialistes. Aujourd'hui, il est facile aux agriculteurs d'observer que la concentration capitaliste se développe à la campagne avec la même rigueur que dans l'industrie ou le commerce. Je pense qu'ils nous écoutent davantage.

— Vous avez mis en cause le président de la République. Pourquoi ?

— Tout agriculteur devrait se donner la peine de relire le discours prononcé à Vassy, Calvados, en décembre 1977, par le président de la République, trois mois avant les dernières élections. Qu'a-t-il promis ? La parité des revenus, la stabilité de la population rurale, une agriculture libérée du poids du foncier, une agriculture de liberté. Par parité des revenus voulait-il dire que les deux tiers des exploitants atteindraient en 1980 la parité avec le SMIC ou le salaire ouvrier moyen ? C'est ce qui est arrivé. Retenez bien ces chiffres : 15 % des agriculteurs se partagent la moitié du revenu brut agricole tandis que les deux tiers en perçoivent le quart ! L'inégalité, cette tare du régime giscardien, s'accroît dans ce domaine comme dans les autres.

Par « stabilité de la population rurale » voulait-il dire qu'en 1981 la paysannerie représenterait 8 % de la population active contre 11 % en 1974, que dans la tranche d'âge de dix-sept à trente-cinq ans on compterait moins de 5 % d'actifs agricoles ? C'est ce qui est arrivé.

Par une « agriculture libérée du poids du foncier » voulait-il dire que la loi d'orientation agricole, votée sous son inspiration, par la majorité, n'apporterait rien d'autre qu'une nouvelle dégradation du statut du fermage ? C'est ce qui est arrivé. Je pense en particulier à ces sociétés foncières qui pourront faire appel aux capitaux bancaires, entraînant une majoration des loyers pour rentabiliser l'investissement ; je pense aussi aux baux de carrière à dix-huit ans. Heureux les fortunés, à eux les terres libres ! Et malheur aux jeunes contraints de s'endetter !

Par une « agriculture de liberté » voulait-il dire enfin que l'agriculture française qui dépend de plus en plus de l'industrie agro-alimentaire passerait sous la coupe des sociétés multinationales ? C'est ce qui est arrivé.

— Quel procès !

— Ces considérations ne recouvrent pas tous les aspects du discours de Vassy. De 1970 à 1980, l'indice des produits industriels nécessaires à l'agriculture est passé de cent à cent-huit, alors que celui des prix agricoles est tombé de cent à quatre-vingt-cinq. Les céréaliers eux-mêmes sont touchés. Pour 1980, les cours restent en dessous des prix de référence, le vin à moins 14 %, le mouton à moins 18 % et les veaux de huit jours — avant que n'éclate l'affaire des hormones — sont payés cent cinquante francs de moins que l'an passé. Le prix des bovins, dans ma circonscription, n'a pas bougé depuis quatre ans. Étonnez-vous après cela que l'on avance le chiffre de deux cent mille exploitations agricoles en situation de faillite, si le mot avait un sens dans l'agriculture.

— Comment expliquez-vous cette politique du pouvoir en contradiction apparente avec ses intérêts électoraux ?

— Je crois qu'il a misé sur la peur du changement qu'éprouvent les agriculteurs les plus âgés qui constituent la majeure partie de la population rurale. Aux jeunes, qui ne l'intéressent pas, il n'offre aucune perspective.

Il veut, en fait, développer une agriculture industrialisée, intéressant 10 % d'exploitations à haute technicité. Tant pis pour les autres, condamnées à vivoter ! Il favorise donc la concentration des terres et des moyens par l'introduction de capitaux extérieurs à l'agriculture.

En outre, le gouvernement utilise les prix agricoles comme un moyen de lutte contre l'inflation. C'est plus facile de refuser la dévaluation du franc vert pour limiter la hausse des prix agricoles garantis, comme il l'a fait pendant longtemps, que de s'attaquer à la spéculation ou de réformer les circuits de distribution. La vérité des prix joue pour les approvisionnements industriels, non pour les produits agricoles.

Bref, la stabilisation des prix agricoles freine la

hausse des salaires ; la baisse des revenus agricoles ralentit la demande en biens industriels ; l'exode rural offre aux industries agro-alimentaires une main-d'œuvre au moindre coût. Cela résume assez bien la politique du pouvoir.

— Quelles sont vos propositions ?

— Pour qui veut revaloriser et garantir le revenu agricole, quatre mesures de base s'imposent : 1/ La fixation de prix garantis dans le cadre d'un quantum d'exploitation, ce qui signifie qu'au-dessous d'un certain niveau de production des prix différenciés et garantis assureront un revenu minimum décent à chacun, le surplus étant soumis aux règles du marché. 2/ L'organisation des marchés avec des offices par produits, à l'exemple de ce qui s'est fait pour le blé. Les « interprofessions » mises en place par le pouvoir, CNIEL pour le lait, ONIBEV pour la viande, ONIVIT pour le vin se soldent toutes par des échecs. 3/ La lutte contre la spéculation foncière par la création d'offices fonciers cantonaux que géreront les agriculteurs eux-mêmes. 4/ Le respect du statut du fermage et la limitation des cumuls afin d'abaisser les dépenses d'installation et les charges d'exploitation.

J'ajouterai trois dispositions complémentaires : le développement de la recherche agronomique et biologique, la production des consommations intermédiaires (engrais, protéines) et la réorganisation des circuits de distribution. Trop d'exemples nous rappellent, chaque année, la différence de prix entre ce que perçoit le producteur et ce que paie le consommateur.

— Certaines de ces propositions, notamment les offices fonciers cantonaux, vous ont valu les attaques des dirigeants des organisations agricoles qui vous ont soupçonné de vouloir bureaucratiser, fonctionnariser l'agriculture.

— Critiques qui n'ont pas de sens sur le plan professionnel puisque ces offices cantonaux seraient, je viens de vous le dire, gérés par les agriculteurs. Critiques qui ont beaucoup de sens sur le plan politique quand on sait que les dirigeants en question, ceux de la Fédération Nationale des Syndicats d'Exploitants Agricoles, s'appellent Michel Debatisse ou François-Guillaume, et qu'il s'agit d'hommes politiques engagés à droite. Dans de nombreux départements la FNSEA accomplit honnêtement sa tâche. A l'échelon national, elle est trop liée aux grands intérêts, trop soumise aux pressions du gouvernement pour opposer à la disparition de l'exploitation familiale une résistance sérieuse.

— Michel Debatisse n'est pas un grand propriétaire et il a longtemps incarné le renouveau de l'action syndicale.

— La cire molle fond au soleil. Pour Michel Debatisse il a suffi d'une chandelle.

— Avec de tels jugements vous n'allez pas faciliter le climat de vos futures rencontres !

— Je juge politiquement qui nous combat politiquement.

— Et le MODEF ? Et le Centre National des Jeunes Agriculteurs ? Et les chambres d'agriculture ?

— Le MODEF se situe dans la mouvance communiste. Les chambres d'agriculture dans la mouvance modérée. Le CNJA préserve, autant que faire se peut, son indépendance d'esprit. Les socialistes militent ici ou là, selon leur préférence, généralement commandée par les affinités locales.

— Tout le long de notre conversation j'ai remarqué que vous teniez un discours sous-jacent qui affleurait de temps à autre à la surface, celui de la lutte des classes. Or s'il est un problème qui échappe à cette définition c'est bien la lutte des femmes. Votre parti, si j'ai bien lu son programme, a pris nettement position pour la libération de la femme : libération civile, famille et patrimoine ; libération sociale, formation professionnelle, emploi, salaire, équipements socio-ménagers, accès aux responsabilités ; libération personnelle, contraception et interruption de grossesse. C'est vous qui avez lancé en 1965, longtemps avant M. Neuwirth et Mme Veil, la campagne pour la contraception. Il y fallait à l'époque une certaine audace.

— Je ne sais s'il s'est agi d'audace. Le PC n'y tenait pas. La SFIO non plus. Mon entourage redoutait la réaction de l'Église. J'ai dû imposer mon point de vue. Simplement parce que j'y croyais.

— D'où vient qu'aujourd'hui on vous juge plutôt indifférent à ces problèmes ? Je me souviens de Françoise Giroud vous traitant, en 1974, de misogyne.

— Françoise Giroud a souvent été plus juste à mon égard. Paix à son âme giscardienne. Elle nous reviendra de ses limbes, je l'espère, lavée d'un méchant mot que je ne méritais pas. A la façon dont la majorité l'a traitée, je sens que je lui pardonne déjà.

— J'ai relevé dans notre premier entretien que vous aviez été minoritaire au sein du Bureau exécutif du PS sur d'importants articles du projet socialiste d'interruption volontaire de grossesse. N'est-ce pas de l'eau apportée au moulin de vos détracteurs ?

— Je suis et reste hostile, en effet, sauf cas exceptionnel, à un délai trop long pour l'interruption volontaire de grossesse. Quand quelque chose me déplaît, je dis qu'elle me déplaît. Mais si l'on veut bien se reporter à la longue liste des textes législatifs que j'ai proposés et signés pour le droit des femmes, si l'on veut bien considérer mes actes, les luttes auxquelles j'ai pris part, on me trouvera, sans défaillance, du même côté. Pour le reste, que voulez-vous, je suis comme je suis et je suis fait comme ça, eut écrit Jacques Prévert.

— Le PS, sous votre autorité, a-t-il suffisamment assuré

la représentation des femmes dans les assemblées élues ainsi qu'au sein de vos instances dirigeantes ? Il ne le semble pas si l'on fait le compte des femmes socialistes présentes à l'Assemblée nationale : deux. Et au Sénat, deux encore.

— On ne change pas les mœurs par décret. J'ai demandé et obtenu que nos militantes siègent dans les organismes dirigeants du Parti dans une proportion d'au moins 20 %, bien que je n'aime pas beaucoup cette idée d'un numerus clausus. Pour les élections, notre mode de désignation des candidats, le vote par la base, ne me permet pas d'intervenir. Je le fais quand je le puis, comme ce fut le cas pour l'élection européenne. Avec six femmes sur vingt élus socialistes à l'Assemblée de Strasbourg notre parti s'est affirmé comme le plus féministe d'Europe.

— Vous avez fait des déclarations natalistes qui ont paru répondre à une conception un peu étroite de l'intérêt national et ont été mal interprétées par plusieurs organisations féministes.

— Pourquoi ne serais-je pas nataliste ? Oui, je le suis. Je pense que le problème démographique devrait être placé au premier rang des préoccupations des Français. « Nous voulons que tous les enfants qui naissent soient librement désirés. Nous voulons aussi que tous les enfants désirés puissent naître » dit notre *Projet socialiste*. Mais une politique familiale ne peut être fondée que sur la sécurité de l'emploi, le développement des équipements sociaux et d'abord du logement, l'aménagement et la réduction du temps de travail, la revalorisation des prestations familiales. Sur ce dernier point, que l'on commence donc par rattraper une partie du retard pris depuis vingt ans en augmentant immédiatement de 50 % les allocations familiales ! La démographie n'est pas une affaire purement privée. Avec une allocation familiale unique, sans condition de ressources ni de travail, servie dès le premier enfant et dès la déclaration de grossesse, majorée pour frais de garde jusqu'à trois ans et, si l'enfant n'a pu être confié à une école maternelle, jusqu'à cinq ans ; avec un allongement du congé maternité, porté à vingt-deux semaines quel que soit le rang de l'enfant ; avec le versement d'une allocation spéciale pour congé parental au père et à la mère d'un enfant de moins de deux ans ; avec la réforme de l'allocation logement et l'ouverture de prêts bonifiés jusqu'à un certain seuil de revenus pour l'accession à la propriété ; avec enfin le plafonnement du quotient familial et un crédit d'impôts en fonction du nombre d'enfants, nous disposerons d'un bon arsenal de mesures propres à inciter les jeunes ménages à accepter l'enfant.

— En avez-vous discuté avec l'Union nationale des Associations familiales ?

— Oui. Au cours d'excellents échanges de vues qui m'ont beaucoup intéressé. Je me souviens de M. Roger Burnel décrivant la situation psychologique d'une famille au sein de laquelle l'un des parents ou un grand enfant est frappé par le chômage et nous expliquant en quoi l'inquiétude sur l'emploi futur devient déterminante pour la croissance démographique. Nous avons vu aussi la Confédération syndicale des familles et la CFTC.

— Vous parliez d'équipements sociaux-ménagers. Auxquels pensiez-vous ?

— Aux équipements sociaux-ménagers de quartier, aux crèches — trois cent mille places collectives ou à domicile sont à créer —, aux haltes-garderies, à l'aide à domicile et, pour permettre ce développement, à la revalorisation d'une profession dont l'importance m'apparaît chaque jour davantage, celle des travailleurs familiaux.

— Parmi les mesures que vous préconisez certaines d'entre elles permettent à la mère ou au père de rester au foyer pour la garde et l'éducation de l'enfant. Seriez-vous favorable au salaire maternel ?

— Non. Vous en trouverez l'explication dans le *Projet socialiste* qui consacre de belles pages denses à cette question. Tout congé accordé à la femme qui attend, qui a, qui élève un enfant, doit être accompagné de garanties rigoureuses pour le maintien de son emploi — si elle en possède un. Et toute mère qui n'a pas d'emploi, doit pouvoir, si elle le désire, exercer un métier hors de son foyer et accéder par là à l'autonomie personnelle. Peut-être apercevez-vous une contradiction dans cette pétition de principe. En effet, ce sont les socialistes qui ont dénoncé le rapport de production entre l'homme et la femme au sein de la famille, relation d'un « chef » dont la production s'intègre au circuit marchand avec une autre personne, la femme, qui lui est subordonnée parce que sa production, à elle, non monnayée, est dévalorisée et rendue « invisible ». Mais la reconnaissance sociale de la valeur du travail domestique ne peut entraîner, selon nous, son intégration dans le circuit marchand. Ce serait une façon de marginaliser les femmes plus encore et de les écarter définitivement de l'activité économique.

— La France représente 1 % de la population mondiale. Au train où galope la natalité dans la plupart des pays du Tiers-Monde le fait que nous soyons demain quatre-vingts millions de Français au lieu de soixante ne changera guère la proportion. Placer dans cette course l'« ambition » nationale peut sembler dérisoire.

— Le problème n'est malheureusement plus de savoir s'il convient d'être plus nombreux à la fin du siècle mais comment éviter de l'être moins. Il n'est à mes yeux de grand peuple que celui qui croit à la vie. J'aime appartenir à un grand peuple et je crois à la vie. Dérisoire ? A chacun de juger. Mais ne me faites pas dire ce que je ne dis pas. Avant de songer à l'enfant « ambition nationale », je pense à l'enfant ambition de créer et d'aimer.

— Femmes, famille, enfants, il me faut aller vite, sauter les transitions et, tout de go, vous entraîner sur le terrain de l'école et de l'éducation. Mais j'aborderai ce terrain par la bande. Que se passe-t-il donc dans la sphère close des enseignants ?

La Fédération de l'Éducation nationale est le théâtre d'affrontements entre une minorité, essentiellement composée du Syndicat national de l'enseignement supérieur et du Syndicat national de l'enseignement secondaire, sous forte influence communiste, et la majorité groupée autour de la direction nationale et de son secrétaire général, André Henry, lui-même soutenu par les bataillons du Syndicat national des instituteurs et leur « patron », Guy Georges. Henry et Georges sont, eux, réputés socialistes. La minorité accuse la majorité de « suivisme », de timidité dans l'action revendicative et, élargissant le procès, de collusion avec le gouvernement. Or, je constate que ces divergences épousent étroitement les phases de la polémique entre le Parti communiste et le Parti socialiste. Existe-t-il un lien entre ces phénomènes ?

— Sans nul doute le comportement de la minorité communiste au sein de la FEN, son appel constant à l'action directe, relève d'une seule et même stratégie qui est de briser toute structure unitaire où les communistes sont minoritaires.

— Ce n'est pas aussi clair que cela puisque des socialistes animent la tendance « unité et action », qui mène la bataille contre l'actuelle direction de la FEN.

— Au point de départ cette tendance a compté en effet de nombreux socialistes en désaccord avec la politique syndicale de la FEN, ce qui était leur droit, et sensibles au discours unitaire du PC. Je comprends l'attachement aux camaraderies nouées dans l'action commune. Mais « unité et action » sert aujourd'hui d'instrument de lutte et de pénétration du PC pour dissocier la FEN. Cela me préoccupe.

— La dernière rentrée scolaire a avivé la crise. La minorité a appelé les personnels de l'éducation nationale à la grève. La majorité s'est opposée à ce mot d'ordre. Pensez-vous que la FEN résistera durablement à de pareilles tensions ?

— Il y a deux façons de saboter le droit de grève. En le réglementant comme le veut la Droite. En l'utilisant à tort et à travers comme le fait le Parti communiste. Mais la FEN est solide. 41 sur 45 des syndicats qui la composent ont rejeté la grève de rentrée qu'ils ont jugée inopportune. Et la grève a échoué. Les dirigeants du PC craignent maintenant le désaveu des enseignants.

— Nous sommes dans une phase où le ministre des Universités procède à ce qu'il appelle une remise en ordre, qui consiste à supprimer des disciplines, des enseignements dans un certain nombre d'universités. Une grande controverse s'est engagée ce printemps à propos de la carte universitaire préparée par Mme Saunier-Séité, au point que M. Barre, dont ce n'est pas l'habitude, s'est vu contraint de distribuer des paroles apaisantes aux présidents d'universités. Que signifie selon vous cette offensive ?

— Rien d'autre que ce que vous avez déjà compris. Au mépris des engagements pris devant les syndicats d'enseignants, l'opération chirurgicale du ministre mutile de nombreuses universités et sacrifie des disciplines telles que les sciences sociales, la sociologie, la psychologie, etc. Certaines universités auront désormais pour charge de distribuer les bons diplômes et les autres les diplômes du pauvre.

— Pour justifier sa réforme, le gouvernement invoque la

nécessité de fournir aux étudiants des diplômes qui leur assureront de véritables débouchés professionnels. N'est-ce pas raisonnable ?

— Curieuse d'efficacité. Ce qu'il y a de plus neuf dans l'enseignement et la recherche est supprimé ou désorganisé. Le caractère décentralisateur de la loi de 1968 disparaît au profit d'une structure hiérarchisée qui consacre les inégalités régionales et culturelles. Ah ! le beau discours de M. Giscard d'Estaing sur la régionalisation !

Les raisons politiques et idéologiques de cette action sautent aux yeux : méfiance à l'égard de la formation de l'esprit critique et de l'innovation pédagogique, volonté de ségrégation entre universités, souci de sélection sociale que souligne la destruction de l'université de Vincennes. La Droite n'a jamais aimé l'université ouverte sur la vie et semeuse d'idées. Maria-Antonietta Macchiochi et Mahmoud Amin el Alem, chassés de notre enseignement pour cause de liberté et punis d'être nés hors de France, l'ont appris pour leur honneur aux dépens de notre réputation.

Si l'on ajoute les mesures vexatoires et éliminatoires prises à l'encontre des étudiants étrangers, ainsi que la création d'instituts spécialisés pour la formation d'élites, détentrices du savoir et à vocation super-dirigeante pour la fin de ce siècle, on aura fait le tour de la politique universitaire la plus réactionnaire que la France ait connue depuis la loi Falloux. Par comparaison avec Giscard d'Estaing, ses deux prédécesseurs étaient des libéraux !

— J'imagine votre opinion sur le sort réservé à l'enseignement de l'Histoire...

— Cet abandon qui me paraît incompréhensible me heurte dans mes goûts, dans l'idée que j'ai du savoir et dans mon ambition pour la communauté à laquelle j'appartiens. Le monde ne commence pas avec soi. Couper ses racines pour mieux s'épanouir est le geste idiot d'un idiot. Il n'y a pas d'imagination sans mémoire.

— Peut-on .vraiment dire que la loi de 1968 soit aujourd'hui démantelée ?

— Cette loi n'a pas été acceptée mais subie par la Droite après la grande peur de 1968. Depuis, la majorité parlementaire n'a cessé d'en rogner les aspects les plus positifs, que ce soit en réintroduisant la sélection dans les études de médecine, en réduisant la représentation des étudiants dans les Conseils ou en permettant au ministre de modifier, en cours d'année, et de sa seule autorité, les conditions de recrutement et d'emploi des personnels.

A ces escarmouches a succédé l'offensive en règle de la loi Seguin-Ruffenacht qui modifie de fond en comble la composition des Conseils d'universités et d'UER, les professeurs de rang A détenant en fait, grâce à l'appoint des personnalités extérieures choisies par le pouvoir, la majorité absolue.

— L'université n'est pas seule en cause. Ne peut-on considérer que l'éducation nationale dans son ensemble est dans le collimateur du pouvoir giscardien ?

— La suppression systématique d'écoles et de classes dans nos quartiers et nos villages, la réduction du nombre des enseignants par rapport à l'effectif scolaire alors que la baisse de la démographie permettait de ramener de 35 à 25 le nombre des élèves par classe, cela signifie quelque chose, non ? Le Pouvoir, partout, bat en brèche l'école publique : aide accrue à l'école privée, préférence donnée aux instituts spécialisés et aux grandes écoles sur l'université, réticences pour la formation des maîtres, difficultés pour revaloriser leur statut... Le ministre, M. Beullac, a, l'autre jour philosophé sur le sujet. De sa dissertation j'ai retenu la conclusion : écrasons l'infâme, je veux dire l'école laïque. Pauvre Voltaire !

— Nombreuses ont été les réformes de l'enseignement depuis 30 ans. On peut s'en plaindre. Mais la Gauche aurait-elle gouverné qu'elle eût été affrontée, elle aussi, au problème colossal posé par l'arrivée massive des jeunes dans le secondaire. Rien n'était vraiment prêt. Après tout, on ne s'en est pas mal tiré. Il faut même reconnaître qu'une certaine démocratisation a commencé de porter ses fruits.

— Là où l'on exigeait, il y a cinquante ans, le certificat d'études, il y a trente ans le baccalauréat, il y a vingt ans la licence, le développement des techniques oblige la société dirigeante, pour le développement de son propre système, à élever le niveau du savoir. Ce n'est pas le moindre des paradoxes que cette diffusion constante du savoir parallèle à la concentration forcenée du pouvoir. La bourgeoisie sait qu'elle pose sur son palier une charge de dynamite, mèche allumée. Elle se méfie ! Cela explique pourquoi l'enseignement n'a pas été démocratisé mais, vous avez dit le mot, « massifié ». Les collèges d'enseignement secondaire ont rassemblé les enfants dans les mêmes murs, mais pas dans les mêmes classes, pas avec les mêmes maîtres, pas avec les mêmes chances. Aujourd'hui, tout le système repose sur le saut d'obstacle annuel, la sélection par l'échec en quelque sorte. Beaucoup plus d'enfants vont en classe jusqu'à seize ans — voire dix-huit — mais les programmes et les méthodes sont restés ce qu'ils étaient quand ils s'adressaient à une minorité.

Un siècle après Jules Ferry, le pourcentage d'enfants d'ouvriers ou d'agriculteurs n'a guère changé dans l'accès aux études supérieures. L'influence croissante des grandes écoles accentue ce phénomène. Contre cette reproduction de la société par l'école, comme le dit Bourdieu, les socialistes ont un projet, celui de créer des maisons de la petite enfance et au-delà, l'école fondamentale, véritable école de base où s'effaceront les inégalités sociales et où s'exerceront les pratiques pédagogiques les plus ouvertes sur le monde extérieur, et d'abord sur le monde du travail.

— Mais le mode d'instruction ne doit-il pas aussi évoluer, s'adapter, compte tenu des mutations industrielles, économiques...

— Naturellement. Il évolue déjà. J'ai toujours entendu les dirigeants de la FEN et du SNI mettre l'accent sur cet aspect de leur action.

— L'Honnête Homme du début du XXIe siècle...

— Oui. L'Honnête Homme capable de comprendre et de vivre son temps. Mais de la formation des institutrices et des instituteurs dépend la qualité de l'éducation reçue par les enfants. C'est l'un des axes de la bataille menée par le syndicalisme. Le renouveau des écoles normales, leur développement au cœur des réalités départementales et leur polyvalence, à la fois centres d'études, de formation initiale et de formation permanente, prépareront les temps nouveaux.

— L'une des querelles faites à la Gauche porte sur son intention, affirmée par le Programme commun, de nationaliser l'enseignement. Depuis 1972, le Parti communiste a multiplié les assurances pour apaiser les tenants de l'école libre, et particulièrement l'Église catholique. Le Parti socialiste, lui, a paru hésitant sous l'influence contradictoire des instituteurs laïcs qui constituent le gros de ses cadres et de son nouvel électorat chrétien. Vous avez personnellement cherché à concilier les points de vue en distinguant les notions de nationalisation et de monopole, et en écrivant un article remarqué dont le titre était, je crois, « on ne nationalise pas les esprits ». Avez-vous avancé dans vos recherches ? Ou êtes-vous toujours décidé à exécuter le Programme commun à la lettre ?

— Ne renversons pas les rôles ! La réalité c'est le passage à l'enseignement privé de larges pans de l'enseignement public, non le contraire. Disant cela, je ne pense pas seulement à l'école confessionnelle qui répond à des traditions ancrées dans notre histoire, mais surtout aux écoles patronales et commerciales où l'argent est roi et qui se multiplient de façon que j'estime dangereuse pour nos enfants. Je rejette le monopole, j'exclus la spoliation. Je crois au contrat négocié pour l'intégration dans le service public. Toute coercition, surtout dans un domaine aussi sensible, qui touche aux racines culturelles de l'être, me révulse. Mais je ne dissimule pas ma pensée : l'État a pour devoir de consacrer au service de l'Éducation nationale les moyens dont il dispose.

— En 1977 ce qu'on a appelé le rapport Mexandeau, du nom de votre délégué national à l'éducation, a laissé croire que le PS s'enfermait dans une position plus étriquée que celle du PC.

— Ce rapport a servi de prétexte à une opération électorale archi-classique de la Droite qui rallume la guerre scolaire chaque fois qu'elle se sent en péril. Louis Mexandeau est un de mes amis. Il sait combien je cherche l'apaisement en un domaine où je me sens intimement impliqué. Je respecte sa probité. Il n'a fait qu'interpréter correctement le Programme commun de la Gauche que le PC, incorrigible opportuniste, malaxait sans vergogne.

— La laïcité dont se réclament, du moins officiellement les socialistes, n'est-elle pas ressentie comme une notion d'un autre âge ?

— Savez-vous ce qu'a été la vie des instituteurs laïcs à l'époque où régnait l'intolérance de l'Église ? Qu'ils aient eu tendance à ériger la laïcité en dogme pour combattre un autre dogme, j'en conviens. Mais ce qu'ils défendaient, c'était la liberté de l'esprit. Si la laïcité paraît à certains d'un autre âge, n'est-ce pas parce qu'elle doit résister aux entreprises d'un autre âge ?

— Vous avez souvent écrit que la révolution socialiste, réussirait-elle à transformer les structures économiques et les rapports de production, n'en resterait qu'aux balbutiements tant qu'elle ne connaîtrait pas de prolongement culturel. Or, culture et socialisme, leurs relations s'étaient distendues depuis la dernière guerre. A se demander si le divorce n'était pas consommé ! Vous avez, depuis Épinay, assigné à l'action culturelle une place centrale. Je m'interroge cependant : un parti politique est-il bien qualifié pour conduire ce combat ?

— Que serait le socialisme s'il ne prenait parti pour la victoire des forces de la raison et du cœur sur l'ignorance et l'insensibilité ? Un lecteur attentif retrouvera ici le thème qui court tout le long de mon propos : faut-il subir ou maîtriser le cours des choses ? J'ai fait mon choix. Je crois à la puissance de l'esprit.

— Mais un projet culturel, qu'est-ce au juste ?

— Trois démarches inspirent le nôtre. La connaissance critique de l'état culturel du pays ; une éthique de vie fondée sur l'épanouissement matériel et spirituel de chacun ; un plan de changement capable d'englober l'éducation, l'information, la science, l'art, en un mot ce que les marxistes appellent les super-structures. Les séparer serait vain.

— Appliquons votre raisonnement à un secteur vital de l'activité intellectuelle, le cinéma par exemple, et plus largement à la création audiovisuelle.

— Les hommes des générations précédentes, formés au langage écrit — tel est mon cas — doivent-ils subir frileusement, recroquevillés sur eux-mêmes, la domination de l'image, nier contre tout bon sens la transformation de l'imaginaire des peuples, et livrer un combat d'arrière-garde, par avance perdu ? Ce serait laisser le champ libre aux maîtres du marché dont l'entreprise, vous l'admettrez, se moque pas mal de la culture. Je souhaite au contraire

m'attacher au remodelage du système de production et de distribution qui commande aujourd'hui notre vie culturelle. Nul espoir d'une autre politique sous le régime des indices d'écoute, des sondages et du profit pour le profit !
— Concrètement, quelles sont les principales têtes de chapitre de ce remodelage ?
— Comme un gisement de pétrole, les réserves d'images se tarissent ou s'épuisent. Notre premier objectif sera de renouveler le patrimoine audiovisuel. Le champ est vaste : abolir l'accaparement du pouvoir de décision détenu par une poignée de diffuseurs (télévisions et sociétés privées), susciter de nouveaux circuits, assurer la présence des créateurs dans les instances de consultation et décision, multiplier les sources de financement, diversifier et spécifier les formes d'aides aux scenari, à l'exportation, au court métrage, à l'innovation, à la diffusion, à l'aménagement d'un réseau de salles publiques en s'inspirant notamment du système allemand.

En deuxième ligne nous imposerons à la télévision le respect de ses obligations à l'égard du cinéma. La télévision n'a pas à se nourrir, à se goinfrer en parasite de la substance des autres arts. Et à des prix si léonins qu'ils confinent à la grivèlerie ! Vous connaissez les chiffres. Alors que le passage des films à l'antenne assure 30 % de la programmation des chaînes, leur achat coûte à celles-ci 3 % de leur budget. Savez-vous que le paiement d'un film représente l'équivalent de 30 secondes d'annonce publicitaire ? Finira-t-on par comprendre qu'en pillant ainsi le cinéma la télévision accomplit un double meurtre, qu'elle tue le cinéma par le cinéma et qu'elle se tue elle-même ? Je sais que l'on refuse à la télévision les moyens de sa liberté. Mais elle a mieux à faire qu'à programmer des films jusqu'à en perdre haleine.

Lorsque M. Giscard d'Estaing a salué la mémoire et la grandeur de Sartre, s'est-il souvenu que « sa » télévision lui avait refusé une série d'émissions sur l'Histoire de France, privilège accordé au même moment à Michel Droit ? Je rage de ces occasions ratées, de cette dilapidation de richesses culturelles, et j'y pensais plus tristement encore en apprenant la mort de Max-Pol Fouchet, excommunié de la télévision.

— Et si le public, après tout, était friand d'une télévision ou d'un cinéma de consommation courante ?

— Le goût du public se forme ou se déforme au gré des manipulations. Nous sommes ici au cœur d'un raisonnement pervers. Les hommes du pouvoir organisent le décervelage pour invoquer, ensuite au nom de la démocratie, une demande qu'ils ont eux-mêmes fabriquée.

— Préconisez-vous l'éducation audiovisuelle ?

— Oui. Songez au jeune enfant repu d'images télévisées. La télévision est sa seconde école. Pourquoi fermer les portes des établissements scolaires à l'apprentissage audiovisuel ? Apprendre à lire le message télévisé, à déchiffrer les images, à manier les instruments de production d'images : telle devrait être l'une des missions de l'école au XXe siècle. Pourquoi, affichant si volontiers en paroles leur esprit de modernité, les dirigeants actuels sont-ils si aveugles ou si rétifs devant ce phénomène ? Que craignent-ils au juste ? Qu'intellectuellement et affectivement mieux armés, les futurs citoyens ne soient demain rebelles ?

— Ce que vous dites de l'enseignement audiovisuel vaut sans doute pour l'ensemble de l'enseignement artistique ?

— J'ai souvent déploré que des millions d'enfants fussent encore privés de l'approche d'un art. En infraction avec la loi, 70 % des lycées sont dépourvus d'un enseignement musical. Plusieurs centaines de milliers d'inscriptions sont chaque année refusées dans les écoles de musique ou les conservatoires. Il en va ainsi de tout art. Rappelez-vous Picasso : « la peinture, c'est comme le chinois, ça s'apprend ! »

— La Vᵉ République a tout de même eu Malraux...

— Régis Debray a dit de lui que le monde réel lui avait servi « d'accroche-mythe ». Les actes de Malraux n'ont pas toujours suivi le mouvement de sa pensée.

— En diriez-vous autant de ses successeurs ?

— A l'exception de Jacques Duhamel, à coup sûr. L'œuvre culturelle de la dernière décennie illustre ce jugement que Michel Ange portait sur certains paysages des Écoles du Nord « faites sans raison ni art, sans discernement, sans choix ni certitudes, en somme sans substance et sans nerfs ». Où sont les promesses d'antan ? Une maison de la culture par département ? Elles sont au nombre de 14 ! Un orchestre symphonique par région ? Ils sont au nombre de 6 ! Seule a progressé à pas de géant l'idéologie rentabiliste à courte vue : la télévision prisonnière de la loi du racolage, l'histoire et la philosophie reléguées à la remise des lampes à huile, les centres dramatiques asphyxiés. Que dire des maisons de jeunes ou des universités ? Les caprices du prince succèdent aux improvisations sans lendemain de serviteurs zélés sans qu'à aucun moment un projet culturel ne mobilise les esprits.

— Est-ce à dire que la culture française régresse ?

— Oui, si l'on considère les moyens qui lui sont donnés, les chemins qui lui sont ouverts. Mais ce ne sont heureusement pas les seuls critères de la qualité d'une culture. S'il existait, à l'exemple des comptes de la Nation ou de la Balance des paiements, une mesure quantitative en ce domaine je me bornerais à produire un bilan : chute des exportations de livres, de films, de disques et de brevets ; recul de la langue française ; pénétration massive de capitaux américains dans l'industrie du cinéma ; invasion de sous-produits standardisés à la radio et à la télévision... Les engagements formels du président de la République sont demeurés sans lendemain. Rappelez-vous le premier séminaire gouvernemental de Rambouillet en 1975 : la culture inscrite au rang des priorités du règne. Qu'en est-il aujourd'hui ? Rappelez-vous ces mots de M. Giscard d'Estaing en 1976 : « Le livre n'est pas un produit comme un autre ». Quatre ans plus tard on traite le livre comme une brosse à dents : on libère son prix, on ruine de nombreux libraires et les petits éditeurs, on porte atteinte à la création littéraire, on viole le principe d'égalité devant la culture. Rappelez-vous ces lettres sentencieuses du président de la République au Premier ministre l'invitant à accorder une place croissante aux émissions de création sur nos chaînes de télévision. Résultat : elles diminuent ! Le président vit dans l'instant, abolit le temps, ignore le passé, méconnaît le futur et prive notre peuple de mémoire et d'espoir.

— Mais comment affronteriez-vous les féodaux de l'industrialisation culturelle ?

— En les prenant de vitesse. Un gouvernement soucieux de préserver la créativité s'y emploierait avec ardeur en essayant de répondre par ses actes aux questions suivantes : comment les techniques d'expression et de communication (les satellites, les vidéocassettes, la télévision par câble...) peuvent-elles être mises au service de tous ? Comment s'emparer des techniques nouvelles avant qu'elles ne s'emparent de nos consciences ? L'électroacoustique ? Que dès leur plus jeune âge les petits apprennent à fabriquer eux-mêmes de la musique et à extraire des machines les sons les plus insolites ! Les vidéodisques ? Que, dès maintenant, les artistes ou les éducateurs soient conviés à en imaginer les usages et que, sans plus tarder, les pouvoirs publics s'attachent à prévenir la piraterie des œuvres enre-

gistrées ! Ici encore une frontière démarque la Gauche de
la Droite : maîtriser la technologie ou en être le jouet.
— Les villes à direction socialiste ouvrent-elles un che-
min ?
— Alors que l'État dépense pour la culture à peine 0,50 %
de son budget, le budget culturel des municipalités socialistes représente en moyenne 12 % de leur budget total.
— Aucune initiative de Valéry Giscard d'Estaing ne
trouve grâce à vos yeux ?
— Mais si ! Le musée des Sciences et de l'Industrie à la
Villette ou le musée d'Orsay, par exemple.
— A propos, aimez-vous Beaubourg ?
— Oui, beaucoup. Peut-être un peu rétro, fin d'une mode
esthétique, Beaubourg est à l'époque classique du verre et
de l'acier ce que le gothique flamboyant est aux formes
simples de la cathédrale de Senlis, architecture du
paroxysme. Bientôt un nouvel art, contenu et secret,
à l'image de l'ordinateur, éclipsera cette fascination
de la machine toutes tripes dehors. Mais les volumes,
l'espace, le mouvement, le site composent au total une
grande réussite. Oui, j'aime Beaubourg.
— Et l'année du patrimoine ?
— L'année fourre-tout plutôt. Elle a le mérite d'inviter
les Français à mieux regarder autour d'eux.
— Comment jugez-vous l'effort culturel du Parti communiste ?
— « Au pays du mensonge déconcertant ». Tel était le
titre du livre retentissant publié par le dirigeant communiste yougoslave Anton Ciliga à son retour d'URSS en 1938.
Ce voyage au pays du mensonge déconcertant se poursuit
dans la France de 1980 avec, pour guide éclairé, la direction
du Parti communiste. « On reconstruit les certitudes », proclame Roland Leroy. Assurément. Toutes les figures de la
rhétorique stalinienne sont présentes au rendez-vous :

syllogismes tronqués, citations truquées, faits dissimulés, preuves fabriquées de toutes pièces. Je n'arrive pas à assimiler à la culture cette violence contre l'esprit.

— Une bataille idéologique pour la conquête des intellectuels se livre-t-elle entre le PC et le PS ?

— Je vous renvoie au dialogue de Platon où Clinias, ami de Socrate s'emploie à déjouer les raisonnements artificieux des sophistes Euthydème et Dionysodore jusqu'à ce que Dionysodore se penchant "à l'oreille de Socrate, le visage épanoui dans un sourire" lui dise : « Je t'en préviens Socrate, quoi que réponde ton ami, il sera réfuté. » Ne me parlez pas, s'il vous plaît, de l'idéologie des sophistes !

— Les hommes de culture et les hommes de science tournent-ils aujourd'hui leurs regards et leurs espérances vers le Parti socialiste ?

— J'aimerais que cela fût vrai. Ça l'est de plus en plus.

— On cite souvent vos amis écrivains, Claude Manceron, Paul Guimard, Benoîte Groult, Régis Debray...

— Un carré d'as ! Mais je pourrais compléter la donne. Il n'est aujourd'hui aucune branche de la science, de l'art, de l'éducation où notre parti n'exerce son rayonnement. Nos ambassadeurs se recrutent souvent parmi les spécialistes les plus reconnus. Voyez François Gros, professeur au Collège de France, qui prépare pour nous, avec des savants du monde entier, un colloque sur le thème « Biologie et Développement ». Voyez Jacques Berque et André Miquel, rapporteurs de nos Rencontres méditerranéennes à l'Abbaye de Saint-Maximin. Mais rien ne se fait avec rien. Jack Lang, principal responsable de cette action culturelle, lui a donné le souffle et l'ampleur.

— Les observateurs ont en effet relevé au cours de la dernière période, une forte mobilisation d'intellectuels autour de vos manifestations publiques. Est-ce à des fins de decorum ?

— Notre relation avec les intellectuels n'est pas de l'ordre du spectacle. Nous leur demandons davantage : une contribution imaginative et critique à nos travaux. De la biologie à l'écologie, de la création audiovisuelle à la lecture publique.

— On a le sentiment cependant qu'une théorie culturelle d'ensemble manque. Marx avait une doctrine globalisante.

— ... Sauf, précisément, sur l'art et la création !

— Certes, mais je pense aussi à ses successeurs, Lenine ou Gramsci.

— Ne vous abandonnez pas à la nostalgie théologique d'une explication globale du monde. Qui n'a rêvé d'une théorie qui à toute interpellation répondrait avec certitude ? L'Histoire enseigne à se méfier de ces systèmes de pensée.

— N'avez-vous pas cependant le sentiment qu'avec la disparition des grands philosophes — hier Camus, aujourd'hui Sartre — une crise de la pensée est ouverte ?

— Les monstres sacrés meurent ? Soit ! La vie de l'esprit agonise-t-elle pour autant ? J'en doute. Comment prophétiser lorsqu'on a le nez collé à l'actualité ? Renan — diva en son temps ! — n'annonçait-il pas, voici plus d'un siècle, la disparition imminente et définitive de l'Islam ? Est-il sacrilège de rappeler les oscillations de pensée et d'action de Jean-Paul Sartre ? Pardonnez-moi. Je crains que votre question n'enrichisse le *Dictionnaire des idées reçues* de Flaubert. A la rubrique « Époque (la nôtre) », il notait : « Tonner contre elle. Se plaindre de ce qu'elle n'est pas poétique ! L'appeler époque de transition, de décadence ! ». Peut-être vivons-nous sans le savoir une intense période de maturation, un moment rare de fermentation d'idées neuves. Au sortir de la Révolution et en prélude à l'explosion romantique, la société prit le temps d'une halte, d'une pause. Était-ce crise de la pensée ? Oui, si vous appelez crise les douleurs de l'enfantement. Les naissances culturelles se préparent dans l'ombre, ignorées, insoupçonnées souvent des observateurs avertis, tandis que la mode glorifie sans hiérarchie toutes les productions de l'esprit, s'essouffle à porter sur l'autel de l'immortalité tout et n'importe quoi, puis, exténuée par sa frivolité, s'interroge soudain : où se trouvent donc les monstres sacrés ? Sans s'apercevoir que le discours sur les choses s'est substitué aux choses elles-mêmes.

— Je vous propose maintenant de poursuivre notre tour d'horizon des problèmes français en abordant un sujet économique qui fait couler de l'encre ces temps-ci : la préparation du VIIIe Plan.

Le triptyque Planification, Nationalisation, Décentralisation se trouve au centre des réflexions et propositions socialistes. Il existe assez de textes, et d'abord votre programme de 1972 et votre projet de 1980, sans oublier le Programme commun de la gauche, pour que nos lecteurs y trouvent de quoi satisfaire leur curiosité. Je me contenterai de les actualiser, puisque le mot est à la mode. En premier lieu, que pensez-vous du VIIIe Plan ? Ses travaux préparatoires viennent de s'achever avec la publication de nombreux rapports d'experts, provoquant d'abondants commentaires, et d'âpres polémiques. J'aimerais connaître vos réflexions à ce sujet.

— Avant de vous répondre sur le fond, je ferai un rappel et deux remarques. Un rappel pour éviter toute équivoque : la planification n'a pas le même sens dans l'univers libéral de Valéry Giscard d'Estaing et pour les socialistes. Avec l'actuel chef de l'État le scénario est immuable. En avant-goût, on multiplie réunions de commissions et rapports d'experts, pour donner l'impression que les forces sociales du pays réfléchissent en commun et en toute liberté aux différents choix économiques pour la France ; en arrière-goût, le gouvernement publie un document final qui n'a qu'une parenté lointaine avec les conclusions des travaux initiaux. Un peu de fumée, de la cendre, c'est une opération de relations publiques. Pour les socialistes au contraire, le Plan représente l'un des instruments essentiels de maîtrise de l'économie. Voilà pour le rappel.

— Et les remarques ?

— La première est que le VIIIe Plan signe l'acte de décès de la planification régionale. La consultation des régions, pourtant décidée lors de la création des assemblées régionales en 1972, se ramène à un vague sondage administratif effectué dans les préfectures. Dans le sens Paris-Province, Paris s'enquiert de ce que la « Province » pense du chômage, de l'insuffisance des équipements et des services collectifs. Dans le sens Province-Paris les interrogations demeurent sans réponse. Pas davantage les aspects régionaux de la crise ne sont pris en compte. Quant à la décentralisation, qui permettrait aux régions, moyennant un transfert de ressources, d'assumer par elles-mêmes la responsabilité de leur développement, on n'en parle plus.

Seconde remarque : le débat est à l'avance vidé de sens. Par exemple, à l'heure où l'on discutait au Commissariat au Plan de la politique de l'emploi, et notamment des trente-cinq heures par semaine, dans une autre enceinte et avec l'insuccès que l'on sait, les syndicats se voyaient opposer une fin de non-recevoir par le CNPF sur la réduction de la durée du travail. Quant aux engagements budgétaires, au choix des programmes prioritaires, au montant des crédits, ils sont restés la chasse gardée des technocrates parisiens. A quoi bon discuter ?

— Même si ces travaux préparatoires ont revêtu l'aspect d'un rite par la volonté du gouvernement, ils possèdent, de l'avis général, une qualité et une richesse qui devraient conduire les socialistes à étudier leurs conclusions. Or, lors de votre conférence de presse du 29 juin dernier, vous les avez écartés d'un revers de main. N'est-ce pas une preuve nouvelle du manichéisme de la politique française ?

— J'ai dû me faire mal comprendre ce jour-là, car j'avais précisément suivi avec passion l'évolution singulière survenue dans l'élaboration de ce VIIIe Plan. Vous vous souvenez que, passant outre à la consigne officielle, les experts de l'INSEE ont publié en octobre 1979 quatre scenarii pour l'économie française à l'horizon 85. Vous connaissez aussi leur brutal diagnostic : à cette échéance, le nombre de chômeurs dépassera deux millions. Devant une perspective évidemment inacceptable, l'ensemble des partenaires sociaux, et même certains représentants de l'État, ont demandé qu'on inversât la démarche du Plan : au lieu d'effectuer de simples extrapolations, on utiliserait les instruments disponibles afin de déterminer la meilleure politique économique possible pour réduire le chômage tout en contenant le déficit extérieur. A la suite de quoi, des groupes de travail se sont réunis pour imaginer des politiques économiques alternatives et ces politiques ont été testées sur le modèle économique qui sert de base aux travaux habituels. Stupeur : la plus mauvaise politique au regard de l'emploi était celle de MM. Giscard d'Estaing et Barre. A l'inverse, le développement de l'investissement productif, la réduction de la durée du travail, la réduction des inégalités (par le biais de l'impôt sur le revenu), l'augmentation de la construction de logements (le nombre de mises en chantier de logements a diminué de plus d'un quart depuis 1974) donnaient des résultats positifs en matière de créations d'emplois sans hypothéquer à l'excès la balance des comptes.

Ainsi quand Giscard d'Estaing et Barre proclament qu'il n'y a pas d'autre politique que la leur pour sortir de la crise, ce sont leurs propres services et les experts qu'ils ont choisis qui leur apportent le plus neutre, mais le plus impitoyable des démentis.

— Un socialiste, j'imagine, devrait souscrire à des conclusions aussi démonstratives. Or, je le répète, vous avez paru réticent.

— Si j'ai donné ce sentiment, c'est parce qu'aussi intéressante qu'eût été la méthode, aucune des politiques testées n'exprimait la pensée socialiste ni n'entrait dans son raisonnement. Les modèles retenus s'inscrivaient dans le cadre des structures économiques actuelles et de la logique absolue du profit. Or, notre projet tend à transformer ces structures, et s'inspire d'une autre logique.

— On prend son miel où on le trouve : vous l'avez vous-même déclaré.

— Et j'en ai goûté d'excellent ! Que de justifications apportées à nos analyses par ces travaux préparatoires ! C'est ainsi que les socialistes prétendent qu'il est plus coûteux d'accroître indéfiniment les capacités de la production nucléaire, que de procéder aux investissements nécessaires aux économies d'énergie. Les travaux préparatoires le confirment. La commission compétente du Plan chiffre à 5 % par an l'objectif de croissance de l'investissement industriel, chiffre inférieur au nôtre mais la tendance reste la même. La commission agricole du Plan propose une refonte des mécanismes de la politique agricole commune. On y retrouve plusieurs des suggestions des socialistes européens contenues dans le rapport Pisani-Cresson-Sutra. Les experts déplorent le recul de la recherche-développement, l'insuffisance des créations de postes scientifiques et le retard que prend notre pays face à ses concurrents. Je le répète depuis quinze ans. La commission de la protection sociale et de la famille estime que l'origine du déficit du budget social de la nation réside non dans tel

ou tel comportement coupable des assurés sociaux, mais
« dans l'incapacité actuelle de notre économie à retrouver
le plein emploi ». C'est la thèse des socialistes.

Quant aux inégalités sociales, le VIIIe Plan ne nous
apprendra rien là-dessus : le gouvernement n'a pas
consulté ses experts sur ce sujet qu'il juge sans doute
négligeable.

— Quel dommage que ces milliers d'experts et ce lieu
unique de rencontre et de concertation qu'est le Plan ne
servent pas davantage à orienter la politique du pays ! On
ne trouvera nulle part plus de compétence et d'expérience
rassemblées pour un même objectif...

— J'enrage comme vous de ce gâchis. Laissons le soin à
d'autres d'utiliser de Gaulle contre Giscard ; mais entre
« l'ardente obligation pour la France » et la réalité
d'aujourd'hui on mesure combien a disparu toute ambition
collective pour la France. Vassili Leontief, prix Nobel
d'économie, déclarait récemment lors d'une visite en
France : « Notre temps a besoin de Plan plus que jamais ; le
marché ne suffit plus. La méthode qu'utilise le marché
pour régler les choses, la faillite, est trop coûteuse. La solution réside dans la prévision, la planification ».

Ce que paraphrase, en l'expliquant, le *Projet socialiste* :
« C'est le Plan qui doit décider en fonction de l'intérêt général et des prévisions à terme, l'orientation des grands investissements. C'est de lui que relèvent le modèle de développement, la réduction des inégalités, l'équilibre régional, la
relation au reste du monde. Ses grands instruments sont le
maniement des dépenses et des recettes des autorités
publiques et de la sécurité sociale, la maîtrise du financement, un puissant secteur économique public, des procédures contractuelles où les obligations assumées sont la
contre-partie des avantages consentis. C'est en ce sens et
avec ces moyens que, laissant au marché l'ajustement ponc-

tuel entre l'offre et la demande, le Plan est aux yeux des socialistes le régulateur global de l'économie ».

Je n'insiste pas sur ce point, pas plus que sur les changements structurels que supposent un secteur public élargi, la décentralisation réelle des pouvoirs et la démocratisation des entreprises. Le *Projet socialiste* le dit aussi en termes excellents.

— Je reconnais là votre thèse qui est celle même du socialisme que vous qualifiez d'historique. Quoi qu'on en pense, elle a le mérite de voir grand et de croire à la capacité de l'homme à dominer la société dans laquelle il vit. Je redoute cependant que ne pointe derrière tout cela l'esprit de système.

— Je l'ai en horreur plus que vous. Mais où voyez-vous que le marché respecte la liberté ? Et il aggrave les inégalités ! Les maigres mesures de circonstance en faveur des catégories de la population dont le pouvoir attend qu'elles votent bien ne suffisent pas à masquer sa volonté persévérante de restituer au marché les services collectifs. Les socialistes, eux, conçoivent une politique sociale égale, pour le moins, en importance à celle de 1936 et à celle de l'immédiat après-guerre. Notre économie y trouverait son compte. De la lutte contre les inégalités dépend l'établissement de rapports sociaux hors desquels nul ne viendra à bout de l'inflation. A cet égard, les exemples de l'Autriche et de l'Allemagne fédérale, pays qui avec la Suède social-démocrate ont su le mieux maîtriser la hausse des prix, valent d'être médités. Les inégalités nourrissent l'inflation et s'en nourrissent. Elles interdisent toute négociation sérieuse. Tant que les salariés et leurs syndicats constateront qu'il existe deux poids et deux mesures dans la répartition des richesses produites, selon que l'on appartient à tel ou tel groupe social, les discussions entre partenaires se heurteront à une contrainte autrement plus déterminante que celle que vous nous prêtez : la lutte des classes. Ce n'est pas ainsi, en tout cas, que l'on mobilise un pays quand les temps sont rudes.

— Restez-vous décidé à nationaliser le crédit ?

— Oui, la totalité du secteur bancaire et financier et notamment des banques d'affaires et les principaux holdings financiers, puisque, comme vous le savez, de Gaulle a déjà nationalisé en 1945 les banques de dépôt. Il avait d'ailleurs exprimé le regret en 1947 de n'être pas allé plus loin.

— Et les assurances ?

— Même réponse. Entreront dans le secteur public, à l'exception des véritables mutuelles, les grandes compagnies d'assurances privées qui ont échappé à la nationalisation de 1945.

— Pouvez-vous rappeler à nos lecteurs les critères retenus par les socialistes pour la nationalisation des entreprises industrielles ? Il y a là-dessus beaucoup de confusions.

— Quelles confusions ? Nous avons publié noir sur blanc dans le Programme commun de la Gauche la liste de ces entreprises. On peut, au pire, nous accuser de naïveté mais pas de dissimulation, car les propriétaires visés ont aussitôt déversé leurs milliards dans les caisses de nos adversaires politiques. Les engagements pris en 1972 restent notre règle d'aujourd'hui. Nous considérons comme indispensable le transfert à la collectivité publique des entreprises industrielles maîtresses des secteurs-clés de l'économie, soit qu'elles jouent le rôle d'un service public, soit qu'elles vivent de fonds publics, soit qu'elles exercent un monopole, soit qu'elles contrôlent des branches essentielles pour le développement de l'économie nationale. Les secteurs auxquels nous pensons sont dans leur ensemble : les ressources du sous-sol, l'armement, l'industrie spatiale et aéronautique, l'industrie nucléaire, et dans leur plus grande partie l'industrie électronique et l'industrie chimique. De son côté la puissance publique prendra des participations financières qui seront majoritaires dans la sidérurgie et le pétrole et qui pourront l'être dans les transports maritimes, le traitement et la distribution des eaux, le financement des télécommunications, les concessions d'autoroute.

— N'est-ce pas ce que prévoit le Programme commun ?

— Exactement.

— Mais vous avez dit en 1978 que le Programme commun était forclos...

— Juridiquement, il l'est en effet puisqu'il a été signé en 1972 pour une durée de cinq ans. Pratiquement aussi dans la mesure où la direction du Parti communiste a lâché l'Union de la Gauche en cours de route. Mais politiquement nous estimons que la construction socialiste n'est possible qu'à ce prix. Gouverner et laisser l'ennemi numéro un du socialisme, le grand capital, occuper les points névralgiques de notre société, serait proprement absurde.

— Des voix se sont élevées au sein du PS pour limiter le nombre et les effets des nationalisations.

— S'il s'agit des nationalisations déjà retenues par notre programme j'espère que ces voix ne seront pas entendues.

— Vous l'avez pourtant écrit vous-même : on a, dans le passé, moins nationalisé qu'étatisé.

— La Gauche nationalise et la Droite étatise, façon pour elle de récupérer les avantages perdus.

— Mais trop est toujours trop. C'est tout de même vous qui avez objecté au CERES que la barque coulera si elle est trop chargée.

— Aussi convient-il d'avancer de façon progressive en tenant compte des impératifs du progrès économique et social et du caractère international de la vie économique : c'est encore ce que dit le Programme commun. En bref nous avions prévu en cas de victoire de la Gauche de franchir un seuil minimum, ce qui se traduisait par la nationalisation immédiate de neuf grandes entreprises.

— Mais doit-on pour autant s'en tenir au schéma classique de ces grandes sociétés nationales, qui sont finalement un état dans l'État ?

— On peut imaginer tous les systèmes qu'on voudra pour réaliser l'appropriation collective : sociétés nationales ou d'économie mixte, holdings, coopératives, mutuelles, services publics départementaux ou communaux. L'important est que la propriété change de mains.

— Vous avez une préférence ?

— Oui, pour la variété. Moi non plus je n'aime pas le gigantisme. Chaque fois qu'il sera possible de multiplier les centres d'opération, d'organiser les concurrences, d'assouplir les mécanismes je serai pour. Et plus je pourrai abandonner à la coopération, aux mutuelles et à l'autogestion le secteur para-étatique, plus je le ferai. Cela ne peut se concevoir que par l'accession des travailleurs à des responsabilités nouvelles de décision et de contrôle. Le *Projet socialiste* en traite abondamment.

— L'autogestion, puisque vous avez prononcé ce mot, le Parti communiste en fait aussi l'un de ses thèmes favoris.

— C'est une blague. Il a fallu batailler ferme en 1972 pour que le PS puisse inscrire ce vocable dans le Programme commun. C'est même le seul point qui ait été enregistré comme une divergence explicite entre nous. Dans les termes que voici : « Lorsque les travailleurs de l'entreprise en exprimeront la volonté et lorsque la structure de l'entreprise en indiquera la possibilité, l'intervention des travailleurs dans la gestion et la direction de l'entreprise prendra des formes nouvelles — que le Parti socialiste inscrit dans la perspective de l'autogestion et le Parti communiste français dans le développement permanent de la gestion démocratique... » Autogestion !

Georges Marchais nous regardait, nous et notre autogestion, d'un œil d'exorciseur devant le possédé. *Vade retro, Satanas.* D'ailleurs, Marchais croit au démon. Alors, maintenant, quand je lis les affiches communistes avec autogestion, promis, juré, en lettres majuscules, je pense à ce griot qui s'habillait en chèvre pour mener son troupeau.

— Êtes-vous centralisateur, jacobin comme on dit ?

— Je me souviens d'avoir, il y a longtemps déjà, demandé la suppression du corps préfectoral, colonne vertébrale du système napoléonien. Non que je mésestime la qualité de ces fonctionnaires dont j'ai reconnu qu'ils étaient remarquables par leur compétence, leur diligence, leur savoir-faire. Mais il y a de quoi les employer à d'autres tâches. J'ai lutté pour la suppression de la tutelle sur les communes, pour que le pouvoir exécutif du Préfet soit transféré aux bureaux et aux présidents des Conseils généraux, pour que les régions soient gouvernées par les élus, eux-mêmes issus du suffrage universel, et j'ai milité pour que ces élus, à tous les niveaux, soient eux-mêmes conduits à décentraliser leur pouvoir, notamment par l'entrée de la vie associative dans le jeu des institutions. Suis-je jacobin ?

— Iriez-vous jusqu'à soutenir les revendications des mouvements, bretons, corses, basques, alsaciens, occitans... qui parlent même d'autonomie ?

— Il n'est pas nécessaire d'être jacobin pour placer en priorité absolue l'unité de la nation. C'est mon cas. Mais il n'est pas nécessaire d'être autonomiste et encore moins indépendantiste pour reconnaître aux peuples et aux cultures minoritaires le droit à la différence. C'est aussi mon cas. Je trouve stupide l'entêtement du gouvernement à nier que la Corse, par exemple, devrait être dotée d'un statut pour le moins comparable à celui de la Sardaigne ou de la Sicile et je ne vois pas pourquoi le Pays basque n'aurait pas sa spécificité. Les embarras faits à l'enseignement des langues et dialectes à l'école, à l'université, à leur diffusion par les moyens audio-visuels, me heurtent surtout par leur sottise. La France a eu besoin d'un pouvoir central fort pour se faire. Elle a besoin de pouvoirs décentralisés pour ne pas se défaire. Nous n'en sommes plus à la guerre de Vendée. L'anachronisme de l'État entretient la fronde dont il souffre. Ne jamais oublier que l'homme d'aujourd'hui a pour première aspiration, perdu qu'il est dans le formidable bouleversement du siècle, de retrouver son identité. Il fera sauter les murs plutôt que d'étouffer. Tenir ferme le pays pour préserver sa cohésion est le devoir des responsables : ils n'y parviendront pas sans assouplir les institutions.

— Appliquez-vous la même théorie aux Départements et Territoires d'Outre-Mer ?

— Chaque département, chaque territoire a sa personnalité. Mais tous souffrent des mêmes maux.

— Lesquels ?

— L'obsédante domination de Paris par le canal d'une administration qui reste coloniale. L'exploitation sans frein des hommes et des biens par les grandes sociétés métropolitaines ou multinationales. C'est M. Bernard Pons, secrétaire général du RPR, qui remarquait récemment que les promesses non tenues et les décisions sans suite avaient attisé la colère des populations. S'il approfondissait son analyse il reconnaîtrait que cette situation n'est pas le fruit du hasard ou d'une gestion malheureuse mais qu'elle découle de structures économiques et politiques inadaptées.

— Avez-vous une solution ?

— Pour les départements d'Outre-Mer les socialistes proposent que chacun d'eux élise une assemblée unique, dite Conseil départemental, à la proportionnelle de liste et détenant les pouvoirs et les compétences des actuels Conseils généraux et régionaux. Cette assemblée exercerait l'exécutif des affaires locales, élaborerait le plan de développement, sur avis d'un comité économique, social et culturel, et serait consultée avant toute signature par la France d'un accord international ayant trait à sa zone géographique. Le pouvoir central serait représenté par un commissaire de la République qui contrôlerait a posteriori la légalité des actes de l'Assemblée. Quant aux territoires d'Outre-Mer, s'ils veulent l'indépendance, comme a dit de Gaulle, qu'ils la prennent. Mais on créerait une situation nouvelle si on leur permettait déjà de gérer leurs affaires sans menace ni contrainte.

— L'autogestion exige que le pouvoir central accepte une vraie décentralisation. A l'échelon de base, dans nos quelque trente six mille communes, le Conseil municipal composé d'élus se trouve en face de citoyens qui aimeraient avoir leur mot à dire dans la conduite des affaires de la cité...

— En face ou à côté ?

— Regroupés en associations, ces citoyens ne peuvent-ils jouer un rôle de contre-pouvoir ? On a parfois le sentiment que ce phénomène ne retient pas suffisamment votre attention, comme si vous étiez plus attaché aux formes d'organisations traditionnelles de la vie publique. Qu'en pensez-vous réellement ?

— Partout existent des associations de caractère social, sportif, d'entraide dirigées par des gens qui ont l'amour sincère, profond de leur commune, de leur quartier, le sens des autres, et qui vivant « les travaux et les jours » de leurs concitoyens, sur place et avec eux, acquièrent une connaissance incomparable du milieu. Leur besoin d'agir et de se rendre utile les conduit à se passionner pour les tâches qu'ils remplissent. Ils deviennent vite indispensables. C'est vers eux qu'on se tourne à la moindre occasion. Que ferais-je à Château-Chinon sans les animateurs du Comité des Fêtes, de l'Union sportive, du Club du Troisième âge, de

l'Union des commerçants, du Centre hippique, sans le béné-
volat des sapeurs-pompiers, secouristes polyvalents et mer-
veilleux de dévouement ? Que serait la vie culturelle sans
les équipes de recherche archéologique, sans le noyau
scientifique et littéraire de l'Académie du Morvan, sans
« les Galvachers », l'un des premiers groupes folklorique
de Bourgogne et, pour mon musée, sans le syndicat du Parc
régional ? Ici ce sont les parents d'élèves qui inspirent nombre d'ajustements heureux de notre vie scolaire, là ce sont
les groupes de locataires qui m'alertent quand il le faut.

Pardonnez-moi si je m'attarde sur le cas de Château-
Chinon. Que voulez-vous ? Je parle de ce que je connais. Je
ne propose pas en modèle ce petit monde qui est le mien.
Mais combien de microcosmes comme celui-ci expriment
mieux que les discours abstraits ou de fumeuses théories la
réalité de la vie. A ce niveau, il est difficile de distinguer le
citoyen « associatif » du citoyen « représentatif ». Mes conseillers municipaux mettent la main à la pâte comme les
autres. Au criterium cycliste, qui a lieu le premier lundi du
mois d'août, je les vois tenir les guichets, vendre les billets,
placer les barrières, guider les spectateurs, et cela pendant
des heures, souvent par des chaleurs écrasantes. Ils
seraient bien en peine de vous dire s'ils sont là en tant
qu'élus de la ville ou en tant que membres des associations.

— Mais le Conseil municipal représente le suffrage universel, pas les associations.

— Assurément. Les associations n'ont pas, et c'est heureux, à se substituer aux élus. Il arrive, notre tableau serait
incomplet s'il ne comportait pas cette touche, que l'association serve de tremplin aux adversaires politiques du Conseil municipal, pour se signaler à l'attention publique, conquérir des sympathies. Pourquoi pas après tout ! Il faut
alors un code, une règle du jeu. Sinon que de petites guerres civiles !

— Quelle règle ?

— Celle des obligations mutuelles. Pour le Conseil municipal, obligation de consulter avant toute décision les associations intéressées — je songe notamment aux commissions extra-municipales permanentes dont l'avis préalable serait exigé, à moins que cet avis ne soit donné par le comité directeur des associations elles-mêmes —, obligation d'afficher les débats, obligation de rendre compte à la population et à intervalles fixes du mandat qu'on exerce. Pour les associations, obligation de se donner une charte démocratique avec ordre du jour et délibération collective.

— Avez-vous un projet précis ?

— On compte en France près de trois cent mille associations, de toutes tailles et aux activités les plus diverses. Il s'en crée environ vingt-cinq mille chaque année. C'est une bonne chose quand elles offrent un moyen supplémentaire d'expression et de participation, quand elles facilitent le dialogue entre la population et les élus en éclairant, en orientant leurs choix, en diffusant plus largement les responsabilités. A condition qu'il s'agisse de vraies associations et non de ces organismes à but plus ou moins lucratif qui prolifèrent à cause de la trop grande souplesse de la loi de 1901.

Mais je m'oppose résolument à l'idée de transformer la vie associative en une sorte de substitut de l'action élective. Ceux qui rêvent de constituer un front politico-social de ce genre se bercent d'illusions. D'abord parce que la plupart de ces associations n'en ont pas la moindre envie, ensuite parce qu'un tel bric-à-brac ne résisterait pas longtemps aux contraintes du quotidien. Voyez ce qui arrive aux écologistes dont la mission d'éclaireurs, voire de révélateurs de besoins nouveaux, se trouve compromise par le mélange des genres. Si l'on veut que se développe une vie associative capable d'élargir le champ de la démocratie, il est indispensable que les associations agissent en toute indépendance des pouvoirs publics, des syndicats et des partis. Et vice versa.

Voici quelques années le PS a proposé, sous la responsabilité de Marie-Thérèse Eyquem et d'Alain Barrau, une série de mesures législatives appropriées. Ces mesures ont été rassemblées dans une proposition de loi déposée à l'Assemblée nationale le 20 décembre 1978. Je vous fais grâce de la lecture des trente-deux articles qu'elle comporte mais nos lecteurs aimeront peut-être savoir qu'elle établit les critères de reconnaissance des associations, qu'elle leur offre la possibilité d'ester en justice dans les domaines touchant à leur objet social, qu'elle leur accorde d'importants avantages en nature, des locaux notamment, et qu'elle prévoit l'allégement de leur régime fiscal. Elle définit aussi ce que nous appelons l'Association d'utilité sociale qui, parmi d'autres compétences, siégerait dans les Conseils d'administration des établissements publics et à laquelle serait consentie la possibilité d'employer des fonctionnaires détachés. L'élu social serait enfin doté d'un statut pour qu'il puisse disposer du temps nécessaire, dans certains cas rémunéré.

— Quel type de contacts avez-vous avec les associations ou unions de consommateurs ?

— Un secrétariat national du Parti socialiste a la charge de ce qu'il est convenu d'appeler le cadre de vie. Sous l'autorité d'Annette Chépy des liens multiples ont été créés avec ces associations. Les socialistes sont naturellement enclins à se trouver à l'aise dans ce milieu.

— Comment réagissez-vous quand on se réfère aux théories d'Alain Touraine, selon lequel c'est par le mouvement associatif qu'on rénovera la démocratie, plutôt que par les partis de Gauche ?

— Je ne sais pas à quelles associations Alain Touraine appartient, qui lui ont permis de nourrir et d'enrichir son

expérience personnelle. J'ignore également combien d'heures par jour, de jours par semaine et de week-ends par an,
passés sur le terrain, quelle somme de peine et de temps
vouée à l'humble quotidienneté des tâches associatives, lui
ont fourni les certitudes qu'il enseigne. Moi, j'aime la vie à
la base. Mais je n'arrive pas aux mêmes conclusions que
lui. Peut-être ai-je la vue brouillée par mes fonctions d'élu.
J'avoue cependant que lorsque j'ai consacré mon samedi et
mon dimanche à tenter de régler des problèmes de logement, à discuter avec les responsables du Troisième âge ou
des donneurs de sang, à rencontrer les animateurs des
OGAP, à réunir le comité de rénovation de l'habitat rural,
ou le syndicat des ordures ménagères, mon esprit résiste
aux analyses péremptoires de Touraine.
    — Vous les passez où, vos week-ends ?
    — Dans ma circonscription de la Nièvre, celle de
Clamecy-Château-Chinon. Mais président du Conseil général, j'ai d'une certaine manière en charge les trois cent
douze communes de ce département. Quand, en fin de
semaine, je dois répondre à l'invitation de fédérations
socialistes, alors je consacre à la Nièvre le vendredi ou le
lundi. Il en va ainsi toute l'année, y compris pendant les
vacances d'été, où chaque vendredi soir j'entreprends le
périple assez tordu Landes-Château-Chinon. Je ne crois pas
avoir manqué à cette règle d'existence quatre fois par an
depuis que je détiens un mandat.
    Je précise ces choses par souci de clarté.
    — En aucun cas pour vous les associations ne peuvent
prétendre tenir lieu de partis politiques dans la vie démocratique ?
    — Je crois vous l'avoir dit. Non. Cent fois non. Ou bien
elles se détruiraient elles-mêmes. Ce n'est pas la conscience
civique des associations qui s'élèverait mais la conscience
civique des assemblées élues qui baisserait.

— Pourquoi ?

— Parce que les dirigeants des associations ont pour fonction d'assurer la défense d'intérêts particuliers, aussi légitimes soient-ils, et que la somme des intérêts particuliers n'a jamais constitué l'intérêt général. Mon ami Jean Chevrier, président de l'Union sportive de Château-Chinon, proteste à chaque budget contre le montant qu'il juge trop modeste de la subvention que nous accordons au football avec ses cent cinquante licenciés, par rapport à ce que nous donnons au handball qui n'en possède pas la moitié. Mais comme il est conseiller municipal, il participe au débat, entend les arguments, reconnaît qu'il convient d'encourager le hand-ball, sport qui n'oblige pas à de coûteux équipements et dont la jeunesse de la région s'engoue, et il se range de bon cœur, comme il fait toutes choses, à l'avis général. Sa fonction d'élu le conduit à considérer et à partager un autre point de vue que le sien. Il n'est plus partisan, il arbitre. Le suffrage universel, c'est l'épreuve du feu pour quiconque aspire à parler au nom des autres. Et rien ne remplace cette épreuve.

— La vie associative par son intensité, sa multiplicité, montre bien que des besoins nouveaux sont ressentis auxquels ne répondent pas entièrement les structures électives héritées de la IIIe République.

— Elle prouve surtout qu'il faut rajeunir le débat sur la notion de délégation de pouvoir. Un conseiller municipal est élu pour six ans, un conseiller général aussi, un député pour cinq ans, un sénateur pour neuf ans, le président de la République pour sept ans. Mais le souverain théorique, le peuple, que fait-il pendant ce temps-là ? C'est toujours une aventure que de déléguer son pouvoir à un homme, à une institution, fût-ce une heure. Le roi, c'était sans fin, avec son droit divin et sa filiation. On s'en est défait. Un dictateur, c'est généralement pour longtemps. On a appris à s'en méfier. Mais la démocratie, ne trompe-t-elle pas aussi son monde ? Pendant cinq, six, sept, neuf ans, le peuple-roi abdique. Et il néglige assez souvent d'utiliser, au bout du terme, la sanction dont il dispose : renvoyer les élus chez eux ! Ceux qu'il a lui-même distingués et promus s'installent à demeure et rétablissent à leur profit l'oligarchie des charges. Je ne plaide pas contre le renouvellement du mandat électif : je plaiderais contre moi-même ! Je cherche le moyen de soumettre son exercice à des règles précises. On m'opposera qu'à l'exception du chef de l'État les élus siègent dans des Assemblées où se rencontrent, se mêlent et se contrarient les opinions, et qu'il ressort de ces débats une opinion moyenne. Sans doute. Mais le problème reste posé. On a essayé ici et là de le résoudre. Soit en réduisant la durée du mandat (Ledru-Rollin de son exil de Londres, en 1850, proposait... un an), soit par la non-rééligibilité, soit par l'interdiction des cumuls. La Constituante de 1791 a décrété qu'aucun de ses membres ne pourrait appartenir à l'Assemblée législative. Le président des États-Unis, depuis la ratification en 1951 du XXIIe amendement de la Constitution, ne peut dépasser deux mandats de quatre ans. Ceux d'Autriche et d'Irlande, deux mandats de six et de sept ans. Dans dix-neuf sur vingt des États d'Amérique latine, les présidents ne sont jamais rééligibles à l'expiration de leur mandat. En fait, ces règles sont tournées là où s'installent des dictatures, mais c'est une autre affaire. Au Costa-Rica la totalité des élus, à tous les niveaux, ne peuvent occuper les mêmes charges au-delà de quatre ans et jamais deux fois de suite.

— Avec ce système on a vite fait d'épuiser la classe politique.

— Le Costa-Rica semble n'en pas trop souffrir et dans une zone particulièrement troublée affiche une belle sérénité. Il n'a pas d'armée, n'hésite pas à parler haut pour défendre le droit et la démocratie, soutient les forces révolutionnaires du Nicaragua, aide celles du Salvador. Il a, le premier, condamné le coup d'État de Bolivie, cet été. Fermons la parenthèse.

Bon. Je n'ai pas résisté au plaisir d'évoquer l'exemple d'un petit peuple courageux. Eh bien ! malgré la sympathie qu'il m'inspire, je ne recommande pas son système électif à la France. Cette noria ne profiterait qu'aux pouvoirs étrangers au sacre populaire : l'administration et la technocratie. Quelle commodité pour un préfet que d'assiter au défilé des élus départementaux, dont aucun n'aurait la durée, ni finalement la compétence, pour lui tenir tête ! Quelle commodité offerte à ces technocrates mangeurs de dossiers qui n'auraient plus personne pour leur rappeler que la vie d'un pays c'est autre chose que ce qu'en dit la statistique ! Actuellement, quel député peut se targuer de pouvoir infléchir la décision déjà prise par un directeur de ministère, par un président de société nationale, par l'anonyme cohorte de l'Inspection des Finances ? Imaginez un système où le député serait en permanence interchangeable ! Quelle commodité pour le président de la République, seul à échapper à la ronde électorale et qui verrait passer, comme à la Foire du Trône, le train-fantôme des Assemblées !

— Et la règle du non-cumul ?

— Le Parti socialiste ne s'est pas contenté comme d'autres de proposer la limitation des cumuls électifs, il se l'est imposée à lui-même. On ne peut plus être chez nous à la fois député, conseiller général et maire d'une commune de plus de neuf mille habitants. Comme responsable de mon parti je m'interroge sur l'opportunité de cette mesure, mais comme militant socialiste je l'approuve. Je m'interroge parce que, connaissant les Français et le poids de leurs habitudes, je sais que le maire de bonne réputation gestionnaire distancera souvent ses rivaux quand il s'agira de choisir le conseiller général du canton et que le même conseiller général apparaîtra à la population tout désigné pour la prochaine députation. Mon parti prend des risques ! Mais j'approuve parce que je connais aussi le danger des habitudes et des rentes de situation.

— Voilà pour la décentralisation ! Mais il y a encore beaucoup à dire sur les associations et nous n'avons pas parlé des écologistes. C'est pourtant bien intéressant, ce mouvement un peu anarchique, spontanéiste même, et qui, avouez-le, bouscule les habitudes des hommes politiques.

Vous voyant vivre à Latche durant les trois jours où nous avons enregistré cet entretien, j'ai découvert un François Mitterrand proche de la nature. Vous aimez arpenter à pied les sentiers odorants et silencieux de la pinède, vous promener à vélo sur les petites routes landaises. Vous avez des ruches qui vous ont donné trente kilos de miel cet été. Vous surveillez amoureusement la croissance des chênes que vous avez plantés. Je vous vois respirer le parfum des fleurs des magnolias devant la porte de votre bergerie. Vous aimez manifestement le calme, les plantes, les animaux — vos chiens, vos ânes, compagnons quotidiens. Il se pourrait même que vous ayez, comme disaient nos grands-parents, les doigts verts. Pourtant il semble que vous soyez passé à côté de la vague écologique qui a monté ces dernières années dans nos sociétés industrialisées — et qui s'étale maintenant sur le terrain politique. Les écologistes ne vous perçoivent pas comme un des leurs, et je ne crois pas qu'il y ait une composante verte dans l'image que l'opinion publique a de vous. Il y a là un petit mystère. Affaire de génération, de style ? Je ne sais... Qu'est-ce que cela représente exactement pour vous, l'écologie ?

— Dans mon enfance charentaise j'habitais une maison à trois kilomètres du premier hameau. Elle était assise sur le rebord d'une vallée. Le toit des granges touchait le sol, au bas coulait une rivière. La vigne, le blé, le bois, le pré et l'eau nous fournissaient le nécessaire. On pêchait l'anguille. On pressait l'huile de noix. On buvait le lait de nos vaches. A la jointure de juillet, on passait de l'odeur des foins à celle des moissons. On respirait la sueur et la poussière des battaisons. Le soir, on abaissait la lampe pour allumer le manchon à gaz. Le poêle à bois ronflait dès octobre. La vie quotidienne passait par les chemins détrempés de novembre, la terre coupante de février, les jambes molles du printemps. De la fenêtre du grenier, je pouvais d'un regard faire le tour de la terre, nord chevelu d'orme et de chêne, est pierreux, ouest de Toscane, sud en profil perdu sur des fonds verts et bleus. Une carrière tachait d'ocre la blancheur du calcaire. Pas une cheminée plus haute que de raison, pas de tourbillons poisseux de fumée noire. Quand la forêt brûlait en offrande au soleil, le tragique restait pur.

A cette époque on mourait chez soi, quand ce n'était pas à la guerre. Le médecin venait au pas de son cheval. Le curé, plus jeune, montait à bicyclette, de femme évidemment à cause de la soutane. Pour donner à la mort sa dimension métaphysique, il fallait se forcer un peu. J'ai lu, plus tard, des conseils d'hygiène destinés aux paysans pour qu'ils évitent le voisinage du fumier. Nous, on était habitués. Je trouvais même qu'il sentait bon. Faites l'expérience au grand air.

L'horrible puanteur, la vraie, montait du corps pourri des bêtes. N'y touchaient que les corbeaux dont j'écoutais le concert rauque. Les viscères n'aiment pas le cousinage de la charogne. Dans la parfaite inimitié des contraires qui se ressemblent, la vie, la mort s'organisaient.

On épousait, sans y penser, le rythme des saisons et la courbe des jours. Les animaux, les arbres, les champs portaient un nom. J'ânonnais celui des étoiles. Je savais de naissance que vivaient sur la terre des chevaux, des abeilles, des roses. J'appris de surcroît qu'existaient les perches arc-en-ciel, les poules d'eau et les grands ducs. Je vous épargnerai la suite qui vous raconterait des millions d'enfances semblables à la mienne jusqu'à ce que l'homme de l'ère industrielle et de la ville oubliât que la nature c'était lui, qu'il était la nature. Voilà la vraie révolution moderne. Pour la première fois depuis que le monde est monde et que l'homme y joue sa partie, il peut détruire l'ordre des choses. Et il détruit. Et se détruit. L'écologie exprime cette prise de conscience. En ce sens, elle est politique, comme le reste.

— Vous parlez avec bonheur de la nature. Mais l'écologie n'est pas la poésie.

— L'écologie sans poésie serait ce qu'est à l'oasis le palmier en fer de Djibouti. Ce rappel des images, des sensations de mon enfance, ne tombe pas par hasard dans notre conversation. Je ne serais pas, m'avez-vous dit, sensible aux thèmes écologiques. Mon petit récit vous fera peut-être comprendre pourquoi m'horripilent ces visiteurs du soir, qui découvrent que la terre est ronde avec de l'eau dedans, dessus, de l'air autour et qu'elle est habitée par d'autres vivants que les hommes. Les voici qui dressent à tous les carrefours des panneaux menaçants : « la nature est à moi ». Je n'aime pas qu'on m'interdise. La mort des ormeaux est, pour moi, un deuil de famille. L'acide dans la rivière et les poissons le ventre en l'air, l'hélicoptère et sa tonne de défoliants, petit nuage de mort blanchâtre, je les ressens comme une guerre. Le bitume des directeurs de l'équipement me ronge l'estomac. Que voulez-vous que j'éprouve, quand le bang des supersoniques casse mes vitres et chasse les oiseaux ? Quand le bulldozer abat dans la semaine la forêt de lumière où je redécouvrais les harmonies perdues ? Je sais au nez d'où vient le vent. J'ai les poumons écologiques.

— Avec une telle déclaration de foi, les écologistes vont parler de récupération...

— L'air que je respire est à moi, l'air que je respire est à tous. Cette histoire de récupération me fait penser à ces boutiques où l'on vend, deux mille ans après, des morceaux de la vraie croix. Au demeurant, je n'aperçois pas de différend sérieux dans la façon d'aborder les problèmes entre les écologistes et nous. Le clivage commence avec le nucléaire. Car pour le reste, il serait facile de le démontrer, nous disons et faisons à peu près la même chose.

— Quelle même chose ?

— Prendre conscience des déséquilibres de la nature qui altèrent les sources et le cours de la vie, conduit à en chercher les causes, à en comprendre les raisons, à s'armer pour les corriger. Les socialistes de l'autre siècle qui luttaient pour que le mineur ne crève pas de silicose, faisaient de l'écologie en croyant faire du socialisme. Le temps vient où l'on fera du socialisme en croyant être écologiste. Cela supposera une façon d'être socialiste, une façon d'être écologiste où seront réunies ces données simples : l'amour et le respect de la vie, l'amour et le respect de l'homme, le combat pour que cesse l'exploitation de l'homme par l'homme.

— Mais l'écologie est d'abord une science...

— Oui, à la fois humaine et physique qui s'attache à l'étude des relations des êtres vivants entre eux et avec leurs milieux. Elle enseigne que toute vie est dépendante et se situe dans une chaîne de relations, que les interventions humaines, de plus en plus lourdes, liées au développement des sciences et des techniques, produisent des effets parfois lointains, insoupçonnables, toujours complexes, sur les écosystèmes.

— D'autres l'ont dit, et peut-être avant vous.

— Ils ont bien fait. Mais je récuse deux discours, l'un

malthusien, selon lequel, pour protéger l'environnement, il faudrait réduire la croissance et le niveau de vie ; l'autre, conservateur, qui prétend le sauver par des mesures de circonstance. Ces deux discours reflètent la même soumission à l'ordre capitaliste. Ils renoncent, par avance, à s'attaquer aux causes du mal. L'un dit : retournons à l'an zéro. C'est la vision archaïque. Et l'autre : tempérons les effets de notre système. C'est la vision libérale. L'écologiste qui prétend ne pas prendre parti entre la Gauche et la Droite, choisit la Droite. Il se comporte, objectivement, comme un agent du pouvoir établi. Il a beau criailler, il vote nucléaire.

— Il y aurait donc, selon vous, une attitude et des solutions socialistes devant les problèmes posés par la préservation des équilibres naturels ?

— L'économisme, la croissance pour la croissance et donc le productivisme, le profit privé ou public à n'importe quel prix caractérisent les deux faces du dieu Janus qui gouverne la société industrielle. Aussi différentes qu'elles soient, les sociétés produites par le capitalisme et par le communisme se ressemblent sur un point : l'individu s'y meurt. Quand les deux systèmes se seront rejoints — pour peu qu'une révolution salutaire n'ait pas dans l'intervalle fait sauter le couvercle — il ne restera de la planète qu'une boule de ciment peuplée de termitières et balayée par les vents sidéraux. Je vais dire quelque chose d'un peu bête : ainsi finira toute société sans amour. Un socialiste, un écologiste, c'est d'abord quelqu'un qui aime et qui combat pour ce qu'il aime.

— Les socialistes n'ont pas le monopole du cœur...

— Oui, mais il n'y a pas d'autre réponse que la nôtre. On ne « changera pas la vie » si l'on ne commence pas par changer le fondement de notre société, c'est-à-dire les structures économiques et les rapports de production. Là est la clef. Ni les méthodes traditionnelles de l'économie de marché, ni celles du capitalisme d'État ne pourront en venir à bout. C'est une réponse socialiste.

La protection de la nature, le respect du cadre de vie supposent la réduction puis la disparition des inégalités qui séparent le niveau de vie des différentes couches sociales. La course au profit et le désir d'identification, excités par la publicité, des catégories les plus faibles aux plus favorisées, impliquent le gaspillage, la production de biens superflus, la consommation aberrante, le renoncement aux équipements collectifs. C'est une réponse socialiste. Est-ce un hasard si, dans les pays où l'éventail des revenus est le plus resserré (l'Europe du Nord), le respect de la nature est le mieux assuré ? Appréhender au plus près les rapports entre l'homme, ses activités, ses inventions, ses productions et les milieux qui les accueillent, informer et consulter les citoyens pour que leur décision l'emporte sur les passe-droits, le jeu caché des intérêts, c'est une réponse socialiste.

Enfin, les meilleures techniques pour concilier respect de la nature et progrès social restent, dans bien des domaines, à découvrir. Les socialistes ont souvent critiqué l'insuffisance flagrante de l'effort de recherche en France. De nombreux jeunes sont prêts à se lancer dans l'étude des domaines-clés de l'avenir : la biologie, l'énergie, les procédés industriels ou agricoles non polluants, la lutte contre le gaspillage. Or, le gouvernement et le président de la République, en matière de recherche, ne proposent que poudre aux yeux. Un seul exemple : comparez les crédits attribués au Commissariat à l'Énergie solaire à ceux que le Commissariat à l'Énergie atomique recevait il y a vingt ans. Priorité à la recherche, c'est une réponse socialiste.

— Qu'à fait votre parti ?

— En 1971, j'ai créé un secteur de l'écologie au Parti

socialiste qui a réussi un très bon démarrage puisque ont bien voulu s'y joindre, autour d'Édith Cresson, des hommes comme Théodore Monod, Philippe Saint-Marc, Alain Bombard, Haroun Tazieff, René Richard, dix, vingt autres encore. Christiane Mora a pris le relais. Puis il y a eu un creux, une certaine dispersion des efforts, consécutive, il faut le dire, aux dispersions électorales. Nous avons cependant publié une somme considérable de documents sur les espaces naturels (littoral, montagne), les pollutions (la forêt, l'urbanisme) et, bien entendu, les choix énergétiques. Sous la responsabilité de notre actuel secrétaire national responsable des questions écologistes, Michel Pezet, des centaines de militants jouent un rôle de premier plan dans les municipalités et dans les luttes pour la défense du cadre de vie comme à Creys-Malville, Plogoff, La Hague, en Maurienne, en Bretagne face à la marée noire.

Nous voulons sortir le pays des impasses où l'enferment des choix qui ne dépendent pas de lui. Lorsqu'on sait, par exemple, que l'ensemble de la filière américaine de l'alimentation, industries d'amont (l'agriculture) et industries d'aval (les transports) consomme plus d'une tonne d'équivalent pétrole par an et par habitant, on comprend qu'il soit vain d'étendre ce modèle à la planète, en commençant par l'Europe. Nos propositions sur la réorganisation de la politique agricole commune prennent en compte cette donnée. Nous avons élaboré un projet de loi-cadre sur la protection de l'environnement qui insère l'activité économique dans une politique des équilibres naturels et prévoit la création de comités départementaux et régionaux de l'environnement où siégeraient les représentants des associations, des syndicats et des élus, consultés avant toute décision. Cette méthode aurait peut-être évité au gouvernement de M. Barre de signer une convention européenne sur la dépollution du Rhin, pour s'apercevoir après coup que la solution retenue, l'injection de tonnes de sel dans le sous-sol alsacien, provoquait la colère et le refus des populations de cette région, et qu'il devait ou bien s'entêter dans une obstination dangereuse, ou bien manquer à la parole de la France.

Une politique de l'environnement est aussi une politique sociale. Les habitants des villes subissent l'urbanisme qui leur est imposé par des intérêts financiers quand il ne s'agit pas de la spéculation. Nous demandons non seulement que soit accrue la part des réserves foncières, mais encore la prise en charge de leur espace par les habitants.

— Le président de la République parle souvent des problèmes de l'environnement. Que lui reprochez-vous ? De faire seulement des discours, peut-être ?

— Les faits répondent pour moi. Premier exemple, après le drame de l'*Amoco Cadiz*, le Parti socialiste demande et obtient la création d'une commission d'enquête. Cette commission travaille et dépose ses conclusions. Mais rien ne suit. Zéro. Dans l'intervalle, le *Tanio*, à son tour, se brise sur les côtes de Bretagne. Encore des tonnes de pétrole sur les plages, la flore et la faune saccagées. Faut-il redemander une commission d'enquête ?

Deuxième exemple. Les procédés contre le bruit dans les usines et dans leur voisinage existent. La Hollande, les pays scandinaves édictent des normes et veillent à leur application. Les résultats sont bons. La France va-t-elle s'en inspirer ? Des entreprises françaises s'équipent, installent les dispositifs appropriés. Où ? Dans leurs filiales étrangères. Pas chez nous. Et le gouvernement laisse faire.

Troisième exemple. Un projet de loi du ministre de l'Environnement prévoit que les associations du cadre de vie auront le droit de se porter partie civile en cas d'infraction aux règles de l'urbanisme par les promoteurs. Le Parti socialiste devant le manque d'ardeur du gouvernement reprend à son compte le projet. La Droite vote contre. Le texte est repoussé. Le gouvernement n'insiste pas.

Quatrième exemple. La Commission européenne recommande aux pays membres l'adoption de la « directive Seveso » corrigée par un amendement d'Yvette Roudy prévoyant la communication de renseignements entre pays voisins en cas d'installation d'entreprises produisant des matières toxiques à proximité des frontières. On sait que Seveso, petite ville du nord de l'Italie, demeure, quatre ans après le nuage de dioxine, zone interdite. Mais le gouvernement français, seul à s'opposer à cet embryon de politique commune de la Santé, refuse la « directive » sous le prétexte du secret. Quel secret ? Défense nationale ? Technologie nucléaire ? Plutôt, sans doute, le souci de n'avoir pas à supporter la protestation des populations frontalières belge, allemande, luxembourgeoise ou italienne quand il implantera des centrales nucléaires.

Enfin, le discours présidentiel sur la qualité de la vie n'a freiné ni le stockage des déchets nucléaires, ni le plan « Messmer », ni l'urbanisme concentrationnaire, ni la destruction de la forêt. Oui, un discours !

— Vous disiez à l'instant : « Entre les écologistes et nous le clivage commence avec le nucléaire »...

— Nous avons en effet refusé le tout ou rien. Le tout nucléaire de Giscard et de l'EDF, le rien des écologistes. Nous ne pouvons pas prendre le risque de fermer nos usines, de couper le chauffage central et de dépendre à 100 % de l'étranger pour l'approvisionnement en énergie. Mais nous pensons que la soudure entre le déclin du pétrole et l'avènement d'énergies nouvelles et, mieux encore, renouvelables, moins ou non polluantes, peut se faire par la combinaison de diverses méthodes : les économies d'énergie que Giscard d'Estaing a lui-même estimées à trente-cinq millions de tonnes-équivalent pétrole par an ; le réveil du charbon sacrifié aux intérêts pétroliers ; le développement des techniques de la biomasse, notamment de la géothermie, qui alimente déjà des quartiers de grandes villes comme Strasbourg ; le solaire dont les études récentes montrent qu'il couvrira, si on le veut, d'ici vingt ans une part réelle de nos besoins. Refuser le tout nucléaire, qui n'est pas nécessaire, c'est s'opposer aux implantations à tout va de centrales qui seront abandonnées à court terme, c'est exiger l'information et la consultation des intéressés, c'est organiser le grand débat national qui contraindra le gouvernement à dire enfin la vérité. Refuser le rien des écologistes, c'est défendre aujourd'hui le travail et l'emploi, la production, l'indépendance et préparer le temps qui vient.

— Avec le nucléaire et la fission de l'atome on change de dimension. Brûler une matière organique telle que le pétrole attaque notre odorat, nos poumons et peut-être, à partir d'une certaine densité de gaz dans les rues de nos villes, alimente la tuberculose, le cancer. Mais l'atome éclaté atteint lui, l'embryon de l'enfant, altère sa capacité de vivre, peut, en cas d'accident d'une centrale, provoquer la mort et ruiner la santé de milliers, de millions de gens, et plus encore recèle pour des centaines ou des milliers d'années un terrible danger permanent. Ne sommes-nous pas comptables des générations futures ? Sans oublier le passage de l'atome civil à l'atome militaire et le risque de prolifération nucléaire.

— Vous avez raison. Certains effets de la production d'énergie nucléaire ne sont pas encore maîtrisés : le refroidissement de l'eau, de l'air ainsi que le stockage et le retraitement des déchets. Au cours d'une enquête récente Paul Quilès a publié, là-dessus, après nos amis Bombard et Tazieff, des documents saisissants. Comme nous ne pouvons pas faire l'impasse sur la fourniture d'énergie, aménageons les trente années prochaines avec les moyens du bord et préparons dès aujourd'hui le grand passage aux énergies nouvelles et sans doute à la fusion et non la fission de l'atome que nous promettent les techniques actuelles. Nous aurons ainsi assuré le présent sans hypothéquer l'avenir.

— Êtes-vous favorable au surgénérateur ?

— Ma réponse précédente suffisait, j'imagine, à vous convaincre qu'il s'agit, selon le mot de Paul Quilès, d'un pari coûteux, risqué et inutile.

— Est-ce que l'écologie doit exister en tant que mouvement politique ?

— Je n'ai ni à permettre ni à interdire. Mais je me pose à moi-même cette question simple. Forts de l'avancée technologique de la troisième révolution industrielle, mais incapables d'en maîtriser les conséquences, nous voici confrontés, eux, nous, les autres — hommes et femmes de ce siècle et du prochain — à de nouveaux et formidables périls : marée noire des pétroliers, destruction des espaces naturels, empoisonnement des rivières, asphyxie des forêts, extinction d'espèces entières, raréfaction de l'oxygène, déchets nucléaires ballottés d'un pays à l'autre. Et la bombe atomique bientôt dans les mains de soixante gouvernements. Nous attendons de la mer notre alimentation et nos matières premières alors que meurt déjà sous nos yeux son élément vital. Nous ne trouvons notre équilibre qu'en nous situant au centre d'un territoire humain et physique jalonné de repères familiers. Mais, résultat d'une expansion urbaine n'obéissant qu'à la loi du profit, ce territoire est aujourd'hui désarticulé, les femmes et les hommes renvoyés dans leur solitude.

Trop de villes sont devenues lieux de ségrégation et d'insécurité. Elles exilent à la périphérie les non-privilégiés : les plus jeunes, les plus vieux, la grande masse de ceux qui n'ont même pas droit à l'aisance. Elles séparent les citadins de leurs parents, de leurs amis, de leur travail, les condamnent aux interminables trajets quotidiens, réduisent leurs liens avec le monde extérieur, à l'hyper-marché et à la télévision. La tâche majeure du socialisme est sans doute d'apporter à la ville moderne la civilisation qui lui manque, car toute civilisation est échange, dialogue, naissance d'une communauté. Voilà ce que disait notre motion de Metz.

Sommes-nous trop de socialistes et d'écologistes pour nous offrir le luxe de nous déchirer et d'affronter en ordre dispersé les maîtres d'un pouvoir insensible à nos raisons de vivre ?

V.
Maîtriser le progrès

*Qui aurait pu imaginer que la machine allait
devenir l'instrument d'un nouvel esclavage ?
Il est encore temps de mettre la science au service de l'homme. Encore faut-il qu'il prenne
conscience des causes objectives et subjectives
de son asservissement.*

— Devant l'aggravation constante de la situation de
l'emploi, on entend couramment l'expression « volant de
chômage » pour caractériser la politique gouvernementale
et celle du patronat. Croyez-vous qu'il y ait une volonté
consciente de multiplier le nombre des chômeurs pour
peser sur le marché du travail ?

— Je le crois tout à fait. Primo, gouvernement et patronat
considèrent le chômage comme le médecin la fièvre : une
saine réaction de l'organisme. Mais, à la différence du
médecin qui sait qu'il faut aider le corps dans sa résistance
au mal et faire tomber la fièvre, gouvernement et patronat
entretiennent le chômage. Pour eux, c'est un régulateur
économique. De même que la faillite d'une entreprise constitue, dans l'ordre soi-disant libéral, une juste sanction, le
chômage décrasse l'industrie.

Secundo, le chômage concourt à la mobilité géographique des travailleurs, comme disent les experts. S'il n'y a
pas de travail en Bretagne, en Limousin, dans le Morvan, on

montera à Paris ou ailleurs, selon les besoins de
main-d'œuvre. S'il n'y a pas de travail en France, les travailleurs s'expatrieront dans les pays voisins, situation considérée comme normale aux frontières allemande, belge et
luxembourgeoise.

Tertio, le chômage freine la revendication salariale. Les
travailleurs qui voient fermer les usines autour d'eux et qui
craignent pour leur emploi, hésitent à se lancer dans les
luttes sociales. J'en connais qui, la rage au cœur, ont dû
consentir sous prétexte de restructuration de l'entreprise,
ou de modification dans le capital de la société, à des dimi-
nutions de salaires et à la perte d'avantages acquis. Le
« volant de chômage » constitue pour le système économique qu'incarne Valéry Giscard d'Estaing, une arme tactique (« tenir » la classe ouvrière) et stratégique (insérer
notre pays dans la nouvelle division internationale du travail).

— Pourtant M. Giscard d'Estaing s'en défend.

— Je n'interprète pas, mais vous rends juge des résultats.
Depuis 1964, le plein emploi n'est plus assuré en France. On
se souvient du grand débat qui opposa Pierre Mendès
France à Michel Debré, en 1965, dans le cadre de la campagne présidentielle. L'une des questions largement discutées
avait été de savoir s'il convenait ou non de tolérer dans le
V⁰ Plan une réserve de cinq cent mille personnes à la
recherche d'un emploi, autrement dit, cinq cent mille chômeurs. Naturellement, Pierre Mendès France s'y refusait.
Où en sommes-nous quatorze ans plus tard ? Un million
cinq cent mille chômeurs en octobre 1980, soit un million
cent mille de plus qu'en 1974, lorsque M. Giscard d'Estaing
fut élu président de la République.

— Le même phénomène se produit partout, dans le
monde capitaliste et, même si c'est à un moindre degré,
dans le monde communiste. Voyez la Pologne.

— Je n'ai pas attribué la montée du chômage à la perversité ou à la cruauté de la classe dirigeante. Il ne s'agit pas d'énoncer une appréciation morale mais économique. Le grand capital, pour reprendre nos comparaisons médicales, se sert du chômage comme d'une purge. L'important pour lui est de préserver, et si possible d'accroître, ses marges de profit. Il va là où le nombre des travailleurs potentiels, leur disponibilité, la carence des protections sociales, l'absence d'organisations syndicales les livrent sans résistance aux bas salaires, aux cadences élevées et à des conditions de travail écrasantes. A ce prix-là, on devient vite compétitif ! La migration des multinationales des vieux pays occidentaux industrialisés, où elles ont bâti leur empire, vers les pays du Tiers-Monde s'explique comme cela, et non par le dessein louable d'équiper ces pays en transformant sur place leurs matières premières. La vérité est que le grand capital n'entend ni ralentir le cours de la révolution industrielle de l'informatique et de l'automatisation, ni en payer les frais. Comme il s'oppose à toute planification — considérée comme une entrave — dans les régions politiques qu'il contrôle, notre société se débat, cahotante, incertaine, déchirée...

— Au fond, nul n'avait vraiment prévu la crise, qui touche désormais les Français dans leur vie quotidienne. Le Parti socialiste vient d'adopter un projet de société, le « Projet socialiste ». Pour le moyen et le long terme, l'effort est certain. Mais pour l'immédiat, on ne distingue pas toujours clairement ce que vous proposez.

— Vous êtes sans indulgence et cette fois-ci sans mémoire. Le chômage ? Il ne se passe pas de semaines sans que le Parti socialiste s'adresse à l'opinion pour rappeler ses positions.

— Ça ne se sait pas assez.

— Beaucoup de choses ne se savent pas quand elles pourraient servir l'opposition. Vous assuriez que nul n'avait vu venir la crise. Reproche injuste à notre égard. Dans les années soixante, nous avons analysé la combinaison du chômage et de l'inflation comme caractéristique du développement de l'économie capitaliste, à un stade où le taux de rendement du capital investi allait en diminuant, sous le double effet du coût du progrès technique et du coût du progrès social. Non seulement nous proposions alors d'ordonner ce développement autour d'un Plan démocratique, mais encore nous soulignions la nécessité d'un nouveau type de croissance que j'ai qualifiée de croissance sociale, fondée, en priorité, sur la satisfaction des besoins collectifs, sur une autre qualité de la vie, sur la conquête du temps libre.

— Vraiment ? Déjà ?

— Oui, déjà. C'est écrit en toutes lettres dans le programme du Parti socialiste adopté en 1972, sous le titre « Changer la vie ». Nous y dénoncions les gaspillages du capitalisme, les atteintes à l'environnement, la civilisation du gadget.

— Les écologistes vous auraient-il plagiés ?

— Je ne dis pas cela. Ils ont éveillé les sensibilités, accéléré la prise de conscience, démontré une capacité de mobilisation qui a souvent manqué aux partis politiques, y compris le nôtre.

Mais si nous avions compris la nature de la crise, nous n'étions pas les seuls. Les dirigeants des multinationales nous avaient devancés. N'applaudissons pas leur mérite. La crise, c'était leur œuvre. Et c'est leur stratégie. De quoi se plaindraient-ils ? Ils voulaient sauvegarder leurs marges de profit. Grâce à la crise, ils les ont multipliées par dix.

— Si j'accepte votre analyse de l'évolution du capitalisme dont on a observé, en effet, les premières conséquences aux

États-Unis dans les années 60, reconnaissez que la crise actuelle a d'autres explications. Il y a le pétrole...

— Le pétrole n'explique pas tout, n'en déplaise à M. Barre, pour la raison que vous avancez vous-même : la crise est antérieure à la hausse de 1974. Les États-Unis d'Amérique, après avoir exporté leur inflation à coups de dollars un peu partout dans le monde, ont plongé le monde occidental dans le désordre monétaire où il se morfond aujourd'hui. Quand Richard Nixon a décidé, en 1971, que le dollar ne serait plus convertible en or, le système établi au lendemain de la deuxième guerre mondiale à Bretton-Woods a sombré. Je n'ai cessé d'alerter l'opinion et les plus hautes autorités du pays sur les conséquences de cette décision. J'ai même écrit au Premier ministre, Pierre Messmer, en juillet 1973, pour qu'il n'aille pas à Tokyo négocier avec les Américains ce qui n'était plus négociable. J'ai dénoncé le danger mortel pour l'économie mondiale et pour l'indépendance des peuples, de ces échanges commerciaux dominés par une monnaie, le dollar, dont la valeur, pour l'essentiel, varie en fonction des seuls intérêts d'un État. En vain. Que pouvais-je, opposant dans mon propre pays ?

— Les pétrodollars n'y sont pas pour rien, eux non plus.

— La surabondance des liquidités monétaires en dollars, a accéléré le processus inflationniste. Les exportateurs de pétrole ont transformé leurs surplus en eurodollars, qui ont servi surtout à financer le déficit des États-Unis au lieu d'aider à l'industrialisation des pays du Tiers-Monde. L'économie mondiale continue d'en souffrir. Les peuples les plus démunis sont les premiers frappés. Face au diktat américain de Nairobi, en 1973, M. Giscard d'Estaing, ministre des Finances de M. Pompidou, est passé sous la table. A la Jamaïque, en 1978, M. Fourcade, ministre des Finances de M. Giscard d'Estaing, n'obtint pas davantage malgré sa résistance.

— Quelque intérêt qu'ait un débat sur l'origine de la crise, la stratégie du grand capital et la responsabilité américaine, je souhaite que nous revenions aux mesures que les socialistes proposent pour lutter contre le chômage.

— Voyez ce document. C'est le plan de lutte contre le chômage que j'ai présenté, au soir du 10 septembre 1978, à Neuves-Maisons, petite cité industrielle de Lorraine, où il était question de fermer une usine sidérurgique de près de quatre mille salariés. Ce Plan avait été adopté l'après-midi même à Paris par le Bureau exécutif national du Parti socialiste. Nous avions souhaité le présenter à un public ouvrier, avec une certaine solennité. Dans la salle de réunion du comité d'entreprise les travailleurs entraient, sortaient appelés par la reprise de leur tâche, et ne pouvaient donc s'attarder. Je leur ai lu dans sa sécheresse la liste de nos propositions. Elles sont toujours d'actualité. Même si cette énumération vous paraît fastidieuse, vous comprendrez qu'elle me tienne à cœur. Elle donne de notre politique de l'emploi sa définition la plus complète et doit à ce titre prendre sa place dans ce dialogue. Voici ce que nous demandions :

1. — La réduction du temps de travail par : les 35 heures par semaine, avec salaire maintenu, suivant des modalités à débattre entre partenaires sociaux — La cinquième semaine de congés payés — L'ouverture du droit à la retraite à 60 ans pour les hommes et 55 ans pour les femmes et les travailleurs affectés à des tâches pénibles et insalubres.

2. — La relance de la consommation populaire par l'amélioration du revenu des plus défavorisés avec la réduction au taux zéro de la TVA sur les produits de première nécessité et l'augmentation du salaire minimum. Hausse de pouvoir d'achat répercutée de façon dégressive, jusqu'au taux zéro pour les salaires supérieurs à quatre fois le niveau du SMIC. Nous fixions à l'époque le SMIC à 2 400 francs.

L'ajustement, en septembre 1980, le porterait à un peu plus de 3 000 francs.

3. — Une nouvelle politique industrielle par :
• Le lancement d'un programme de recherche.
• La priorité donnée, dans le cadre du Plan aux secteurs d'activité les plus compétitifs.
• La mise en œuvre d'un programme d'investissements publics appliqué aux équipements collectifs. La simplification des procédures administratives autorisant les créations d'entreprises. Le développement d'aides techniques et financières dans les secteurs des PME et de l'artisanat, créateurs d'emplois nombreux et qualifiés.
• La relance de l'embauche et la modification du système actuel de financement des charges sociales, qui pénalise les industries de main-d'œuvre, en fondant ce financement non plus sur les salaires mais sur les résultats économiques des entreprises.

4. — Des moyens d'agir pour les services publics et les collectivités locales par :
• Le développement d'un grand service de l'emploi grâce à la réorganisation de l'administration du travail et à la décentralisation de l'Agence nationale pour l'Emploi.
• Le renforcement des effectifs et des moyens de l'ANPE et de l'inspection du travail.
• L'application effective des principes du monopole public du placement au bénéfice de l'ANPE.
• Un plan de création d'emplois d'utilité publique et sociale (éducation, santé, P et T, administration du travail).
• L'aménagement du territoire et la décentralisation des décisions au niveau des collectivités locales.
• La mise en place d'une planification nationale, associant à tous les échelons les représentants des élus, les organisations professionnelles et les confédérations syndicales représentatives.
• L'élaboration de plans régionaux pour l'emploi permet-

tant une répartition objective des crédits et des investissements.
• La diversification des activités économiques à l'échelon
régional afin de faciliter les changements d'emplois sur
place.
• La création de banques publiques régionales d'investissements.
• Le transfert du tiers des ressources fiscales aux collectivités locales afin qu'elles aient le moyen d'intervenir dans la
vie économique
• La possibilité offerte aux communes, départements et
régions de créer leurs propres entreprises ou de prendre des
participations dans des firmes industrielles et commerciales.
• Un programme de développement rural, d'équipements
sociaux (foyers ruraux, services de remplacement pour les
agriculteurs, services d'aide à domicile etc.) et de redéploie-
ment de l'artisanat.

5. — L'amélioration des conditions de travail et le renforcement des droits des travailleurs par :
• Le renforcement des prérogatives des représentants du
personnel par une meilleure information sur la situation
économique des entreprises. L'affichage des postes à pourvoir dans l'entreprise. La détermination paritaire des règles
de promotion, d'avancement, de mutation.
• Le contrôle du comité d'entreprise sur les investissements, achats de machines, équipements.
• Le développement des expériences des tâches d'équipes
autonomes dans la mesure où elles sont négociées avec les
organisations syndicales et où elles débouchent sur des
améliorations telles que l'élévation du niveau des qualifications et des salaires, la diminution de la charge et des charges du travail.
• La détermination paritaire des cadences de production et
de l'organisation du travail.
• L'accroissement des compétences des comités d'hygiène
et de sécurité en matière de prévention.

• Le droit reconnu à ces comités de suspendre la production en cas de risque immédiat d'accident, avec possibilité de recours devant l'inspection du travail.

• L'harmonisation des statuts dans l'entreprise par la mise en place négociée de grilles uniques de classification.

• La limitation du travail posté et de nuit aux seules entreprises où les impératifs techniques s'imposent et dans ces cas-là, institution d'une cinquième équipe.

• La protection des travailleurs contre les licenciements, avec droit de véto du comité d'entreprise et appel suspensif auprès des Conseils régionaux et nationaux.

• L'institution de commissions ad hoc, chargées en liaison avec les banques publiques régionales d'investissement et les administrations compétentes d'assurer la relance des entreprises en difficulté ou le reclassement des travailleurs.

Tout cela accompagné d'une réforme fiscale que le *Projet socialiste* met au clair, à commencer par la création d'un impôt sur les grandes fortunes.

— Si vous relancez la consommation intérieure, ne craignez-vous pas une inflation encore plus forte et ne courez-vous pas le risque d'un déséquilibre aggravé de notre commerce extérieur ?

— Ce sont là les arguments de MM. Giscard d'Estaing et Barre. On leur accorderait plus de crédit si leur politique ne se soldait par un triple échec. Hausse des prix — 13 à 14 % l'an —, chômage — bientôt 2 millions de chômeurs —, commerce extérieur : 35 milliards de déficit pour les six premiers mois de l'année 1980. Assurément, la relance de la consommation intérieure suppose que soit réformé notre appareil de production. Les jeunes se ruent sur les motos, mais que trouve-t-on sur le marché des petites cylindrées ? Les motos japonaises. Je pourrais multiplier ce cas de figure. Si je mésestimais le contexte international, je n'insisterais pas à ce point sur la nécessité d'un règlement de la crise monétaire. Et si Raymond Barre dissimule son échec en exagérant le rôle du pétrole, je me garde de l'excès inverse : oui, le pétrole nous coûte cher et nous oblige à restreindre nos ambitions. Mais qu'est-ce qui nous empêche de réduire le coût de nos importations d'énergie en diversifiant nos sources d'approvisionnement ? Répétons-le : le gouvernement privilégie le nucléaire. Pourquoi néglige-t-il le charbon ? Et les énergies nouvelles ? Au train où l'on va, 300 millions l'an pour l'énergie solaire ! elles atteindront, selon les experts, 3 % de nos besoins énergétiques en l'an 2000. Une misère ! Alimenter notre marché intérieur, par une politique sociale de réduction des inégalités stimulera la production et du même coup l'exportation. Toutes les grandes nations industrielles en ont fait l'expérience : quand le *Projet socialiste* préconise de limiter la part du commerce extérieur à 20 % du produit intérieur brut nous exprimons notre souci de reconquérir le marché intérieur et notre volonté d'en finir avec le laisser-aller de l'économie libérale et son maigre souci de l'indépendance nationale. La preuve est faite chez Renault qu'une forte demande interne contribue puissamment aux ventes à l'extérieur.

— L'automobile française, précisément, commence à battre de l'aile...

— Participant à une réunion de notre section d'entreprise de Renault-Billancourt, j'ai, il y a trois ans, poussé un cri d'alarme. Ou bien l'on investissait des dizaines de milliards sur 10 ans pour préparer le choc de la concurrence japonaise, ou bien l'on s'exposait à voir l'automobile rejoindre dans la déconfiture les chantiers navals et la sidérurgie. La droite et le PC m'ont accusé, les uns de pessimisme, les autres d'ignorer les capacités de travail et d'imagination du personnel de nos usines. J'en doutais si peu que j'ai demandé ce jour-là la création, autour de Renault, d'un pôle de l'industrie automobile.

Les nouvelles sont, en effet, inquiétantes. Chômage technique chez Fiat à Turin, chez Ford à Bordeaux, chez Peugeot, Citroën, Talbot. 5,5 % de baisse de production en France, 1 milliard de dollars de pertes pour les quatre géants américains Ford, General Motors, Chrysler, American Motors sur ces six derniers mois. Au Japon, en revanche, l'Association des constructeurs annonce trois millions de voitures exportées depuis janvier, soit 38 % de progrès sur un an et la conquête du quart du marché américain. Qu'en penser ? Voyez ce rapport de Bernard Poirier, responsable du secteur automobile à la CFDT. Il en ressort, succès japonais à l'appui, qu'il n'y a pas de crise du marché mais difficulté d'adaptation des modèles et des coûts. Les chiffres confirment cette donnée, la production mondiale étant en 1979 de 31 millions cinq cent mille voitures. D'ici à 1985, elle atteindra 38 millions d'unités par an. L'enjeu est clair : qui s'appropriera la meilleure part de ces 6,5 millions d'automobiles supplémentaires ?

Là où le bât nous blesse face au Japon, ce n'est pas dans l'innovation, mais dans les normes de production. De 1978 à 1980, la productivité japonaise s'est accrue de 4,5 % contre 2,8 % pour la France. Une société comme Toyota réalise 770 000 francs de chiffre d'affaires par salarié. Deux fois plus que Mercedes, 3,5 fois plus que Peugeot, 5 fois plus que Fiat, 8 fois plus que British Leyland. Or, la qualité des produits français supporte la comparaison avec celle des produits japonais.

Nous protégerons notre marché si nous choisissons d'innover dans les domaines où l'on pourra standardiser : compteurs et allumage électroniques, moteurs électriques, régulateurs de vitesse et de consommation, etc., et non en nous abritant derrière nos frontières, si nous parions hardiment sur l'automatisation et la robotisation pour abaisser les coûts, et non pas en nous accrochant à des gammes qui seront vite dépassées. Renault s'essaie déjà à robotiser la peinture. L'une de ses filiales robotiques a sorti deux cents machines autonomes. Une autre filiale, spécialisée dans le matériel de précision automatique, vient de signer un accord avec la société américaine Ransburg pour la fabrication en série de produits communs aux deux pays. Des milliers d'emplois dans ces nouvelles techniques, la maintenance et l'entretien compenseront les tassements correspondants dans les techniques anciennes. A condition que les pouvoirs publics et la direction de la société nationale soient capables de négocier au plus tôt des accords de reconversion et de procurer la formation professionnelle qui permettra un passage rapide d'une technique à l'autre. Mes propositions sont inséparables l'une de l'autre.

— Nous avons abordé par une incidente la crise de l'automobile. J'aimerais que nous en profitions pour orienter notre entretien sur le problème plus général d'une nouvelle politique industrielle pour la France, point 3, si je me souviens bien, de votre déclaration de Neuves-Maisons. Et je choisirai deux cas concrets, celui de la sidérurgie et celui de l'informatique.

— J'y suis prêt.

— Commençons par la sidérurgie pour laquelle votre parti a proposé un plan de redressement. On vous a reproché de vous accrocher à une industrie vieillissante.

— S'accrocher ? Fallait-il donc la liquider ? Quel extraordinaire échec pour le pouvoir que la déconfiture de cette industrie privée dont les pertes ont été mises à la charge des contribuables alors que l'on avait prétendu en faire, avec Dunkerque et Fos-sur-Mer, le phare de la renaissance industrielle de la France.

Et quelle leçon de choses pour comprendre l'impéritie du capitalisme français ! Depuis vingt ans, la stratégie des firmes sidérurgiques a été de déplacer leurs usines pour bénéficier d'approvisionnements importés au détriment du minerai lorrain, que l'on estimait trop cher en raison de sa teneur en fer, et pourtant redevenu compétitif... depuis que l'on ferme, année après année, les mines. De même alors que les sidérurgies étrangères développaient leurs activités en les intégrant, les grands actionnaires des sociétés françaises ont pris le soin d'isoler, contrairement à toute logique industrielle, les centres de pertes (l'acier) des centres de profit (la transformation, le mécanique). Sans doute escomptaient-ils qu'à terme l'État épongerait leurs dettes, ce qui s'est, bien entendu, produit.

Quand la catastrophe est arrivée, le dernier argument fut qu'on ne pouvait résister à la concurrence conjuguée des autres pays européens et des pays du Tiers-Monde. Pittoresque et navrant, ces capitalistes qui se plaignent de la concurrence alors que nous n'importons pratiquement pas d'acier en provenance du Tiers-Monde ! Pour se donner bonne conscience, le gouvernement laisse entendre que la sidérurgie est une industrie sans avenir ni capacité de croissance. Or, la consommation mondiale d'acier a été de 712 millions de tonnes en 1978 et les experts internationaux les plus compétents situent les besoins à 1 milliard de tonnes pour 1990. Quant aux pays en voie de développement, qui se dotent d'une industrie sidérurgique, leurs importations atteindront 70 millions de tonnes dans dix ans contre 32 aujourd'hui !

— Mais la France dans tout cela ?

— La France produit encore quelque 23 millions de tonnes d'acier. Elle en consomme un peu moins, c'est-à-dire que si nous importons de l'acier (plus de 8 millions de tonnes l'an dernier), nous en exportons aussi. Malheureusement nous ne vendons pas à l'étranger assez de produits nobles et cela explique qu'à l'intérieur de la Communauté Européenne nos échanges soient largement déficitaires, d'où l'hostilité des socialistes au plan Davignon qui consacrait cet état de fait.

— Qu'avez-vous proposé ?

— Le plan acier que j'ai présenté à Denain le 21 février 1979 — au nom de notre Bureau exécutif qui l'avait approuvé à l'unanimité — exprimait d'abord un refus, celui du déclin d'une activité de base nécessaire à la cohérence du tissu industriel français. Il affirmait ensuite une volonté, en estimant notre capacité de production à 31 millions de tonnes, au lieu des 34 d'il y a dix ans et des 28 prévus par le gouvernement.

On a dit c'est trop cher ! Or le coût social de ce plan était inférieur à ce qu'ont finalement coûté les indemnités de licenciements et les pré-retraites, qui ont résulté de la politique gouvernementale. Quant au coût économique, nous l'avions chiffré à 1 600 millions de francs, financés par le fonds d'adaptation industrielle. Combien l'État a-t-il avancé pour remettre à flot Sacilor et Usinor ? Guère moins. J'avais enfin annoncé la nationalisation de la sidérurgie au terme d'une période de transition de dix-huit mois avec participation majoritaire de la puissance publique par la simple conversion des prêts de l'État.

— On a dit que vos objectifs de production n'étaient pas réalisables.

— Il ne faut pas confondre capacité et objectifs de production. Pour produire une quantité d'acier donnée il est nécessaire de disposer d'installations capables de produire 15 à 20 % de plus à leur utilisation maximale. Pour user du langage des experts on juge satisfaisant un taux d'utilisation de 85 %. 31 millions de tonnes de capacité de production c'est se donner la possibilité de produire à terme rapproché 26 millions de tonnes, chiffre conforme à l'évolution prévisible du marché mondial comme à la progression minimale de notre consommation. Nous pouvons augmenter notre excédent commercial, et le porter à 2 500 000 tonnes, en déplaçant notre gamme de produits vers des biens à haute valeur ajoutée (fil machine, aciers inoxydables, tôles magnétique par exemple). Pourquoi pas ? Il faudra bien que l'Europe des Neuf se décide à réorganiser son marché intérieur si elle veut faire face aux méthodes agressives du Japon et aux mesures protectionnistes des États-Unis.

— D'où le nouveau plan Davignon.

— L'état de « crise manifeste » s'explique par la difficulté d'être de l'Europe. Quant au repli du gouvernement français dans le domaine sidérurgique, il rend cette industrie encore plus vulnérable. Toute solution dictée par l'urgence, sans modernisation de notre sidérurgie ne fera qu'aggraver les choses.

— La CFDT, je l'ai déjà signalé, a montré de sérieuses réticences à l'égard de votre plan acier...

— Sur le fond de nos propositions, je ne le pense pas. Nos groupes socialistes d'entreprises qui ont préparé le dossier en liaison avec nos élus locaux et nos experts se sont largement inspirés des études présentées par les syndicats. Je m'étais rendu à Longwy et j'avais été frappé par la maturité et le sérieux de mes interlocuteurs. Je me souviens notamment des propos que m'avaient tenus plusieurs ingénieurs militant à la CFDT, compétents et réalistes, comme vous dites. Je n'avais relevé, à ce niveau, aucun désaccord entre nous. Quoi qu'il en soit, proposer c'est toujours prendre un risque. Là comme ailleurs, nous avons pris nos risques. Je préfère cela.

— Sur l'informatique par contre, secteur neuf et vivant de l'industrie de pointe, le parti socialiste est resté plus discret.

— Discret ? Nous avons étudié à fond les effets possibles de l'informatique sur les libertés et publié un livre sur ce sujet. Quant au programme industriel il a fait l'objet d'un colloque dont sont sortis des documents qui n'ont peut-être pas obtenu l'audience qu'ils méritaient puisqu'ils ne sont pas arrivés jusqu'à vous...

— Mais encore ?

— S'il s'agit de mesurer l'ampleur du phénomène « informatique » qui donc, à ma place, pourrait se dispenser d'ouvrir chaque jour le champ de ses connaissances ? Aussi impressionnantes que soient les réalisations des années 70 elles apparaîtront faibles à côté de la vague de produits nouveaux qui va déferler sur nous dans les années prochaines. Je citerai, sans ordre, quelques-uns d'entre eux dont j'examinerai plus loin les potentialités : l'ordinateur à domicile, le courrier électronique, les postes téléphoniques sans fil, les postes téléphoniques avec intelligence et mémoire incorporées, la surveillance et l'alerte à reconnaissance vocale, le captage et l'utilisation de l'énergie solaire domestique, la machine à dicter et à imprimer, la télévision à cadran plat, la télévision individualisée etc.

On assistera dans les deux décennies à venir à la commercialisation à bas prix d'équipements informatiques individuels dont l'écran aura la qualité d'une image de télévision. Les particuliers les utiliseront comme on se sert aujourd'hui des petites machines à calculer pour des opérations de toutes nature, comptabilité, comptes bancaires, etc., pour la traduction mot à mot d'une langue, pour les jeux, la sécurité à domicile, le calendrier, les mémentos, que sais-je encore ? On pourra envoyer des lettres par téléphone en quelques minutes, procéder de chez soi à des achats, louer des places d'avion, de train, de spectacles, des voitures. Un médecin consultera par téléphone avec envoi immédiat d'ordonnance. Un exploitant agricole s'informera des cours, traitera avec l'acheteur, grossiste, supermarché, détaillant, relié lui-même par son terminal à de véritables « bourses électroniques » par produit : fruits et légumes, viande sur pied, céréales, etc. Le terminal, la transaction conclue, permettra l'impression des bons d'expédition et des factures, et la tenue des écritures. Ces communications personnelles seront doublées d'un système de communication collective : l'ensemble du réseau téléphonique acheminera en même temps que la voix des messages de toutes formes. La plupart des entreprises relieront leurs postes de travail administratif entre eux. On verra des réseaux se constituer dans le corps économique tout entier : industrie, banques, assurances, Sécurité sociale... On dictera un texte à une machine à écrire qui, reconnaissant les mots, les imprimera. Des satellites écluseront une partie du débit colossal que suscitera la généralisation du système. Avec les postes de téléphone libre, c'est-à-dire non rattaché par fil au réseau, chacun pourra emporter son téléphone avec soi, en voiture, dans sa poche, à la pêche. On expérimente déjà cette commodité à Baltimore, Washington, Chicago. On infusera de l'intelligence aux outils, appareils ménagers, automobiles, robotique industrielle. Pas de bio-industrie sans une informatique évoluée. De même pour trouver le pétrole et le sortir de terre, pour capter et stocker l'énergie solaire, pour contrôler l'usage de l'énergie tant à domicile que dans les voitures, les bureaux, les usines. Les prévisions les plus récentes donnent la date de 1986 comme début de l'installation massive des équipements d'énergie solaire. Les composants semi-conducteurs, intelligents et à mémoire verront s'ouvrir des marchés de plusieurs milliards de francs. On connaît déjà le stimulateur cardiaque. Demain le cœur et d'autres organes fonctionneront sous auto-surveillance. Mieux, le détecteur d'anomalie déclenchera automatiquement l'action correctrice. C'est toute l'économie de la Sécurité sociale qui s'en trouvera allégée. Sur le plan éducatif le poste de télévision d'un particulier, relié par fibre optique, recevra à n'importe quelle heure, n'importe quel programme. Tout le savoir du monde sera disponible pour chacun.

— Les progrès technologiques dont vous venez d'énumérer une liste impressionnante ne surgissent pas spontanément. Ils supposent des efforts multiples et constants. Quels seront les acteurs de cette histoire en devenir ?

— La recherche et le développement sont essentiellement le fait des constructeurs de matériels d'informatique et de télécommunications et de certains grands services publics, comme en France les PTT et la Défense nationale. La force dominante appartient aux Américains qui couvrent environ 85 % du marché mondial, IBM représentant à elle seule 60 % de ce pourcentage. Après les Américains, le Japon et très près du Japon, la France, devant la Grande-Bretagne et l'Allemagne. Peu d'autres pays parviendront à s'insérer dans le marché tant sont lourds les coûts initiaux, car le prix de revient unitaire dépend de la qualité produite, donc de la domination du marché. Les experts disent qu'en 1985 il n'y aura plus dans le monde entier qu'une demi-douzaine de fabricants de circuits intégrés de type VLSI — *very large scale integrated* — à haut niveau d'intégration.

— La France suivra-t-elle ce train ?

— Si elle prend conscience de l'extrême importance de l'ensemble « Informatique, Bureautique, Robotique, Télématique » et si elle s'en donne les moyens, oui. Il faut d'abord qu'elle sache que son indépendance en dépend.

— Quels moyens financiers ? A quel prix ?

— Trois milliards de francs sur cinq ans, probablement le double sur dix ans.

— C'est beaucoup.

— Moins que n'en consent le Japon. Autres comparaisons : nous avons consacré 250 milliards environ à la force de dissuasion, 5 milliards à Concorde et la télématique devrait nous permettre d'économiser à court terme onze à douze milliards sur la facture pétrolière.

Mais il est vrai que pour se placer sur le marché mondial et mettre en œuvre les investissements nécessaires, la première condition à remplir est la continuité d'une politique industrielle. Quelle instance à longue durée en sera capable ? La continuité du projet et la dotation en moyens suffisants exigent de surcroît que la Nation ne se dessaisisse pas de ses richesses au profit de quelques-uns. Je suis pour la création d'une société nationale qui entraînerait, selon les décisions du Plan, la restructuration de l'ensemble des grandes entreprises.

— Encore du gigantisme !

— Non. On peut concevoir une holding qui détiendra les participations de l'État et servira de centre d'élaboration aux choix informatiques. Et des entreprises filiales, gérées de façon autonome, aptes à prendre des risques, à innover, à aller vite.

— L'emploi subira le contre-coup de ce passage hardi, trop hardi peut-être, à la vitesse supérieure.

— La fabrication des matériels informatiques, l'accroissement de la productivité des entreprises utilisatrices, qui, en faisant baisser les prix, étendra les marchés, ainsi que l'extraordinaire prolifération des nouveaux produits et services multiplieront les créations d'emplois. Le véritable problème à résoudre tient à la nature de ces emplois. Pour éviter les déplacements de population et d'occupations la planification apparaît une fois de plus comme le seul régulateur du changement au bénéfice de l'homme. Et la formation comme le seul outil d'adaptation. Voilà pourquoi il n'y a qu'une réponse politique à chacune des questions que nous avons posées. Et il en a toujours été ainsi.

— Vous êtes resté dans votre logique, restructuration industrielle, Plan, nationalisation. N'en sortirez-vous pas, si tout cela débouche malgré vous sur la perte des libertés ?

— On ne sauve pas les libertés contre la science, mais avec elle. La relation homme-machine est en effet déterminante. Mais je me méfie des sophismes. Quelle espérance, quelle foi, tout au long du XIXᵉ siècle dans la vertu du progrès par la science ! La machine libérerait l'homme. Rêve conscient. Il appartient au créateur de gouverner sa créature. L'homme a créé la machine capable d'économiser sa fatigue, en relayant ses muscles. Comment eut-il imaginé qu'elle deviendrait l'instrument d'un nouvel esclavage ? La machine n'y songeait pas, docile à qui la commandait. Mais d'autres y ont pensé pour elle : les détenteurs du capital. C'est le système économique fondé sur la propriété des moyens de production qui a cassé le rêve de l'homme, maître de son destin.

Si nous n'étions échaudés par cette tragique aventure, on aimerait imaginer derechef que la machine moderne, qui ne se substitue plus seulement au muscle de l'homme, mais aussi à sa mémoire et à son jugement, accomplira la libération manquée d'un autre temps.

La science, langue d'Ésope, pire et meilleure des choses, offre cette nouvelle chance. Mais pourquoi la même classe dirigeante, dont la puissance se fonde sur les mêmes rapports de production, laisserait-elle échapper, à moins qu'on la contraigne, l'occasion d'assurer plus encore son pouvoir ?

— Précisément, le préambule de votre motion de Metz insistait sur ce point puisqu'il commençait par ces mots : « Toute révolution scientifique entraîne une mutation des idées et des mœurs, suscite de nouvelles formes d'expression, annonce une autre révolution, celle des structures économiques et des rapports sociaux ». Et vous continuiez : « Nous vivons l'une de ces époques. Non seulement un socialiste se garde de les craindre mais doit les désirer. Pas de socialisme sans la science ». J'aimerais que vous alliez plus loin dans votre explication.

— Permettez-moi de poursuivre la lecture incomplète de ce texte. Notre motion de Metz, si importante pour l'avenir du socialisme en France, a fait l'objet de discussions entre militants. Il est bon qu'elle suscite ailleurs la réflexion.

« Le refus du progrès technique » disions-nous, « la peur de l'acte créateur sont le propre des sociétés perdues. Le danger pour l'humanité n'est pas que l'homme invente mais qu'il ne maîtrise pas ce qu'il a créé. D'où la nécessité pour lui d'accroître son savoir et de prendre conscience des causes objectives et subjectives de son asservissement ». Puis nous choisissions trois exemples. D'abord celui de la biologie qui constitue un facteur de transformation de la condition humaine aussi important que le fut la physique au siècle dernier. Capable de modifier le code génétique d'une bactérie et de la conduire à fabriquer des protéines d'origine humaine, la science d'avant-garde bouleversera d'ici à 1985 les données de la médecine et de la pharmacie. La même technique de programmation génétique appliquée aux plantes peut, dans les dix prochaines années, démultiplier, en la simplifiant, la production agricole. La biologie permettra l'extraction de l'énergie solaire absorbée par le monde vivant, transformera les déchets en sucre ou en alcool, recyclera par le canal des micro-organismes l'industrie énergétique tout entière. »

Suivait l'exemple de l'électronique dont nous venons de beaucoup parler et qui fournit à l'homme des instruments de décision qui livrent, dans l'instant, une somme de connaissances qu'aucun savant n'aurait pu rassembler au terme d'une vie consacrée à l'étude. Capable de transmettre à grande vitesse et de stocker en grandes quantités les impulsions électriques, elle traduit tout message et tout calcul en signes. Notre motion relevait déjà qu'aux États-Unis d'Amérique 46 % du produit national brut étaient constitués d'activités de production dépendant directement ou non de l'information et de la communication et que, miniaturisés, des ordinateurs de seize millimètres à un centimètre carrés aussi minces qu'une feuille de papier et contenant de soixante quatre mille à un million d'éléments étaient déjà sur le marché, prêts à remplacer les ordinateurs de grande taille.

Enfin, nous évoquions les satellites de communication qui auront transformé avant peu aussi bien les circuits de télévision que les mécanismes économiques.

C'est ainsi que tout téléspectateur français pourra recevoir des dizaines de chaînes allemandes, néerlandaises, anglaises, américaines, etc. pour la plupart commerciales.

Se poseront alors en d'autres termes les problèmes du travail, de la consommation, du pouvoir. Comment utiliser les nouveaux biens de consommation apparus dans les domaines de la culture, de la santé, de l'administration ? Comment empêcher la disparition de centaines de milliers d'emplois dans la poste, la banque, les services, la production industrielle ? Comment protéger la vie privée des individus contrôlée par des détenteurs de « mémoires informatiques » centralisées, menaçants pour la conception même de la démocratie ? Il suffira que le ministre de l'Intérieur dispose d'une discothèque de deux cent cinquante vidéodisques, pour qu'il puisse en quinze secondes faire apparaître sur un écran la fiche signalétique de chaque Français.

On comprend, par ces quelques exemples, combien il est urgent de définir les choix industriels, d'institutionnaliser les contre-pouvoirs et de diffuser un savoir apte à saisir et à cerner les effets de ces mutations.

— C'est à partir de là, disiez-vous, qu'intervient la

politique. Selon le cours qu'elle prend les effets de la science donnent un tout autre sens aux relations entre les hommes.

— Les socialistes savent que la science n'est pas neutre. Ou bien la liberté y gagnera ou bien ce seront les forces d'oppression. C'est là toute l'affaire.

— Science et pouvoir forment depuis toujours un couple diabolique.

— Et pourtant depuis Hiroshima il devrait être clair que science et politique, savoir de l'homme et droits de l'homme sont liés, que jamais plus la liberté ne pourra être pensée indépendamment des enjeux de la science.

— De tout temps disiez-vous, la science a joué un rôle moteur dans l'évolution des sociétés. Des recettes doivent exister, que d'autres générations ont éprouvées avant nous !

— Elles sont multiples et inégales. Karl Marx brassait les idées générales mais il avait aussi saisi l'importance du moulin à vent dans l'émergence de la société industrielle.

Fernand Braudel montre en quoi la mise au point d'un nouveau bateau, la flûte, a fait d'Anvers l'un des centres du monde au XVIIᵉ siècle. Engels a éclairé le rôle de la machine à tisser dans l'explosion industrielle anglaise de la fin du XVIIIᵉ siècle, et l'on sait que le téléphone et le moteur électrique expliquent une part notable de l'organisation économique des États-Unis. Mais pour autant, que de ratés ! L'Égypte des Ptolémée a inventé la machine à vapeur avant de l'oublier faute de s'en être servie pour d'autres usages que le mouvement des portes des pyramides. La Chine a perdu son rang faute d'avoir exploité les techniques qu'elle avait découvertes. Et il est parfois distrayant de constater que l'invention sert parfois à tout autre chose qu'à ce que le pouvoir du temps souhaitait en faire : ainsi de l'imprimerie, pensée comme mode de généralisation du latin par

Charles Quint et qui en a ratifié le déclin. Vous voyez que la science doit compter avec l'aptitude des hommes à l'intégrer au quotidien ! Voilà pourquoi il importe de comprendre comment une technologie s'inscrit dans la réalité sociale, les cas où elle sert à son développement, les cas où elle lui nuit, et ceux où elle ne résout rien. Jean Gimpel fournit là-dessus une intéressante réponse. Pour lui, une technologie fait d'une nation une grande puissance si elle règle le problème des coûts, s'il existe un moyen de financement abondant et peu coûteux et si un groupe social a intérêt à sa mise en œuvre et le pouvoir de l'entreprendre. Ces critères paraissent justes. Il leur manque cependant un élément indispensable aux grandes mutations : l'existence d'un projet politique et culturel cohérent avec la nature de la révolution technique. Si le mythe de la machine a été contemporain de l'avènement de la démocratie parlementaire, cela ne relève pas du hasard. Ce système commandait l'arrivée au pouvoir de la classe bourgeoise, elle-même liée au développement du premier capitalisme. Mais, les derniers vestiges du féodalisme abattus, il exprimait en même temps la conquête des libertés publiques, qui au-delà de la bourgeoisie et du capitalisme entraient dans l'héritage commun des sociétés démocratiques. Un projet de société aujourd'hui cherchera à concilier le mode de vie et l'organisation du pouvoir avec une double rareté, celle de l'énergie, celle du temps. La technologie nous en fournira le moyen. Mais qui le fera ? Quel pouvoir ? De quelle nature ? Suivant que l'informatique s'orientera vers des techniques centralisées ou décentralisées, que la génétique conduira à la manipulation du cerveau ou à la réduction du cancer, à la prévention des maladies ou à la fabrication de surhommes-robots, que l'océanographie contribuera à multiplier les sources d'alimentation, donc à vaincre la faim, ou à abriter les armes de la mort, que la connaissance de l'atome livrera les secrets de la matière ou servira à l'anéantir, et nous avec elle, tout changera. Face aux modèles économico-politiques qui ne penseront qu'à vassaliser chaque pays et à soumettre chaque individu à leurs normes culturelles, je crois du plus profond de moi que le socialisme sera seul capable d'organiser, dans chaque champ de savoir, l'action de résistance qui infléchira la technique du côté de la liberté.

— La liberté pour un homme vis-à-vis de son travail ne serait-ce pas d'abord d'être un peu plus maître de son temps et de pouvoir consacrer davantage d'heures aux loisirs ? Vous avez approuvé l'idée d'une réduction de la semaine de travail à trente-cinq heures. Mais n'est-ce pas une solution de facilité, une fuite en avant qui n'influera en rien sur le chômage ? Les trente-cinq heures n'ont-elles pas été l'objet de critiques, à gauche même ?

— Certes et dans nos propres rangs ! Mais aujourd'hui la semaine de trente-cinq heures figure au programme des Partis socialistes européens. Elle a inspiré la lutte des sidérurgistes allemands pendant l'hiver 1978-1979. La Confédération européenne des syndicats l'a inscrite dans sa plateforme revendicative. L'Assemblée européenne, sur un rapport du député socialiste français, Jean Laurain, a émis un avis favorable. Nous sommes en bonne compagnie.

— On a davantage contesté son coût économique que son principe. Peut-on accorder trente-cinq heures sans perte de salaire ?

— Il y a deux manières d'aborder une revendication sociale. La première consiste à additionner les difficultés pour justifier qu'on y renonce. La seconde à considérer qu'il s'agit d'une exigence de justice et que si l'on fait le compte des obstacles, c'est avec la volonté de les surmonter. Afin d'éviter que le passage aux trente-cinq heures sans perte de salaire ne constitue une charge insupportable pour certaines entreprises, nous avons suggéré des étapes de mise en application échelonnées jusqu'au 1er janvier 1984 et une méthode de discussion par branches industrielles, éventuellement par entreprise, par accord entre les partenaires sociaux qui en définiront les modalités. En outre, j'ai proposé de moduler les taux de prélèvements sociaux des entreprises en difficulté et je suis prêt à envisager d'autres mesures du même genre. Enfin, quand on objecte le coût des trente-cinq heures, il faut calculer aussi le coût du chômage. On l'estime pour 1979 à plus de 27 milliards dont 7,3 milliards sous forme d'aides et de participation de l'État. La diminution du chômage réduirait le volume des allocations versées ainsi que la perte de recette subie par la Sécurité sociale.

Quant à dire de la semaine de trente-cinq heures qu'elle ne créerait pas d'emplois, les syndicalistes européens considèrent qu'une réduction de la durée de travail de 10 % accroît l'emploi de 5 %. Une étude de l'INSEE et des études du Plan vont dans le même sens.

Mais, dépassons le débat. Situons-nous au niveau où les socialistes doivent fixer leur regard, celui de la nouvelle révolution industrielle. Le développement de l'informatique, l'automatisation des tâches manuelles imposent une nouvelle répartition du travail. A nous d'inventer un type de société où le travail ne sera plus facteur d'aliénation pour l'homme, mais de son épanouissement. Les trente-cinq heures, c'est aussi cela : une autre façon de vivre. Et ne croyez pas que nous nous réfugions dans le long terme pour éviter d'avoir à répondre aux questions qui nous prennent à la gorge. Les mutations techniques nous frappent de plein fouet. Nous parlions à l'instant de l'industrie automobile. Devant la robotisation de la production qui se substituera au travail à la chaîne particulièrement pénible, et dont j'ai dit qu'elle nous aiderait à gagner la bataille engagée sur le marché international, je n'adopte pas, loin de là, une attitude rétractile. Cette remarque vaut pour toutes les productions de masse jusqu'alors orientées vers le renouvellement accéléré des produits, et qui entraînent un énorme gaspillage de matières premières et d'énergie.

Nous réfléchissons à un autre modèle de consommation axé sur des produits manufacturés, plus solides, d'une plus longue durée, et susceptibles d'être réparés, qui rendront nécessaire la création d'emplois qualifiés pour la maintenance et l'entretien. Cette mutation, c'est le rôle du Plan de l'organiser, de l'ordonner, d'en programmer l'évolution et d'en concevoir les effets.

— Ces derniers temps, le gouvernement a poussé à la réduction du temps de travail en essayant de favoriser les négociations entre le CNPF et les syndicats. N'est-ce pas pour lui une façon de se rattraper, de calmer les mécontentements dans un domaine qui ne lui coûte rien, une sorte de compensation à l'inflation et au chômage ?

— Le pouvoir n'est pas rallié à une véritable diminution de la durée du travail. Le patronat et le gouvernement marchent la main dans la main. Sur un point cependant, je pense que Giscard d'Estaing se réserve de sortir au bon moment, c'est-à-dire au début de l'année prochaine, la cinquième semaine de congés payés. Cette cinquième semaine est entrée dans les mœurs et de nombreuses entreprises la pratiquent déjà.

— Dans votre plan de lutte contre le chômage, vous avez réitéré la proposition du Programme commun sur l'abaissement de l'âge de la retraite. Malgré cela, cette mesure vous paraît-elle, à vous socialistes et à vous personnellement, François Mitterrand, humainement et économiquement bonne, à un moment où la durée de la vie s'allonge régulièrement ?

— Avant de vous répondre sur le fond, j'observe que

l'abaissement de l'âge de la retraite est unanimement réclamé par les organisations syndicales et les partis de Gauche.

— N'est-ce pas une idée un peu complaisante ?

— Pourquoi ? Personne ne demande que la retraite à soixante ou cinquante-cinq ans soit obligatoire. Qui voudra continuer sa vie active jusqu'à soixante-cinq ans le pourra.

— Ne risque-t-on pas de créer une injustice en permettant à certains de prendre leur retraite dès l'âge de soixante ans à taux plein ?

— Non, puisque chacun restera maître de son choix. Et s'il est vrai que la vie s'allonge, en quoi est-il nécessaire que cette vie soit une vie de travail au bénéfice d'autrui ? C'est un des acquis du progrès et de la civilisation, que de parvenir à disposer du temps de vivre.

— Cela suppose que l'on préparera les gens à vivre leur retraite, à une deuxième vie.

— Assurément. L'un des grands axes de la pensée et de l'action des socialistes a toujours été cette conquête du temps de vivre. Il y a un siècle et demi, un enfant du peuple de sept ou huit ans, entrait au service des autres jusqu'à la mort. Quatorze, puis douze, puis dix heures de travail par jour, pas de repos hebdomadaire, sinon l'heure de la messe le dimanche, pas de congé annuel, pas d'âge de la retraite. Rien. Des vies perdues. Et dans quelles conditions ! Ni droit au salaire, ni droit au travail, ni droit à la sécurité, ni droit au repos, ni droit au logement, ni droit à l'instruction... Il a fallu attendre 1841 pour que les enfants cessent d'aller au fond de la mine au-dessous de dix ans et pour plus de dix heures, 1874 pour qu'une femme devant accoucher obtienne quelques jours de congés, 1881 pour que l'instruction primaire soit gratuite, 1905 pour la parité des prud'hommes, 1936 pour deux semaines de congés payés, 1945 pour une législation cohérente de sécurité sociale... Savez-vous que le gouvernement provisoire de la IIe République, gouvernement de bourgeois qui se croyaient libéraux, en pleine révolution de Février a refusé de descendre au-dessous de dix heures par jour à Paris et onze heures en province ? Qu'en 1919, la Chambre bleu horizon a encore imposé quarante-huit heures par semaine ? Que seule la victoire du Front populaire a permis d'arracher et les congés payés et la semaine de quarante heures ? Je viens de prononcer le mot arracher. Hé oui, il a fallu tout arracher. Rien n'a jamais été donné. Le droit de l'enfant, l'allongement de la scolarité obligatoire, les règles de l'apprentissage. Le droit de la femme. Le droit du troisième âge. Quand fut obtenu le droit à la retraite à soixante-cinq ans, la durée de vie moyenne n'atteignait pas cinquante-cinq ans. Et la durée de vie moyenne des travailleurs manuels cinquante ans. Aujourd'hui encore l'espérance de vie d'un travailleur manuel reste inférieure aux soixante-cinq ans fatidiques.

— C'est à ce moment-là qu'il aurait fallu abaisser l'âge de la retraite.

— Facile à dire. Mais on l'a refusé ! Et le même argument, immuable, a servi de génération en génération patronale : le droit de vivre, c'est toujours trop tôt. Les impératifs de la production justifient aujourd'hui le refus des trente-cinq heures hebdomadaires, comme ils justifiaient le refus opposé aux enfants de moins de dix ans.

— En somme, on récompensait les survivants !

— Pour la classe dirigeante, le temps de vie d'un travailleur n'est que l'appendice du temps de travail. Pour les socialistes, le travail n'est qu'un moyen de vivre, parmi d'autres, la vie, valeur absolue.

VI.
La drôle d'alliance

Le monde ne sortira pas sans crise du partage
de Yalta, et cette crise est là. La marge de sécu-
rité qui nous sépare de la guerre se resserre. La
machine soviétique cafouille, l'Amérique n'est
plus un partenaire sûr. De nouveaux pouvoirs
doivent surgir, pour notre salut.

— Nous ne pouvons parler de tout. Il nous faut maintenant choisir les thèmes de politique internationale qui nous
paraîtront, sinon les plus importants, du moins les plus
actuels. Vous avez donné le mois dernier une interview à
Michel Tatu pour *Le Monde.* Vous y traitiez de l'affaire de
l'Afghanistan et de la rencontre Brejnev-Giscard à Varsovie, du désordre occidental et de la nécessité de redéfinir
les obligations mutuelles au sein de l'Alliance atlantique,
de la bombe à neutrons, des fusées Pershing et des fusées
SS 20, de nos relations avec l'URSS et de l'état de l'Europe
des Neuf. J'aimerais réagir à mon tour sur vos réponses,
suggestions et propositions. Cette méthode nous permettrait
d'aller plus loin dans la définition d'une politique étrangère pour la France. Je souhaite aussi que nous puissions
évoquer la révolution islamique en Iran, le Proche-Orient,
l'évolution de la politique chinoise, l'action de l'Internationale socialiste, l'élargissement du Marché commun, certains aspects du développement du Tiers-Monde et naturellement les grèves de Pologne et leurs suites.
    — Nous n'échapperons pas à l'arbitraire. On ne sépare
pas aisément les problèmes liés par l'histoire, la géographie, l'économie. Mais je préfère cette méthode à celle qui

nous conduirait à prétendre embrasser la vie internationale dans son ensemble. J'aurai d'autres occasions d'exprimer mon sentiment sur l'Amérique latine, le monde méditerranéen, le rapport des forces en Afrique. Peut-être prolongerons-nous un jour cet entretien. J'aurai donc deux sortes d'excuses à exprimer à nos lecteurs. La première en les prévenant qu'à quelques choses près nous nous en tiendrons, dans ce livre qui se veut court, aux questions que vous venez d'énumérer. La seconde en commençant notre conversation par le rappel de celle que j'ai eue en juillet dans *Le Monde* avec Michel Tatu. Cela m'évitera de répéter ou de paraphraser un entretien récent et facilitera notre échange de vues, compte tenu des réactions vives et nombreuses qu'il a provoquées et de l'enchaînement des événements depuis lors. Michel Tatu a bien voulu m'autoriser à reproduire le texte publié par son journal le 31 juillet. Je vous le lis :

Michel Tatu — Quel reproche principal adressez-vous à la politique étrangère du gouvernement ?

François Mitterrand — Nous avons une politique étrangère qui s'efforce avant tout de plaire à l'interlocuteur du moment, et plus encore s'il est puissant, quand il ne s'agit pas simplement de plaire à l'opinion française. C'est une politique sans idées générales, sauf une : épouser les circonstances. Je ne plaide pas contre le réalisme. Mais le réalisme ne consiste pas forcément à choisir l'immédiat contre l'avenir et à subir au jour le jour la loi des faits. Qu'il s'agisse du Moyen-Orient, du Proche-Orient, de la Communauté européenne, du tiers-monde, des relations avec l'URSS et les États-Unis, c'est ainsi que les choses se passent.

— Quel est votre avis sur la rencontre de Varsovie entre MM. Giscard d'Estaing et Brejnev ?

— Mon point de vue est que, dans une grave période

de tension, au moment où le destin hésite, tout ce qui contribue aussi peu que ce soit à conforter la position de l'agresseur est une faute. J'ai donc considéré le voyage à Varsovie comme une faute. Je ne saisis pas en quoi la démarche de la France pouvait apporter un élément de solution au problème de l'Afghanistan, hâter le départ des Soviétiques, ouvrir une négociation. Nous ne disposions pas du moyen de changer, au profit de la paix, le rapport de forces existant.

— Que fallait-il donc faire pour aider les Afghans ?

— L'URSS est obligée de tenir compte d'un certain nombre de données sur lesquelles les autres peuvent agir. Par exemple, elle s'est trouvée, après le coup de Kaboul, devant le bloc hostile des pays islamiques — même si ce bloc était fissuré — devant un vote massif de l'ONU où, pour la première fois, la majorité des pays du Tiers-Monde condamnaient une démarche russe, devant le rapprochement accéléré — qu'elle redoute — des États-Unis et de la Chine. De plus, elle a pris un gros risque pour les Jeux Olympiques et mis en péril les deux négociations majeures du règne de Brejnev : SALT II et la grande suite de la conférence d'Helsinki à Madrid, en novembre prochain. N'oublions pas, enfin, la résistance tenace, et sans doute imprévue, du peuple afghan.

Pour en revenir à la rencontre de Varsovie, ce que M. Giscard d'Estaing avait à dire, ce qu'il a peut-être dit à M. Brejnev était moins important, n'avait pas d'importance par rapport à l'acte qui consistait à rencontrer M. Brejnev en un pareil moment et à la signification que prenait cette rencontre. Enfin, le président de la République a longtemps hésité à affirmer le droit : droit des peuples à disposer d'eux-mêmes, droit des gens. Prononcé avec quinze jours de retard le mot

« inacceptable » a été compris par les Russes comme...
accepté.
Naguère, Staline interrogeait, parlant du pape avec
dédain : combien de divisions ? Je pense que Staline
disait ce jour-là une sottise. Bien entendu, on sait ce que
vaut la puissance des armes, mais il est aussi des forces
invisibles qui pèsent lourd. Je crois à l'existence de la
conscience universelle. Quiconque s'efforcera de la
réveiller sera un jour entendu. C'en serait fini de toute
civilisation si la conscience des hommes devait sans
recours se soumettre aux pulsions primitives du pou-
voir et du sang. Sans doute le droit perd-il de multiples
batailles. Mais il gagnera en fin de compte s'il reste
intransigeant. D'où l'importance de la lutte pour les
droits de l'homme.
Un seul témoin sans peur suffit à exprimer et donc à
susciter l'espérance du monde. Certes, la France doit se
garder d'être présomptueuse et de se comporter en don-
neuse de leçons. Mais je suis sûr que le simple rappel,
par sa voix, des principes sur lesquels on ne transige pas
ferait le tour de la planète. Enfin, je crois que si les
Soviétiques apercevaient une plus grande cohésion
dans ce qu'on appelle l'Occident, une plus grande cohé-
sion dans ce qu'on appelle l'Europe, ce serait pour eux
un élément de réflexion favorable à l'ouverture d'une
négociation.
— Cette négociation est-elle possible ?
— On ne peut pas dire que les Russes l'aient écartée.
D'abord parce qu'en raison des difficultés qu'ils rencon-
trent, il leur est difficile de faire la sourde oreille. Si
vous analysez les différentes propositions énoncées
jusqu'ici, la cubaine, l'indienne, l'afghane, l'euro-
péenne, toutes tournent autour de l'idée d'une évacua-
tion de l'Afghanistan sous garantie internationale et de

l'adoption d'un statut de neutralité. Il y a là une base de négociation, et je pense qu'il faudrait se diriger vers une solution de ce genre. Mais cela ne peut se faire sur un déni de droit. Tout ce qui laisserait entendre que cette solution impliquerait la reconnaissance préalable de la légitimité du régime Karmal, ou de l'ordre étranger, devrait être écarté. C'est au peuple afghan de se déterminer en pleine liberté. Je voudrais ajouter que, lorsque le président de la République française laisse échapper, dans une conférence de presse, les mots « rebelles afghans » pour parler de la résistance de ce peuple, il offre un alibi à l'Union soviétique et entre dans le jeu d'une négociation fondée sur la reconnaissance du régime actuel.

— *M. Giscard d'Estaing a dit que la France n'aidera pas militairement cette résistance. Qu'en pensez-vous ?*

— *La résistance vietnamienne a été reconnue par beaucoup de pays. Pourquoi la résistance afghane ne le serait-elle pas ? J'ai déclaré récemment que, faute d'un retrait soviétique, cette reconnaissance s'imposerait.*

— *Reconnue, donc aidée ?*

— *C'est déjà l'aider beaucoup que de la reconnaître.*

— *Croyez-vous que les pressions économiques peuvent être utilisées ?*

— *J'admets les sanctions technologiques et je répugne aux sanctions alimentaires, qui sont d'ailleurs le plus souvent inopérantes. Les céréales qu'achète l'Union soviétique ne sont pas destinées immédiatement à la consommation humaine mais au bétail, qui ensuite nourrira l'homme. Il se passe entre ces opérations beaucoup de temps pendant lequel on peut démarcher auprès d'autres pays. Et puis, moralement, il y a dans cette façon de faire quelque chose qui me choque. Les sanctions technologiques, en revanche, consistent à dire : vous agissez contre le droit, contre la paix, vous avancez l'heure de la guerre mondiale, je n'ai pas de raison de vous livrer les moyens de la faire encore mieux et plus vite. Je trouve cette réplique légitime.*

— Ce n'est pas toujours opérant, surtout si les pays européens fournissent ce que les Américains refusent.

— Assurément. Cette contradiction prouve qu'il n'y a pas d'Alliance atlantique, ou plus exactement qu'elle n'a plus de contenu. Le réexamen des relations qui unissent les pays appartenant à l'Alliance atlantique me paraît urgent et nécessaire. J'ai dit et répété que, si un sommet s'imposait, c'était bien celui-là. Parce que j'ai proposé ce sommet, l'Humanité m'a traité d'atlantiste. Cela m'a fait rire... et a dû étonner les Américains ! Que veulent donc dire les dirigeants communistes français lorsqu'ils assurent qu'ils ne veulent pas que la France quitte l'Alliance atlantique ? Parce qu'elle ne sert à rien ? Les communistes italiens et espagnols ont de même affirmé leur volonté de rester dans l'Alliance.

Que l'Afghanistan et l'ensemble du Moyen-Orient ne soient pas couverts par cette alliance relève de l'évidence politique et géographique. Mais quand même, quel méli-mélo ! Voyez la Grande-Bretagne qui renouvelle ses contrats avec l'Iran et même qui les accroît au moment où elle s'associe au projet de sanctions économiques contre ce pays ! Voyez l'Allemagne de l'Ouest qui conclut de nouveaux accords économiques et technologiques avec la Russie soviétique au moment où Carter prétend geler les relations avec Moscou ! Et ne parlons pas de la France !

Qu'on me comprenne. Les Américains ont une large part de responsabilité. Carter a tort de mélanger, comme il le fait, les considérations électorales aux problèmes de la paix mondiale et de décider de tout sans consulter ceux qu'il engage ou qu'il croit engager. Mais pour ce qui me concerne, j'estime devoir alerter l'opinion sur le désordre de la stratégie occidentale, si l'on peut parler de stratégie. Tenez, quand les Sept (six Occidentaux plus le Japon) se sont réunis en juin à Venise, ils ont publié au terme de leurs travaux un communiqué harmonieux, optimiste, qui a en tout cas été interprété comme tel. On pouvait croire qu'au moins sur l'Afghanistan, sujet essentiel de leurs conversations, les Sept s'étaient accordés. Eh bien, dès le lendemain, Carter parlait de l'évacuation des troupes soviétiques par étapes, et le surlendemain, Valéry Giscard d'Estaing, qui pourtant à Varsovie avait suggéré un calendrier d'évacuation, déclarait le contraire ! Sur quoi Carter et Giscard s'étaient-ils entendus ? Sur rien.

M. Hua Guofeng, je crois, a dit qu'il n'y avait qu'une seule superpuissance au monde, l'Union soviétique. C'est excessif. Mais il est évident que, depuis qu'elle s'est engagée dans la guerre du Vietnam, la politique américaine est entrée en déshérence. Une espèce de tourbillon s'est emparé de ce pays qui, en dépit de sa vitalité et de ses capacités créatrices, accumule les raisons de douter de lui-même. Il faut avouer que ses interventions au Vietnam, au Cambodge, en Amérique latine l'ont, au vrai sens du terme, démoralisé. L'Union soviétique ne connaît pas ces états d'âme.

— Un retour en force des États-Unis ne vous inquiéterait pas ?

— Tout dépend de quoi on parle. Notre conversation a porté jusqu'ici sur les tensions nées de l'intervention soviétique en Afghanistan et ses conséquences, et seulement sur ce point-là. Si nous sortons de ce problème, je constate que les États-Unis n'ont pas cessé de mener contre nous une guerre économique. La disparition du

*système monétaire, la stratégie des sociétés multinatio-
nales, les manipulations du dollar, la volonté américaine relayée par la Grande-Bretagne de noyer le Marché commun dans une zone de libre-échange, bref
l'impérialisme de ce pays, exigent de notre part beaucoup de vigilance et justifient nos préventions.
Mais nous ne sommes pas encore sortis — même si
nous le souhaitons — de la situation née de la dernière
guerre mondiale : quand les États-Unis et l'URSS
s'accordent, leurs alliés comptent peu. Quand ils ne
s'accordent pas, c'est pire. Alors je demande que du
moins l'Occident ne s'adonne pas à la stratégie des
Curiaces.
L'Alliance atlantique prévoit des consultations entre
partenaires en cas de menace, c'est tout. Le traité de
Bruxelles en dit un peu plus, mais en vérité personne ne
sait à l'Ouest où en est l'Alliance, sa portée, les obligations réciproques qu'elle comporte et son degré d'auto-
matisme. Il faut au moins que chacun prenne conscience de ce qu'il accepte et de ce qu'il refuse, et le dise
carrément aux autres. Après, on saura à quoi s'en tenir.
Ce que l'on sait pour le moment, c'est que l'Alliance
repose sur une fiction : l'intervention américaine en
Europe en cas d'agression soviétique.
— Parlons donc de la défense. La bombe à neutrons
symbolise le débat, mais la vraie question est de savoir
ce que la France doit faire pour ses alliés en cas de
guerre en Europe. Faut-il donc se préparer à une
bataille classique en Europe, ou bien vous paraît-il que
la dissuasion, la sanctuarisation, doivent l'emporter ?
— Nous avons, vous le savez, nous les socialistes,
refusé la fabrication et le déploiement de la bombe à
neutrons. Dans l'état actuel de l'Alliance, il est impossible à la France de faire autre chose que d'assurer la*

*défense de son propre territoire par la dissuasion
nucléaire. Toute sortie hors de chez elle contredirait
fondamentalement cette stratégie, nous mêlerait à des
conflits que nous ne pourrions plus dominer et nous
ferait rentrer dans un système où nous perdrions notre
autonomie de décision. Mais ce repli sur soi peut à la
longue inviter les Français à une sorte de neutralisme
au regard des affaires du monde, et particulièrement à
l'égard de nos plus proches amis. Si nous refusons toute
solidarité avec ceux-ci, comment pourrions-nous attendre la leur ? Il y a aujourd'hui antinomie entre la stratégie fondée sur l'unique défense du sanctuaire national
et la stratégie fondée sur l'Alliance. Un responsable politique qui craint de poser ce problème trompe l'opinion.
Je demande qu'on sache enfin de quoi on parle. Et
qu'on en parle.*

*— La bataille classique reste-t-elle possible cepen-
dant ?*

*— La thèse américaine de la riposte graduée, à mon
avis, n'a pas de sens. Imaginez-vous un grand pays
comme la Russie soviétique, sachant qu'on l'attend au
premier, au deuxième, ou au troisième coup de
semonce, s'engager dans un conflit pour se retirer piteu-
sement quarante-huit heures plus tard ?*

*En réalité, les Soviétiques ne peuvent faire la guerre
que directe et massive. Et ils se sont mis en situation
d'agir de la sorte : leurs SS 20 peuvent détruire en un
quart d'heure la totalité des dispositifs militaires européens, sans toucher un village, une ville, sans tuer un
soldat américain, sans déplacer un soldat russe hors
des frontières.*

— Que concluez-vous de tout cela ?

*— Je n'en conclus pas que les Russes veuillent la
guerre. Je crois même le contraire. Mais ils possèdent*

un arsenal qui leur permet, si j'ose dire, de gagner une guerre sans la faire. Il est de notre devoir de poser aujourd'hui la grave question de l'équilibre des forces en Europe.

— Que pensez-vous de la décision de l'OTAN d'installer des fusées Pershing et des missiles de croisière américains en Europe ?

— Lorsque les dirigeants communistes nous ont demandé de manifester contre les Pershing américaines, je leur ai répondu que nous y étions prêts si l'on engageait du même coup une action contre les SS 20 soviétiques. J'admets que les Pershing soient insupportables pour les Russes. J'attends que les Russes — et les dirigeants communistes français — comprennent que les SS 20 sont insupportables pour la France. Et j'observe que, si l'annonce pour 1983 d'une implantation des Pershing en Europe exaspère Moscou, l'idée de discuter à la fois des Pershing, des SS 20 et du reste fait son chemin. Continuons donc !

Il s'agit là du problème numéro un pour la paix en Europe. J'ai été très étonné du silence du président de la République sur ce sujet, qu'il semble ou ignorer ou mésestimer.

— Vous prônez la fermeté et pourtant vous vous êtes prononcé contre le boycottage des Jeux Olympiques.

— Faire des sportifs les boucs émissaires de toute cette affaire n'avait pas beaucoup de signification. En outre, la façon dont Carter l'a proposé était tellement électoraliste, tellement hors de toute délibération commune que j'ai trouvé cela insupportable. Et dans la mesure où je souhaite que les alliés atlantiques réexaminent leur situation, j'entends que nous soyons sans faiblesse chaque fois que les Américains confondent alliance et impérialisme. D'ailleurs, vous savez que les

Allemands de l'Ouest ne se sont inclinés que parce que la nécessité s'imposait. En réalité, ils ont été aussi choqués que nous, sinon plus, par l'action unilatérale de Carter.

— *Jean-Pierre Chevènement a écrit récemment un article pour dire qu'on exagère le danger soviétique, que ce n'est pas le principal, et que cette fausse peur cache un désir de renforcement des positions de l'appareil militaro-industriel.*

— *N'écartons pas cette hypothèse. Mais ne fondons pas tout notre raisonnement sur elle, ce serait imprudent. La volonté de paix se démontre autrement que par un surarmement forcené ! L'installation des SS 20, qui ne peuvent pas atteindre l'Amérique mais l'Europe (elles ne vont pas au-delà de 4 500 kilomètres), constitue un vrai danger. Mais que certains milieux industriels et militaires mettent de l'huile sur le feu est également vraisemblable.*

— *Quel type de négociations préconisez-vous avec l'Est ?*

— *Une négociation globale et sans préalable. Le parti socialiste ne se contente pas de supputer les risques d'un conflit et d'alerter l'opinion en même temps que les pouvoirs publics sur l'aggravation de ces risques. Il rappelle à chacun qu'accumuler les armes, notamment atomiques, multiplier les défis, transgresser le droit international, conduit à l'affrontement. Qu'il est temps de rouvrir la négociation sur des bases saines et loyales. D'où l'importance de la conférence de Madrid où tous se retrouveront, pour la première fois depuis le coup de Kaboul, pour discuter économie, sécurité, droits de l'homme et mesures de confiance utiles au retour à la détente. Tel est l'ordre du jour en tout cas de cette conférence. Et n'oublions pas que tous les pays d'Europe seront là, de l'Est et de l'Ouest. Nombreux seront ceux qui auront le même langage, des deux côtés, pour créer les conditions de la paix.*

Je souhaite aussi qu'on mette en œuvre la proposition socialiste d'une conférence pour la réduction des forces et des tensions en Europe, dont j'ai entretenu les lecteurs du Monde en décembre 1977.

— *Depuis lors, vous semblez insister davantage sur la responsabilité soviétique.*

— *Parce que l'Afghanistan et les SS 20 sont d'une actualité insistante. N'y voyez pas une contradiction, je n'ai jamais cessé de croire à la nécessité de l'amitié et de bons traités entre l'URSS et la France. Cela me paraît indispensable à l'équilibre européen, et je suis prêt à multiplier les initiatives en ce sens. Mais on ne fonde pas l'amitié sur la complaisance. Les Russes négocieront d'autant mieux avec nous qu'ils nous estimeront. Je veux dire qu'ils estimeront notre capacité à dire non quand il le faut. Cela donnera du poids à nos oui.*

— *Que pensez-vous de la tendance présente à faire l'Europe entre la France et l'Allemagne ?*

— *Tant mieux pour la réconciliation franco-allemande, qui remonte à beaucoup plus que les vingt ans que Valéry Giscard d'Estaing lui a généreusement accordés pendant son voyage récent en Allemagne. Pour ma part, je participais au premier congrès européen de La Haye... en 1947. Mais de là à créer un axe privilégié Paris-Bonn, il y a une marge. L'Europe est l'Europe des Neuf et suppose une égalité profonde entre les partenaires. Si la Grande-Bretagne s'en absente ou s'en éloigne, c'est dommage.*

— *Était-ce une erreur de la faire rentrer dans l'Europe ?*

— *Je pense que c'était une bonne chose. Mais il faut*

tenir bon pour que la Communauté ne se noie pas dans une zone de libre-échange et sache résister à l'entêtement britannique.

— L'Europe des Neuf est-elle assez cohérente pour cela ?

— Non, je le crains. Je suis préoccupé, je l'avoue, par le déclin de l'esprit communautaire chez les Neuf. On vit sur des règlements dépassés, et quand ils ne le sont pas, on les viole. Malheureusement, la France n'est pas la dernière à manquer à ses obligations lorsque, paradoxe, elle néglige les clauses de sauvegarde qu'autorise le traité. Dans son approche européenne, le gouvernement Giscard-Barre montre les mêmes oscillations que dans les domaines de sa politique extérieure. Nous n'aurions pas abordé la « guerre du mouton » de façon si fâcheuse si nous avions préparé, quand il était encore temps, avant la fin décembre 1977, les mesures transitoires souhaitables. Nous aurions moins ressenti le camouflet infligé à M. Giscard d'Estaing lors de la concession à la Grande-Bretagne des quinze milliards de francs, si nous n'avions pas, auparavant, traité celle-ci avec désinvolture.

Il y a quelques jours encore en Allemagne, le président de la République en appelait à la solidarité européenne. L'écoutant, je ne pouvais m'empêcher de penser à son refus de souscrire à la directive « Seveso ». Je pensais aussi à la volte-face de M. Giscard d'Estaing sur l'élargissement du Marché commun. Il n'avait pas assez de sarcasmes l'an dernier pour critiquer la position socialiste qui demandait que fussent négociés des préalables économiques rigoureux afin d'assurer à nos producteurs de justes conditions de concurrence. Mais nous, nous avions des arguments sérieux qui tenaient à la nature même du Marché commun et non aux humeurs de Mme Thatcher. Et nous posions les vraies questions : prix agricoles garantis à la production et quantum, offices du vin, des fruits et légumes, de l'horticulture, alignement des charges fiscales et sociales, etc. L'attitude du chef de l'État a-t-elle de son côté une autre explication qu'électorale ?

Je me souviens d'avoir annoncé : « L'Europe sera socialiste ou ne se fera pas. » Ce qui signifiait non pas la négation de l'Europe pluraliste, mais mon doute quant à la possibilité de l'économie libérale en Europe d'échapper à ses lois, qui la condamnent à se confondre dans un tout dominé par des intérêts qui ne sont pas les nôtres. Les socialistes ont apporté leur réponse : rapport Pisani, Cresson, Sutra ; propositions de Jacques Delors ; rapport d'Yvette Roudy sur l'environnement. Nos critiques ne veulent pas être négatives, mais comment changer l'économie sans changer la politique ?

— Sur chaque point de cette discussion, je brûlais de vous interrompre. A propos de l'entrevue de Varsovie, en raison de la personnalité de Jimmy Carter et de l'état de crispation entre l'URSS et les États-Unis, Giscard n'était-il pas fondé à penser que la France avait un rôle à jouer, à condition de ne pas prendre une position trop tranchée ? J'ai l'impression que tel était son raisonnement.

— L'intermédiaire obligeant est un personnage classique de la scène internationale. Je n'ai rien contre, a priori. Mais s'il veut servir à quelque chose, il doit, avant d'offrir ses bons offices, distinguer ce qui est négociable de ce qui ne l'est pas. Giscard était-il en mesure d'obtenir des Soviétiques leur retrait d'Afghanistan ou du moins l'amorce de ce retrait ? On a vu que non, malgré la diversion suscitée par Brejnev à la veille de Venise, diversion qui a produit l'effet voulu à la conférence des Sept pour tomber à plat aussitôt. Pour Giscard, le voyage à Varsovie n'avait qu'un but : se concilier Brejnev. A cet égard, c'est réussi. Mais la paix n'y a rien gagné. Et puis quand on parle au nom de la France, on ne choisit pas l'habileté contre le droit.

— Metternich était habile et il a retardé les échéances pendant longtemps.

— Trente ans. Ce n'est pas mal. Mais aujourd'hui l'Autriche-Hongrie n'existe plus. J'approuve le fait que le président de la République aille où il veut sans demander de permission à personne. Mais tout est affaire d'opportunité. En la circonstance, il a préféré l'accessoire à l'essentiel et affaibli la position de ceux qui n'admettaient pas l'intervention militaire à Kaboul.

— Qu'auriez-vous dit, vous, à Brejnev ?

— Je n'y serais pas allé.

— Il faut bien que quelqu'un commence à discuter.

— Il faut bien que quelqu'un commence à résister.

— Si vous aviez été responsable du pays, c'eût été dans le cadre d'un gouvernement d'Union de la Gauche. Que serait-il advenu de la participation et du soutien du Parti communiste, qui vous accuse aujourd'hui de vous aligner sur les États-Unis et même d'être passé à la droite de Giscard, d'être plus atlantiste que lui ?

— Les dirigeants communistes ne m'ont jamais entendu parler un autre langage que celui que je tiens pour l'Afghanistan. Le Programme commun de la gauche condamnait toute intervention politique ou militaire contraire au droit des peuples à disposer d'eux-mêmes. Vous y trouverez l'énergique dénonciation de l'agression américaine au Vietnam et au Cambodge. Quelle différence de nature établir entre les visées impérialistes selon qu'elles viennent de l'Est ou de l'Ouest ? J'ai refusé la fausse croisade des États-Unis en Asie du Sud-Est. J'agis de même à l'égard de l'URSS.

— Vous n'accordez pas foi à la thèse soviétique selon

laquelle l'URSS aurait été contrainte d'intervenir afin de parer aux manœuvres américaines et chinoises, via le Pakistan ?

— L'Occident avait déjà abandonné l'Afghanistan, en 1978. Après l'assassinat de Daoud et l'installation du régime Taraki il était évident pour tout le monde que l'URSS venait de parachever sa mainmise sur ce pays. Et personne depuis cette époque jusqu'au coup de Kaboul ne s'est inquiété, n'a bougé. La véritable explication est que Taraki puis Amin, qui se réclamaient de Moscou et de l'idéologie léniniste, ont gouverné par la terreur et que le peuple afghan a peu à peu rejoint leurs adversaires de l'intérieur. L'URSS était en passe de perdre ses avantages et par la faute de ses fidèles. C'est Amin qui a appelé les Soviétiques au secours, Amin qu'ils ont éliminé de la façon qu'on sait : fusillé avec les membres de sa famille. Karmal, à mon sens, a été choisi pour lui succéder afin de modérer les excès du régime et préparer la réconciliation nationale. Comme si jamais l'apaisement pouvait naître d'une intervention étrangère, militaire par surcroît !

— Si l'Occident comme vous le dites avait fermé les yeux depuis près de deux ans, pourquoi les a-t-il rouverts soudain et déclenché une si violente contre-offensive ?

— A Washington c'étaient les mêmes hommes, mais ces hommes avaient changé. De même qu'avait changé, pour s'affaiblir, la position des États-Unis au Moyen-Orient, avec la révolution iranienne, les troubles d'Arabie saoudite, l'élection d'Indira Gandhi, l'insécurité turque et les menaces sur le pétrole. Carter n'a peut-être pas été fâché non plus de jouer aux durs à quelques mois de l'élection présidentielle. Le boycott des Jeux Olympiques et les sanctions alimentaires contre l'URSS, mal étudiés et mal venus, me le font croire.

— Vous avez aussi interprété l'intervention soviétique comme le signe d'une crise de succession à Moscou.

— Les dirigeants russes ont, je l'ai dit, accumulé les risques, d'énormes risques dans cette affaire, et ne sont pas près d'en voir la fin. Seule la nécessité de préserver leur autorité sur l'armée et sur le Parti, ou l'obligation où ils se sont trouvés de concéder aux équipes nouvelles ce que je n'ose appeler une opération-prestige en Asie, a pu les amener à casser de manière aussi rude la détente.

— Qui était déjà mal en point...

— Oui. Et votre observation réduit la portée de mon raisonnement. La détente en effet, depuis la chute de Nixon, n'a cessé de se déliter. Au fond, de même qu'il ne se produit d'accident d'avion que par la combinaison de plusieurs défaillances, c'est peut-être la combinaison du désarroi américain et de l'incertitude soviétique qui explique le retour lent à la guerre froide.

— Regretteriez-vous Yalta ?

— Tout Européen de l'Ouest, patriote dans son pays, ne peut avoir qu'une pensée : détruire Yalta. Beaucoup de signes l'annoncent. Mais on ne sortira pas de Yalta sans crise. Nous y sommes.

— Vous avez aggravé votre cas aux yeux du PCF et de Moscou avec votre demande d'un nouvel examen des obligations contractuelles au sein de l'Alliance atlantique : le PCF y relève un atlantisme aigu. La revue théorique soviétique *Temps nouveaux* a repris en l'amplifiant cet argument. Votre démarche, qui paraît insolite, et qu'en tout cas aucun autre responsable politique en France n'a jusqu'ici reprise, justifie d'une certaine façon cette critique.

— Distinguons, s'il vous plaît. J'ai été le premier en France à formuler en termes précis, avant même ma campagne présidentielle de 1965, un processus de dissolution des blocs militaires. Je ne suis pas plus attaché à l'Alliance atlantique qu'un roumain ou un polonais ne l'est au Pacte de Varsovie. Encore l'Alliance de l'Ouest se montre-t-elle moins contraignante que celle d'en-face. Khrouchtchev en 1956 a donné l'ordre d'envahir la Hongrie après que Nagy eut annoncé la rupture du Pacte et proclamé la neutralité de son pays. On n'imagine pas les États-Unis agissant de même avec leurs alliés, ou du moins leurs alliés majeurs. La France a quitté l'OTAN, c'est-à-dire le commandement intégré qui la plaçait, par un détour formel, sous la dépendance du Pentagone, sans autre sanction que la mauvaise humeur. Nous en sommes sortis et n'y reviendrons pas. On ne laisse pas à d'autres le soin de décider pour soi quand la vie et la mort sont en jeu. J'ai souhaité que la France fût présente partout où l'on discutait du désarmement, regretté que le Sénat américain eût empêché Carter de signer quand il le pouvait les accords SALT II, approuvé le dernier projet Rapacki de dénucléarisation du centre de l'Europe, milité pour que les pays d'Europe établissent entre eux des règles nouvelles de sécurité collective sur leur continent divisé. Je soutiendrai toute démarche, à Madrid, qui réduira les tensions par la réduction progressive et simultanée des forces en présence.

J'aime les Américains, pas leur politique. Sous la IVe République, j'étais exaspéré par le climat de soumission à leurs moindres désirs. Je ne leur reconnaissais pas le droit de s'ériger en gendarmes du monde. En pleine guerre du Vietnam, j'ai préconisé un rapprochement avec la Chine communiste et dénoncé la stratégie du « containment ». Mes relations avec les ambassadeurs américains à Paris ont toujours eu un ton piqué. D'où mon indignation quand l'invitation de Carter, avant les élections de mars 1978, a été interprétée par certains comme un acte d'allégeance. Je l'ai d'ailleurs trouvé sympathique, Carter, disponible, attentif, pas du tout modèle courant. Puis les élections ont passé.

Rien ne m'incite à poser en postulat la nécessité de l'Alliance atlantique et je me satisferais d'une situation qui la rendrait caduque.

Quand à l'article des *Temps nouveaux*, je n'en ai pas encore épuisé la saveur. Comme il est intéressant ce critère absolu qui distingue, selon mes censeurs, la Droite de la Gauche ! Car lutter contre la domination de la bourgeoisie, ce n'est pas être de gauche. Rassembler à cet effet les forces populaires, c'est encore moins être de gauche. Socialiser les grands moyens de production, ce n'est pas être de gauche. Refuser toute forme d'exploitation de l'homme — et de la femme — par l'homme, c'est encore moins être de gauche. Défendre les droits de l'homme, chercher pour chaque enfant l'égalité des chances, ce n'est pas être de gauche. Pas davantage n'est à gauche le partisan de la détente, du désarmement, de la sécurité collective, de l'arbitrage international, de l'aide au Tiers-Monde, du droit des peuples à disposer d'eux-mêmes, de la démocratie contre la dictature. Non. *Les Temps nouveaux* n'aperçoivent là que l'esquisse d'un portrait auquel manquent encore quelques touches. Le militant d'extrême-droite s'avouera stipendé de la CIA, agent du Pentagone à des signes qui ne trompent pas : il dénoncera l'impérialisme américain, la voracité des multinationales, le colonialisme du dollar, comme naguère il a pris feu et flammes contre la guerre du Vietnam et celle du Cambodge, contre le soutien de Washington aux régimes sanglants d'Amérique latine, contre la ségrégation raciale. S'il proteste on lui rappellera, circonstance aggravante, qu'il s'est permis de reprocher à Carter la mise au réfrigérateur de SALT II et le boycottage des Jeux Olympiques, qu'il a même osé insister pour que la conférence de Madrid se tînt à l'heure dite. Le militant d'extrême-droite achèvera de se dépeindre en dénonçant l'implantation prochaine des fusées Pershing en Europe et si l'on doute encore de la nature du personnage il suffira de l'entendre exiger avec la même ardeur — et cette confusion d'esprit qui le caractérise — le retrait des fusées SS 20 pour comprendre enfin qu'il n'est pas à droite, ni même à l'extrême-droite, mais au-delà de l'extrême-droite. Pour les *Temps Nouveaux* les SS 20 sont la pierre de touche et le révélateur. Est de gauche qui s'en moque. Est au-delà de l'extrême-droite qui s'en soucie. Giscard et les autres, qui se targuent d'avoir enrayé l'infiltration soviétique en Afrique avec leur équipée du Zaïre, qui n'ont pas de mots assez durs pour stigmatiser les dangers du communisme international, qui pointent leurs crayons rouges sur les cartes d'état-major en direction de Moscou, qui font tourner leurs sous-marins à portée des villes soviétiques, on leur tendrait la main pour leur flatter l'échine, on les ferait élire si l'on pouvait présidents à perpétuité, on réinventerait le ciel pour le prier de les bénir. Ils ne sont pas à droite de l'extrême-droite. Et qui sait même s'ils sont à droite ? On ne les en accusera pas en tout cas tant qu'ils auront la bouche scellée sur ces deux lettres et ce chiffre tout rond : SS 20. Ils n'ont rien dit quand les premières fusées ont été installées à proximité de la frontière allemande, rien dit quand de mois en mois elles ont dépassé la centaine, rien dit quand il a été démontré qu'à cent cinquante elles juguleraient l'Europe occidentale, du nord de la Norvège au sud de l'Italie. Et à l'heure où je parle elles sont cent cinquante. CQFD : ils sont de gauche. Ainsi les *Temps Nouveaux* et leurs inspirateurs décernent-ils des brevets de civisme et de patriotisme aux hommes politiques d'Occident.

Là encore j'ai envie de crier : assez d'hypocrisies, assez de l'hypocrisie américaine qui ramène ses alliés au rang de satellites en échange d'une hypothétique protection, assez de l'hypocrisie française qui simule l'autonomie de sa dissuasion nucléaire sans avoir renoncé à la bataille de l'avant ni acquis l'autonomie de ses communications, assez de l'hypocrisie soviétique, qui à la limite consent à ne pas surarmer mais pas à désarmer, assez de l'hypocrisie du Parti communiste français qui s'affirme favorable au maintien de la France dans l'Alliance atlantique mais tire à boulets rouges sur quiconque propose de lui donner un contenu. Moi, je préfère déranger. Et j'insiste. Pourquoi serions-nous membres d'une alliance qui nous entraînerait malgré nous dans un conflit dont nous ne voudrions pas ? Pourquoi serions-nous membres d'une alliance qui n'assurerait pas notre sécurité ? A contrario pourquoi ne serions-nous pas membres d'une alliance dont nous aurions besoin ? Et si alliance il y a, je veux savoir comment elle fonctionne. Quelles hypothèses politiques et militaires elle recouvre. Posez ces questions autour de vous, y compris aux meilleurs spécialistes, aux gens dits informés : vous resterez dans le brouillard.

— Mais la France a une doctrine, que vous acceptez. Elle assure par ses propres moyens la sécurité du sanctuaire national. Ses armes nucléaires et particulièrement ses sous-marins atomiques sont prêts à riposter immédiatement à toute attaque directe de notre territoire. Cette menace d'une guerre totale découragera l'agresseur éventuel. C'est ce qu'on appelle la dissuasion.

— J'entends bien. Mais si cette doctrine se suffit à elle-même, pourquoi l'Alliance ? Il serait plus honnête alors de dire à nos voisins qu'ils n'ont pas à compter sur nous s'ils sont attaqués. Plus honnête de dire aux Français qu'ils n'ont pas à compter sur les autres en cas de danger. Aucune de ces situations, je dois l'avouer, ne me convient. L'autonomie de décision exclut-elle la solidarité ? La solidarité exclut-elle l'indépendance ? Un sommet atlantique éclairerait notre lanterne.

— De Gaulle s'était appliqué à rendre compatibles ces deux stratégies contraires — je ne dis pas contradictoires.

— C'est vrai. Il n'a jamais lâché la rampe américaine.

— Il n'en a pas moins choisi la voie de la dissuasion française et seulement française.

— Il a fait l'impasse sur la guerre. Et il avait raison.

— Voulez-vous dire qu'en ces années 80 la situation impose davantage de prudence ?

— La marge de sécurité se resserre. Ce sont des gouvernements en sursis qui conduisent les affaires du monde. La machine soviétique cafouille et l'Amérique n'est plus un partenaire sûr, pour personne.

— Alors que reste-t-il ?

— De nouveaux pouvoirs vont surgir. Une France à l'esprit clair et résolu, une Europe plus homogène et une opinion mondiale avertie économiseront les périls. C'est à quoi, en tout cas, j'ai décidé de m'attacher.

— J'ai noté que vous étiez hostile à la fabrication de la bombe à neutrons.

— A quoi sert-elle ? A détruire les personnes mais pas les matériels. A arrêter les chars en tuant leur équipage. Arme puissante mais de courte portée, elle implique un choix stratégique que Charles Hernu a clairement exposé l'autre jour. De deux choses l'une : ou bien nous irons chercher l'ennemi hors du sanctuaire — ou bien nous attendrons qu'il touche à nos frontières et le bruit de la bombe à neutrons se perdra dans le fracas de la guerre totale.

— Vous venez d'expliquer ce qu'est l'arme à neutrons. D'autres définitions seraient utiles à nos lecteurs. Qu'est-ce que les fusées Pershing ? Qu'est-ce que les fusées SS 20 ? On saisira mieux les enjeux.

— Les Russes disposent en Europe de deux types d'armes

à moyenne portée, les fusées SS 20 et les bombardiers
Backfire. Les SS 20 sont des fusées à trois têtes indépendantes sur rampe de lancement mobile, avec une charge
nucléaire de 150 à 250 kilotonnes, une portée de 4 000 kilomètres et une précision de 50 à 100 mètres. Les 150 fusées
actuellement déployées vers l'Europe occidentale pou-
raient détruire d'une seule salve la totalité des objectifs
militaires fixes. Le programme comprend 1 200 rampes de
lancement. Les bombardiers Backfire sont des bi-réacteurs
à flèche variable d'un rayon d'action de 5 700 kilomètres
en haute altitude, de 2 500 à 3 500 kilomètres en basse altitude, dotés de deux missiles nucléaires de 800 kilomètres
de portée. On en compte une cinquantaine.

Les Américains ont prévu pour 1983 l'implantation en
Europe d'une part de 108 missiles Pershing 2, missiles
balistiques à deux étages, capables de placer une ogive
nucléaire et de détruire des abris en béton à 1 800 kilomètres de distance ; d'autre part de 116 lanceurs de missiles,
dits Cruise-missile, sur rampes de lancement mobiles avec
4 missiles par rampes, petit avion sans pilote volant à très
basse altitude, au rayon d'action de 2 400 kilomètres et
d'une extrême précision : quelques dizaines de mètres. Installées en Allemagne, puis d'autre pays occidentaux, les
Pershing pourront atteindre Kiev en six minutes. Je comprends que les Russes s'alarment. C'est pour eux un déséquilibre intolérable.

— Vous souhaitez que les Américains y renoncent ?

— Oui. Et que les Russes acceptent du même coup de
négocier sur les SS 20.

— Mais ce face-à-face Pershing/SS 20 n'est-il pas satisfaisant pour les États-Unis ? Les Pershing menacent Moscou. Les SS 20, l'Europe de l'Ouest. Eux sont à l'abri
de toute arme nucléaire tactique et tiennent en respect les armes stratégiques. Ils n'ont donc rien à

redouter. Il est frappant qu'ils n'aient pas intégré les SS 20 dans les accords SALT II.

— Chacun pour soi et Dieu pour tous ! Oui, drôle d'Alliance ! Quant aux accords SALT II, ils ont surtout porté sur le plafonnement des missiles stratégiques (ceux qui traversent l'Atlantique), n'entamant qu'un processus de discussion sur les armes à moyenne portée déployées en Europe, ce qui explique qu'ils ne comportent pas de référence aux SS 20 et aux Backfire. D'ailleurs le débat russo-américain ne s'arrête pas là. L'URSS par exemple met en question les défenses nucléaires avancées des USA en Europe, soit les 400 avions bombardiers nucléaires basés en Allemagne.

— SALT II reste en suspens mais URSS et USA parlent déjà de SALT III, qui engloberait l'armement nucléaire britannique et français. Le Parti socialiste a-t-il pris position là-dessus ?

— Oui, très réticente. Nous ne refusons pas un examen global des problèmes de désarmement, nous le réclamons même. Mais nous ne voulons pas nous placer en queue de discussion, Américains et Russes ayant déjà réglé leurs problèmes. Notre marge de sécurité est trop étroite par rapport aux deux superpuissances pour envisager de la réduire encore.

— Mais les dirigeants communistes français sont pour.

— Je ne les ai pas encore vus se distinguer des options soviétiques en matière militaire.

— Êtes-vous en désaccord complet avec eux sur les problèmes de défense ?

— En théorie, non ! Ils acceptent comme nous la stratégie de la dissuasion. Ils refusent comme nous la fabrication de l'arme neutronique. Ils demandent comme nous la signature de SALT II. Ils désirent comme nous discuter à Madrid de la sécurité collective en Europe. Ils contestent comme nous l'installation des Pershing en Europe. Une lettre récente du PCF à notre direction semblait indiquer que par un infléchissement nouveau, dans le bon sens, ils approuveraient l'ouverture d'une négociation conjointe sur les armes à moyenne portée, donc sur les Pershing et les SS 20...

— Helmut Schmidt, retour de Moscou cet été, a cru comprendre que les Russes en étaient là.

— Avec une réserve de taille : que les Américains renoncent dès maintenant à l'installation des Pershing.

— Et vous seriez d'accord ?

— Quand j'étais prisonnier de guerre au camp de Ziegenhain, en Hesse-Cassel, nous étions là trente mille hommes, peut-être, entassés dans des baraques séparées l'une de l'autre par trois réseaux de barbelés, hauts d'au moins quatre mètres. On se voyait, on se parlait mais on ne pouvait échanger des objets qu'en les lançant par-dessus la clôture. Les fumeurs formaient le gros du petit peuple marchand qui vantait ses produits et annonçait les prix comme sur tous les marchés du monde. Leçon d'économie dans un parc à moutons ! Dix cigarettes contre une montre en argent, vingt pour l'or. Une bague de mariage, une médaille de première communion valaient aussi leur paquet de gris, poids en moins mais sentiments en plus. L'offre et la demande jouaient à plein comme elles jouent en période de pénurie, c'est-à-dire comme un impôt sur le désir. Dans nos wagons à bestiaux qui nous menaient en Allemagne j'ai vu des malins monnayer les fentes par où passait l'air du dehors. Donc, au stalag on échangeait. Facile apparemment. Hé non ! Le problème était de savoir qui lancerait le premier, car si les objets ne partaient pas d'un même mouvement, au millième de seconde près, rien ne garantissait que l'un des négociants ne se trouverait pas propriétaire à la fois de son bien habilement retenu et du bien d'autrui imprudemment lâché, ce qui par contrecoup privait l'autre et du bien possédé et du bien désiré. Le casse-tête ! On s'en est sorti à la longue grâce à la rumeur publique, au témoignage, à l'arbitrage, la société corrigeant peu à peu — ah ! Jean-Jacques ! — les tendances naturelles de l'homme.

— Les Américains tiendraient l'or, les Russes, les cigarettes, ou le contraire, si je comprends votre apologue.

— Personne ne veut lâcher son gage. C'est la rançon de la méfiance.

— Vous comptez sur l'arbitrage. Mais de qui ?

— Moscou et Washington ne sont pas seuls au monde. Et ils ont besoin, eux aussi, d'une règle commune.

— Vous croyez donc à la négociation finale sur les fusées ?

— Oui.

— Vous venez de répéter à deux reprises que vous attendiez beaucoup de la conférence de Madrid, mais Madrid après Belgrade, Belgrade après Helsinki, n'est-ce pas un interminable marché de dupes ? La conférence d'Helsinki a valu à l'URSS une sorte de reconnaissance des acquis de Yalta et elle n'a rien concédé en contrepartie sur le terrain des droits de l'homme. L'affaire Sakharov est, à cet égard, un chef-d'œuvre de provocation. Beaucoup considèrent Helsinki comme une victoire russe.

— Je serai moins affirmatif. Le processus de l'été 80 en Pologne ne ressemble pas à l'explosion de 1970 et à ses suites. En Hongrie, on prend du champ et on n'y trouve plus de prisonniers politiques. Même en RDA, j'ai le sentiment qu'il se passe quelque chose. Après tout, pourquoi la France ne proposerait-elle pas à Madrid des mesures « de confiance » plus contraignantes, telle que la notification des mouvements de troupe au-delà de dix mille hommes engagés, qu'il s'agisse ou non de manœuvres ? Étant entendu que la zone géographique d'application de ces mesures devrait être en rapport avec la rapidité de déplacement des engins de terre modernes. A l'heure actuelle l'URSS est « exemptée » à l'exception d'une bande frontalière de deux cent cinquante kilomètres, franchissable en six heures par un char rapide. Il faut à tout prix réduire les forces dites « de théâtre » et poser la question d'un moratoire Pershing - SS 20. Sur le plan économique pourquoi ne pas accepter la proposition soviétique, reprise par Brandt, d'une conférence européenne sur l'énergie ? La crise, qui n'est pas seulement celle des pays occidentaux, peut amener à un dialogue multilatéral sur des problèmes financiers et commerciaux, par accords de troc ou de compensation. Une telle voie peut être prometteuse, — un peu comme si la Pologne de 1947 avait accepté le Plan Marshall. Qu'est-ce qui nous empêche, aussi, de demander à l'instar des grévistes de Gdansk la reconnaissance des droits syndicaux sur la base des textes agréés par le Bureau International du Travail ? D'exiger la mise au point des dispositions pratiques qui permettront aux journalistes d'exercer leur métier en URSS, de faire librement leur travail ? Et ne rien accepter si ça ne marche pas...

— L'objection de Jean-Pierre Chevènement à votre thèse sur le danger soviétique est qu'elle occulte ou fait passer au second plan une menace plus réelle, plus actuelle, celle de l'appareil militaro-industriel du bloc capitaliste. J'ai trouvé sur ce sujet votre réponse évasive.

— A la réflexion, moi aussi. Jean-Pierre Chevènement aurait tort de mésestimer l'accumulation des armements soviétiques en Europe. J'aurais tort de minimiser le côté revanchard, souvent provocateur, des forces réactionnaires du monde occidental. Au cours des cinq dernières années, les Américains ont multiplié les petits ou grands ratages, les à peu près, les dérapages dont la somme a fini par simuler une politique. Et cette politique ne pouvait qu'inquiéter les Soviétiques. Je pense comme Chevènement qu'il existe à l'Ouest un parti de la guerre, ou pour être plus nuancé un parti qui, supputant que l'URSS calera, accepte à l'avance de payer d'une guerre le prix d'une erreur de calcul.

— J'ai remarqué à ce propos qu'à l'instar de Michel Debré, le thème de la « guerre économique » que nous livreraient les Américains occupe de plus en plus votre discours.

— L'expansionnisme soviétique, après son formidable bond en avant de 1945, nous oblige à renforcer notre défense militaire. Mais il ne menace pas notre indépendance économique. L'impérialisme américain ne menace pas l'intégrité de notre territoire, mais il s'empare de nos ressources agricoles et industrielles et nous oblige à organiser notre défense économique. Il faudrait une série d'événements dramatiques et un concours insensé de circonstances pour que les deux superpuissances s'engagent dans un conflit direct. Plus probable est l'affrontement par la bande, par victimes interposées. Des cobayes, il s'en trouvera toujours près des champs de pétrole, au Proche-Orient ou dans les zones troubles de la Méditerranée. La France, heureusement, n'a pas à craindre de jouer ce rôle. L'urgence est donc pour elle d'organiser sa ligne de résistance face à l'offensive que les Américains mènent chez nous pour s'emparer de nos places fortes industrielles et commerciales, et pour nous intégrer à la division internationale du travail programmée par le grand capital. Les guerres modernes se perdent d'abord sur ce champ de bataille. Trois ou quatre Waterloo successifs comme ceux du textile, de l'ordinateur et de l'agro-alimentaire nous réduiront plus sûrement à néant, et à moindres frais pour l'agresseur, qu'une bombe hypothétique sur le plateau d'Albion.

— Le choix des alliances n'est jamais innocent. Vos adversaires vous accusent déjà d'avoir choisi le camp américain pour vous garder des SS 20.

— Je n'ai choisi ni l'un ni l'autre. J'essaie de faire face à la double menace. Le *Projet socialiste* est un bon bréviaire pour cela.

— Que peut la France seule ? Certes, vous êtes européen, je veux dire un homme politique favorable à la construction de la communauté européenne. Mais votre entretien avec Michel Tatu laisse percer un désabusement, à la limite un désaveu. Vous semblez n'y plus croire beaucoup.

— Je souhaite y croire, façon déjà d'y croire beaucoup.

— Mais encore ?

— J'ai toujours été partisan d'institutions qui donneraient corps à l'Europe. Mais ce que nous nommons Europe aujourd'hui est une Europe d'occasion qui ne représente pas à elle seule l'histoire, la géographie et la culture européennes. Deux fois on a taillé à coups de hache dans notre continent : 1919, 1945. Ce qu'il en reste est pantelant. A regarder l'Europe des Neuf on se demande pourquoi l'Irlande et pas l'Autriche, pourquoi le Danemark et non la Pologne. Bien entendu, je connais la réponse, la guerre, encore la guerre, des vainqueurs, des vaincus, Yalta, le mur, les deux empires. En foi de quoi Rome n'est plus dans Rome. Cela dit je suis pour, quand même.

J'ai voté tous les traités européens, sauf la Communauté européenne de défense (CED) en 1954, où membre du gouvernement Mendès France, je me suis, comme mes collègues, abstenu. A distance je mesure à quel point on a bien fait de la repousser, cette Europe des maréchaux. On ne fonde rien sans pouvoir politique. En l'absence d'un pouvoir politique en Europe, la Communauté de défense l'aurait cherché et trouvé hors d'Europe. N'était-ce pas d'ailleurs son objet véritable ? Bref, c'est de Washington qu'on aurait gouverné et décidé pour nous.

J'ai donc voté le pool charbon-acier et le Marché commun. Je ne m'en repens pas. Et si je regrette quelque chose c'est leur échec.

— Échec est bien sévère. De grands progrès ont été accomplis par cette Europe, dans cette Europe, et grâce au Marché commun.

— L'échec se jauge à l'espérance. Mais vous avez raison si l'on change d'étalon. Le passif et l'actif s'équilibrent assez pour qu'on ne ferme pas la maison.

— Parlons de l'actif.

— L'Europe des Neuf avait réussi, à la veille de la crise du pétrole, à devenir la première puissance commerciale du monde. Avec son union douanière, ses tarifs préférentiels et son Marché commun agricole — elle n'est rien d'autre — elle a prouvé qu'elle pouvait exister. Prise en tenaille entre l'économie collectivisée du bloc communiste et la zone de libre échange que s'efforce d'élargir les États-Unis d'Amérique, elle offre aux pays qui la composent la chance de vivre ensemble, avec des règles qui leur sont propres, et de constituer une entité dont les autres doivent tenir compte. Elle a su, grâce à l'ampleur de vues de quelques-uns, inaugurer une audacieuse politique de coopération avec l'Afrique et le Tiers-Monde. Sur un plan plus restreint, mais qui pour nous Français ne l'est pas, elle a hâté, facilité la réconciliation franco-allemande sans laquelle rien n'eût été possible. Elle peut enfin servir d'embryon au rassemblement des peuples européens qui auront su briser les artifices de Yalta.

— Et le passif ?

— Contentons-nous d'énumérer. Une faible unité politique, l'héritage non surmonté du passé proche et lointain. Lointain : la Grande-Bretagne traditionnellement ouverte sur les océans, le dos tourné au continent. Proche : l'Allemagne fédérale tenue, pour sa sécurité, de coller aux États-Unis. A mi-chemin la France, portée par le rêve ou bien traînant les pieds, tiraillée par ses deux histoires, celle de Jean Monnet, celle de Charles de Gaulle.

L'adhésion de la communauté aux principes de l'économie libérale qui l'infléchissent vers la zone de libre échange universel où l'attendent de pied ferme les multinationales. La timidité de la législation sociale et la présence marginale des classes travailleuses dans les institutions. Les truquages admis pour échapper aux règlements : l'affaire des vins italiens ou des textiles de Hambourg. L'absence d'un grand dessein. Personne, parmi les dirigeants, ne pense l'Europe autrement qu'au travers de ses préoccupations nationales. La règle non écrite du juste retour interdit toute véritable planification. Du coup les disparités entre pays et régions s'aggravent. La France en ce domaine donne le ton. Savez-vous que les collaborateurs de M. Giolitti, commissaire aux politiques régionales, n'ont jamais eu l'autorisation de visiter nos régions en difficulté ?

— Si je vous suis, l'Europe est morte ?

— Non. Bien que j'emploie cette expression avec d'extrêmes précautions, l'Europe vivra parce qu'elle va dans le sens de l'Histoire.

— Vous avez rappelé à Michel Tatu une phrase de votre bloc-notes de *L'Unité*, qui avait fait bondir vos adversaires... et même votre ami Willy Brandt : « L'Europe sera socialiste ou bien ne sera pas ». Or vous affirmez en même temps votre attachement à une Europe pluraliste. Cela mérite d'être expliqué.

— Willy Brandt s'est mépris. Je n'ai pas voulu dire que je n'accepterais qu'une Europe socialiste ou qu'il n'y avait de place en Europe que pour les socialistes. Cette vue totalitaire m'est naturellement étrangère. Est-ce que je refuse de participer aux institutions d'une France qui n'est pas socialiste. de siéger en France dans des assemblées où les socia-

listes sont minoritaires ? Mais je veux que l'on comprenne
— et mes adversaires ne s'y sont pas trompés — qu'une
majorité de droite conservatrice et libérale ne peut faire
l'Europe qu'en manquant à la philosophie économique
qu'elle partage avec le grand concurrent du Marché commun que sont les États-Unis d'Amérique, et ce qui est moins
concevable encore, qu'en manquant à ses intérêts. Est-ce
concevable ?

A ses débuts, dans les années 50, la Communauté européenne, celle des Six, correspondait au stade de développement du capitalisme dans le monde après la deuxième
guerre mondiale. Aujourd'hui, le capitalisme parvenu au
stade multinational considère l'union douanière et les
tarifs préférentiels du Marché commun comme un obstacle
à son expansion. L'Europe libérale peut-elle résister à cette
pression ? Je ne le crois pas. Seule l'Europe socialiste...

— Pouvez-vous rappeler ici la position de votre Parti sur
l'élargissement du Marché commun à l'Espagne, au Portugal et à la Grèce ?

— Nous avions examiné ce problème à l'époque du Programme commun, en accord avec notre partenaire communiste : sitôt levée l'hypothèque de la dictature dans chacun
de ces trois pays, nous serions favorables à l'élargissement.
Bref, nous posions un seul préalable, le préalable politique.
Puis les dictatures tombées, nous nous sommes trouvés
devant une situation très concrète : les nouvelles démocra-
ties de Grèce, d'Espagne et du Portugal demandaient leur
adhésion. Un refus de principe ? Impossible. Au nom de
quoi ? Les socialistes ont donc décidé d'accepter la négociation. Mais pas les yeux fermés. Avec l'aggravation de la
crise, il devenait évident que d'énormes difficultés de
caractère économique se dressaient devant nous.
N'oublions pas, pour prendre l'exemple de l'Espagne, le
plus significatif, que non seulement ce pays concurrence

directement notre production agricole du Languedoc-Roussillon, de Provence, d'une partie du Midi-Pyrénées et de la vallée du Rhône, mais encore qu'il se situe au dixième rang des nations industrielles dans le monde, et qu'il fabrique des produits finis dans les secteurs où nous subissons une forte dépression, comme le textile, la sidérurgie, le cuir, sans oublier la pêche où nos patrons pêcheurs de Méditerranée affrontent la flotte des armateurs espagnols. Avant d'introduire l'Espagne dans la communauté, il convient d'arrêter les règles d'une concurrence loyale où entreront en jeu les législations sociales et fiscales et l'ensemble des éléments qui interviennent dans l'établissement des prix de revient. De longs délais paraissent nécessaires. Cinq ans, dix ans, davantage ? Nous nous sommes gardés de toute prévision théorique et nous sommes rangés à l'idée que, pour chaque produit, le temps et les hommes feraient leur œuvre.

C'est ce qui nous a conduits à réunir à Montpellier, le 26 septembre 1978, nos instances dirigeantes et à adopter un texte qui fixe de façon précise, sous forme de trois préalables, l'un agricole, l'autre industriel et le troisième d'aménagement régional, les conditions du Parti socialiste à l'élargissement du Marché commun.

— Au-delà du bien-fondé de vos observations, était-il raisonnable d'assimiler la Grèce à l'Espagne et de voter contre, comme vous l'avez fait à l'Assemblée nationale, la ratification du traité signé entre ce pays et la communauté ?

— C'est un des votes qui m'ont été le plus pénibles depuis longtemps. Mais le gouvernement de Raymond Barre a traité le Parlement de telle sorte, refusant tout débat préparatoire et donc la discussion de nos préalables, que nous n'avons pas voulu créer de précédent, quelque désir que nous ayons de tendre la main à la Grèce.

— Comment ont réagi les socialistes de ces pays ?

— Plusieurs conférences de travail, dont la principale s'est tenue à Toulouse, nous ont permis de concilier nos points de vue avec les socialistes espagnols. Les socialistes portugais souhaitent nous voir adopter une position plus souple. En revanche le PASOK, Parti socialiste grec, opposé à l'entrée de son pays dans le Marché commun, nous a approuvés.

— Vous avez dit un jour : plus le Marché commun s'étend, moins il existe. Pourquoi ?

— Parce qu'il change de nature. Trop vaste, il se fondra dans la zone de libre-échange et perdra son identité.

— Vous avez apprécié sévèrement le retournement de Valéry Giscard d'Estaing qui vantait l'an dernier la nécessité de l'élargissement avant d'y renoncer lui-même cette année.

— J'ai compris qu'il comptait sur ses doigts les suffrages à gagner et qu'il venait d'annoncer sans la dire sa candidature à la présidence de la République. On vole haut !

— Son argument « réglons d'abord les problèmes de l'Europe des Neuf avant d'élargir à douze » ne manquait pas de bon sens.

— Il pouvait y penser plus tôt.

— Quoi qu'il en soit, il est urgent de remettre en tenue de route le Marché commun agricole.

— De moins en moins commun ce Marché ! Non seulement les revenus agricoles ne sont plus garantis, mais la libre circulation des produits est maintenant compromise. Quant à la préférence communautaire, elle recule devant les dérogations permanentes, huiles végétales, tourteaux de soja, manioc, et celles qui viennent d'être accordées au beurre et aux moutons néo-zélandais importés par la Grande-Bretagne, sans compter les quatre cent soixante mille tonnes de viande bovine qui entrent sans prélèvement dans la communauté. Le manque d'initiative de notre diplomatie et nos renoncements successifs font que le Marché commun, longtemps bénéfique pour les céréales, n'a pas vraiment réussi à se doter de mécanismes utiles à la production animale, viande et lait, ainsi qu'à la viticulture, à l'horticulture, aux fruits et légumes. Le dernier principe auquel on s'accrochait, la solidarité financière, a volé en éclats depuis que M. Giscard d'Estaing a craqué devant Mme Thatcher en juin dernier. C'est désormais tout l'élevage français, bovins, moutons et porcs, qui est en jeu.

— Comment réagir sans remettre en cause le Marché commun ?

— Ne pas réagir serait pire. Un Marché commun au sein duquel chacun fait ce qu'il veut n'a d'intérêt pour personne. Si l'on veut préserver les chances de l'Europe, reconstruisons la politique agricole commune autour des principes qui ont à l'origine, prévalu. « Tout le traité de Rome et rien que le traité » avais-je déclaré en 1976 devant l'association des journalistes agricoles. Et cela signifiait qu'il fallait se hâter de renégocier la conférence de Stresa. Depuis, au mois de juin dernier, dans une conférence de presse à Paris, j'ai énoncé les objectifs et les conditions nécessaires, selon nous, au sauvetage de la Communauté. Nos objectifs européens s'identifient à ceux que j'ai avancés pour la France : une juste rémunération pour les agriculteurs, le maintien dans chaque pays d'une population agricole active et bien formée, une production suffisante à l'équilibre du commerce extérieur et pouvant contribuer à lutter contre la faim dans le monde, une productivité accrue dans le respect des équilibres naturels et du développement régional.

A cette fin j'ai défini les conditions nécessaires que voici :

Retrouver l'unicité du Marché, et d'abord supprimer les entraves monétaires.

Fixer des prix à la production selon les possibilités de débouché et de marché.

Empêcher que les prix ne procurent des rentes de situation aux gros agriculteurs et ne conduisent à des prix alimentaires insupportables pour le consommateur ou à des dépenses de soutien insupportables pour le contribuable. D'où notre proposition de prix différenciés et d'un quantum par exploitation, au-delà duquel les produits seraient payés à un prix moindre, système assorti d'une taxe de résorption, pour vendre à prix réduit dans certaines circonstances ou financer certaines exportations. Rien à voir avec la fameuse taxe de co-responsabilité pour le lait, exemple même de ce qu'il faut éviter, puisqu'elle frappe uniformément et indistinctement l'ensemble des producteurs, sauf ceux des zones de montagne et des zones défavorisées, ce qui est bien la moindre des choses.

Assujettir tous les produits agricoles, en particulier ceux du Sud, fruits, légumes, huile d'olive ainsi que le mouton et la pomme de terre à des règlements de marché analogues à ceux des céréales et du lait.

Enfin, doter le Marché commun de moyens d'exportation organisés. On brade des excédents de beurre ou de poudre de lait. On vend en fin de campagne nos excédents de céréales. Sur la base des efforts accomplis depuis le premier plan d'équipement, avec le socialiste Tanguy-Pringent en 1945, l'agriculture française a gagné le pari des planificateurs. Doit-on livrer ce potentiel d'exportation à la seule gestion des grandes firmes et à leur seul profit ? Notre projet est de le réguler par des offices spécialisés dans le cadre d'agences européennes de commerce agricole.

— Beaucoup de nos lecteurs ne sont pas spécialistes de l'agriculture et auraient besoin de savoir ce qu'est la taxe de co-responsabilité sur le lait dont vous venez de parler.

— Devant l'énorme stock de tonnes de poudre de lait

inemployée, la commission européenne a proposé la création d'une taxe que paieraient les producteurs pour favoriser les exportations vers les pays tiers. Fixée à un taux de 0,5 % par litre de lait en 1978, elle a été portée cette année à 2,67 %. Or si la Communauté souffre d'une surproduction de lait, cela tient au fait que l'insécurité dans laquelle ils travaillent pousse les agriculteurs à produire chaque année davantage pour maintenir leurs revenus. Ajoutons que le libéralisme à la mode refusant tout contrôle sur les structures de production, ceux des agriculteurs — ou industriels de l'agriculture — qui ont les reins les plus solides surdéveloppent leur production par des techniques d'intensification et par l'utilisation de matières nutritives importées. Or, la taxe de co-responsabilité ne corrige pas ce défaut de structure. De plus, elle frappe les producteurs laitiers sans que la Communauté se soit préalablement assuré la maîtrise des matières grasses concurrentes, animales ou végétales, et des importations en provenance des pays tiers.

— Je me souviens d'une discussion à la télévision en 1979, où Jacques Chirac et Simone Veil rivalisaient d'ardeur pour condamner cette taxe. Va-t-on la supprimer ?

— Personne n'en parle plus. Sauf les professionnels et nous qui persistons à réclamer une garantie de prix du lait pour un volume de production donné, afin d'empêcher la croissance sans limite de chaque unité de production.

— Il y a eu précisément, en 1979, des élections pour l'Assemblée européenne au suffrage universel. Vous-même y avez été élu. Vous avez aussitôt démissionné de ce mandat.

— On nous avait volé un siège. Je l'ai restitué à la candidate appelée à me remplacer par son rang sur la liste. J'ai par ce geste signifié mon refus de l'escroquerie dont nous étions victimes. J'ai en même temps tenu la promesse faite par mon parti d'envoyer à Strasbourg 30 % de femmes.

— Ce siège, on vous l'a rendu.

— Grâce au Conseil d'État. En attendant, les résultats publiés et clamés *urbi et orbi* semblaient attribuer un sérieux avantage au parti du président : UDF 26 sièges, PS 21, PC 19, RPR 15, alors que rétablis dans notre droit nous en avons obtenu 22 et l'UDF 25.

— Je ne peux pas m'empêcher tout de même de penser que si vous aviez attaché beaucoup d'importance à cette nouvelle Assemblée vous y seriez resté, et quelqu'un d'autre aurait pu démissionner sur votre liste après tout...

— J'ai regretté d'avoir à la quitter. Mais je me suis rendu compte par la suite que j'aurais pu difficilement concilier le cumul de mes charges, car, agréable surprise, à Strasbourg on travaille !

— Si l'on suit ce raisonnement, aucun des grands responsables des partis politiques d'Europe ne siégera plus à l'Assemblée européenne, ce qui coupera davantage encore cette assemblée de l'opinion publique. Ne peut-on imaginer une procédure qui concilie les obligations nationales et européennes ?

— Le meilleur eût été d'instituer un système de suppléance. Mais cette suggestion n'a pas été retenue. Faute d'une mesure de ce genre vous verrez disparaître de Strasbourg les leaders nationaux. Pierre Mauroy a dû, à son tour, se retirer. C'est dommage pour nous, même si l'arrivée de Frédéric Jalton, représentant des départements d'Outre-Mer, a, d'une autre façon, compensé ce départ.

— Le cumul n'est-il pas très difficile pour tout parlementaire national ?

— Oui. Il n'y a plus qu'un seul d'entre nous dans ce cas.

— Quelle importance représentait à vos yeux cette élection au suffrage universel ? Était-elle vraiment de nature à faire avancer la construction européenne ?

— En droit il ne s'agissait que d'un mode de scrutin différent pour élire la même Assemblée. En fait, c'était un grand pas en avant que d'appeler les peuples d'Europe à décider eux-mêmes.

— Si j'en juge par la tonalité de notre entretien sur l'Europe, votre volonté d'y croire se heurte à des réalités qui laissent peu d'espoir. N'avez-vous pas, vous socialistes, à offrir une perspective plus exaltante ?

— Tout se passe en effet comme si le traité de Rome avait épuisé ses chances et ses charmes. Et pourtant il faut aller de l'avant, répondre aux exigences des années 80 : la mondialisation de l'économie, la compétition sauvage, la domination des multinationales, le désordre monétaire et financier, les virtualités de la nouvelle révolution industrielle... sans négliger, bien sûr, les rapports entre le Nord et le Sud et le retour à la guerre froide. La Communauté européenne a des responsabilités énormes en raison de son rang dans le monde et du rôle qu'on attend d'elle.

Puisqu'un accord général n'est pas possible sur les fins et les moyens de ce nouveau départ, pourquoi ne pas distinguer d'une part les règles du jeu applicables à tous pour le Marché commun, la politique commerciale commune, la politique agricole réformée, la monnaie, la coopération industrielle, l'énergie, la politique sociale et, d'autre part, les règles que cinq, six, sept, huit pays membres de l'Europe des Neuf s'imposeraient pour atteindre ensemble des objectifs particuliers, s'associant au besoin à des pays extérieurs à la Communauté, Espagne, Portugal, Suède, Autriche, que sais-je ?, intéressés par l'entreprise. C'est ce que Jacques Delors, l'un des esprits les plus solides de l'actuelle assemblée de Strasbourg, a appelé l'Europe à géométrie variable.

VII.
L'air du dehors

Si tu entends sonner le glas à Téhéran, il sonne
pour toi. Le couple infernal dollar-pétrole ne
conçoit que des morts-nés. La guerre entre
l'Iran et l'Irak ne doit pas faire oublier que la
clé du Proche-Orient est l'Arabie Séoudite. En
Chine, pendant ce temps, commence l'ère des
managers.

— Il s'est passé beaucoup d'autres choses dans le monde ces dernières années. Que dis-je ? Ces dernières semaines ! La révolution iranienne et la guerre entre l'Irak et l'Iran, l'offensive de paix de Sadate au Proche-Orient, la fin du maoïsme en Chine populaire et maintenant les grèves de Pologne et leurs conséquences politiques. Le moment est venu d'en parler.

— Traitons-les dans cet ordre, si vous voulez, qui n'est pas celui de la chronologie.

— Bon. Commençons par l'Iran. Vous avez dénoncé le régime du Shah, au temps de sa splendeur, protesté contre ce que vous estimiez être les compromissions de la France à l'époque des « contrats du siècle » et des fabuleuses fêtes de Persépolis, pour le 2 000ᵉ anniversaire... Maintenant que nous connaissons la suite pensez-vous avoir eu raison ?

— Rien n'arrête une révolution quand l'heure est arrivée de sa nécessité. L'effort incontestable de modernisation engagé par le Shah, effort soutenu par la manne du pétrole et payé par la sueur et par le sang d'un peuple incroyablement opprimé, a surtout profité à la nouvelle bourgeoisie qui, aspirant à jouer le rôle de classe dirigeante, s'est lassée de la dictature. J'ai relaté ailleurs deux anecdotes vécues à

Téhéran dans les années 60. A la table du Premier ministre on parlait religion. Mon hôte m'a demandé : « Avez-vous visité les mosquées ? — Oui. — Y avait-il du monde ? — Beaucoup ». Il s'est alors retourné vers les autres convives, dignitaires du régime, et leur a jeté froidement « Parfait. Tant qu'elles seront pleines nous serons tranquilles ». Au café, un ancien ministre nous a raconté que l'hiver précédent, voyageant dans la montagne et sa voiture prise dans une tourmente de neige, il avait dû chercher refuge dans un gros village où il avait passé la nuit. « Je ne savais pas où j'étais », confiait-il en riant, « aussi je décidai, avant de partir, de questionner les villageois dont je ne puis dépeindre la surprise : ils m'apprirent que j'étais dans mes terres ». J'ignore ce qu'il est devenu, s'il vit encore, ce personnage. Rien ne le différenciait d'une oligarchie semblable à toutes les oligarchies. On dansait encore à Moscou dans les palais illuminés le soir où Lénine fit basculer le monde. Quant au Premier ministre il n'avait commis qu'une erreur : les mosquées étaient pleines, finie la tranquillité ! Ni le Shah ni les siens n'avaient perçu le désespoir du peuple, l'ambition de la bourgeoisie, le réveil de l'Islam.

J'ai plus tard rencontré les opposants, aidé, autant que le pouvait notre parti, les organisations révolutionnaires, contribué à informer l'opinion sur la nature d'un régime qui n'avait plus que la ressource de fusiller les gêneurs.

— Auriez-vous donné asile à Khomeiny comme l'a fait Giscard d'Estaing ?

— Oui.

— Etes-vous allé voir l'ayatollah à Neauphle-le-Château ?

— Non. Nous entretenions de bonnes relations d'amitié et de travail avec Karim Sandjabi et le Front National dont les idées républicaines et laïques nous paraissaient convenir davantage aux intérêts de la résistance iranienne. J'ai salué Sandjabi deux heures avant qu'il ne prît, à Roissy, l'avion pour Téhéran, au terme d'une longue période entre-coupée d'exil et de prison. On redoutait pour lui le pire. Le Shah régnait encore. Il fut arrêté de nouveau, expédié dans une geôle, avant que l'événement, versatile par ces temps, ne l'envoyât siéger en qualité de ministre des Affaires étrangères dans le gouvernement Bazargan, qu'il quitta peu après, fidèle à une révolution qui avait cessé de l'être avec lui.

— Avez-vous connu Bani Sadr ?

— Non, pas personnellement.

— Avez-vous des contacts aujourd'hui avec les nouveaux dirigeants iraniens ?

— Oui. Une délégation conduite par Lionel Jospin a parti-cipé en juin à la conférence internationale organisée par Bani Sadr et Godzabeh.

— La révolution islamique a-t-elle selon vous changé le rapport des forces dans le monde ?

— Moins qu'on ne l'aurait cru.

— Pourquoi ?

— Parce que si son premier mouvement a été de prosély-tisme, elle s'est ensuite repliée sur elle-même.

— Les Américains ont quand même perdu l'une de leurs places fortes.

— Mais les Russes ne l'ont pas gagnée.

— Les Russes avancent vers le golfe Persique. Entre eux et l'océan Indien reste le Belouchistan. Le désordre iranien et d'habiles propagandes peuvent inciter cette province à prendre le large. Ensuite on la « protégera ». Vous voyez le dessin.

— Possible, peu probable. L'Afghanistan à l'est ; à l'ouest l'Ethiopie et le Yemen : l'URSS referme peu à peu les deux pinces de la tenaille. Et sa flotte qui croise, au milieu. On annonce depuis longtemps sa marche vers les mers chau-des. Elle y est. Je persiste à penser cependant qu'elle n'ira pas au golfe Persique, du moins par les chemins tracés. Je pense même qu'elle n'ira pas du tout.

— Vous voilà bien assuré !

— Je ne le suis pas. J'interprète comme je peux les signes que j'ignore. Mais toucher au pétrole c'est la guerre.

— L'Iran a pourtant confisqué son pétrole et l'Amérique n'a pas bronché.

— Ce patriote et fol Iran qui défie à la fois Moscou et Washington, avouez que c'est haut en couleurs ! Et pas malhabile non plus !

— Patriotisme ou religion ? J'y ai vu surtout le réveil de l'Islam.

— Un réveil particulier, celui des chiites, secte importante mais non pas dominante du monde musulman, fidèle à la loi d'Ali, le gendre du Prophète, contre la loi des ulemas, et qui, comme toute minorité se veut rigide et conquérante. Mais les chiites, nombreux en Irak, sont présents dans les républiques soviétiques de l'Asie centrale et en Afghanistan. Un de mes amis soutient mordicus que l'intervention soviétique à Kaboul s'explique d'abord par la volonté russe d'arrêter la contagion, comme au Moyen-Age les populations de Provence et du Comtat dressèrent un mur contre la peste. Je n'y crois guère mais l'argument vaut qu'on y réfléchisse. L'URSS aura en tout cas des prudences de Sioux. Et surveille son ambassade !

— Comment Khomeiny n'a-t-il pas compris que ses otages américains dévaluaient sa révolution ?

— Il punit et récompense, comme son Dieu.

— Drôle de symbole, un déni de justice !

— Vous connaissez mon opinion sur ces enlèvements d'otages. Mais l'Iran a tant souffert qu'on ne peut réduire à cette triste erreur le grand mouvement qui l'emporte. La critique que j'oppose à l'expérience Khomeiny est qu'elle n'a pas d'issue. On ne ramène pas un peuple épris de l'avenir quatorze siècles en arrière, même si ce passé justifie le futur. Khomeiny et les mollah se trompent de révolution. Un grain de sable dans l'urètre de Cromwell et en voilà fini pour longtemps.

— Votre approbation de la tentative de Carter pour libérer les otages américains a surpris l'opinion et vos propres amis, m'a-t-on dit.

— J'ai approuvé la tentative et déploré l'échec. Réussie elle aurait purgé l'Amérique de son angoisse, l'URSS de ses doutes, et l'Iran de sa haine. C'est à mon lever, le matin, que j'ai appris par la radio le coup de main manqué. Mon premier réflexe a été celui de tout le monde : quelle bêtise ! Mais le deuxième plus proche de la réflexion : dommage ! Je me sentais solidaire de cet homme qui choisissait l'honneur contre les finesses du métier. Je me suis enfin posé la question : qu'aurais-je fait ? La réponse était simple : tout pour sauver les miens.

— Valéry Giscard d'Estaing a montré plus de discrétion.

— Kaboul, otages, quand il s'agit du droit, notre président prend le temps de respirer à fond.

— Un président de la République, et je me fais l'avocat du diable, cherche d'abord à défendre les intérêts français. Or la France avait encore des intérêts en Iran. Il pouvait se dire : après tout, c'est un conflit entre les Iraniens et les Américains, tirons notre épingle du jeu.

— Si tu entends sonner le glas, il sonne pour toi.

— Vous écriviez le 4 juillet 1978 : « Responsable de mon pays je n'aurais d'yeux que pour Tito et son Adriatique ou pour la mer Égée et les ambitions turques. C'est vrai du Moyen-Orient et de ce qu'on appelle la corne de l'Afrique. Des soldats russes en Ethiopie, la guerre d'Erythrée, le coup État simultané aux deux Yemen, le changement de régime à Kaboul m'avertiraient que l'heure approche. Et si je voyais comme tout le monde les armées de Brejnev cam-

per aux frontières d'Allemagne et de Chine, je penserais
d'abord à l'Iran ». A cette date, nul n'aurait osé pronosti-
quer, du moins à moyen terme, la révolution iranienne, ni
n'attachant grande importance aux rivalités tribales entre
Afghans. Je ne vous flatterai pas en parlant de prescience
mais votre jugement m'intéresse. A qui penseriez-vous
aujourd'hui ?

— A l'Iran.

— Je comprends, les dés roulent encore sur la table. Mais
après ?

— A l'Arabie séoudite.

— Pourquoi ?

— Là se trouve la dernière clef de l'ordre ancien.
Celui qui la jettera dans la mer forcera la porte du
destin.

— Pourquoi n'avez-vous pas cité la Turquie ?

— J'y venais. Il s'y déroule une partie dont les enjeux
apparaîtront quand il sera trop tard. Le coup d'État ne
réglera rien, bref répit, moment de silence dans la grande
plainte d'un peuple qu'on entendra bientôt de loin. La Turquie est en guerre civile. Plus qu'à des généraux je crois à la
révolution.

— L'Otan ne peut pas s'exposer à perdre cette place
forte.

— On ne lui demandera pas son avis, croyez-moi.

— Le coup d'État, il faut l'avouer, a été accueilli avec
soulagement en Turquie et ailleurs. On assassinait en
moyenne quarante personnes par jour.

— Ce n'est pas un gouvernement militaire aux tendances
conservatrices qui empêchera l'explosion. Et attention tout
autour à la contagion des dictatures ! Ça va donner des
idées, je vous le jure, en Grèce, au Portugal... Non, l'indifférence, soulagée comme vous dites, de l'Europe occidentale,
prépare de mauvais jours.

— Comment interprétez-vous le conflit entre l'Irak et l'Iran ?

— Comme une tentative pour l'Irak de régler à son avantage une querelle séculaire entre le monde arabe et le monde persan. Le traité de 1975 accordant au Shah une frontière médiane dans le Chatt el Arab et l'occupation par l'Iran des îlots de la Grande Tomb, de la Petite Tomb et d'Abou Moussa qui contrôlent l'accès du détroit d'Ormuz, reflétaient un rapport de forces qui, pour les Irakiens, a cessé. Les appels de Khomeiny à la révolution chiite en Irak, révolution qui ne pourrait se faire que par l'élimination du gouvernement de Saddam Hussein, ainsi que le désordre de l'économie et sans doute de l'armée iraniennes ont incité l'Irak à prendre les devants et à tenter de rétablir les droits perdus naguère. Saddam Hussein, tout en réalisant un objectif national, se pose en candidat au leadership arabe, abandonné par Sadate et que le roi d'Arabie n'est pas actuellement en mesure de relever lui-même. Vous avez vu qu'en dehors de la Syrie et de la Libye tous ont fait bloc autour de lui. On oublie un peu trop par ici que ce que nous nommons golfe Persique s'appelle, pour eux, golfe Arabique.

— Et les super-puissances ?

— Elles sont aussi embêtées l'une que l'autre. Les Américains pourraient se réjouir, se sont peut-être réjouis au début en raison de leur contentieux avec l'Iran. Mais, ce n'est pas le seul paradoxe, l'Iran de Khomeiny est aussi nécessaire que l'Iran du Shah à l'équilibre du Moyen-Orient. La géographie n'a pas bougé ! L'océan Indien est toujours là, le pétrole aussi. Et les Russes qui ont armé l'Irak — les Français ne s'en sont pas privés non plus — sont également chiches d'encouragement. En raison de l'axiome que j'ai déjà cité : toucher au pétrole c'est la guerre. Après l'affaire d'Afghanistan les Russes n'ont pas

envie que se pose un nouveau problème dans la région.
Voilà pourquoi j'ai dit, dès le premier jour du conflit, à la
télévision qui m'interrogeait, que l'Amérique et l'URSS
s'entendraient pour contenir la guerre.

— Le pourront-ils ?

— Qui le sait ?

— Mais pendant ce temps le passage des bateaux pétroliers est bloqué et l'Occident s'inquiète.

— Pas encore, pas encore. Il y a du pétrole en réserve à
l'Ouest. L'OPEP a dû freiner la production pour maintenir
les prix. Et M. Barre serait fâché d'avoir à baisser le prix de
l'essence. La guerre, en contingentant plus encore les
livraisons prévues sert parfaitement les intérêts de beaucoup de gens et d'abord des sociétés pétrolières. Bien
entendu, il ne faudrait pas que ça dure trop longtemps.

— Vous croyez à une médiation réussie ?

— Raisonner sur l'irrationnel n'est pas aisé. L'Irak peut
gagner la première manche mais n'a pas la capacité de
pénétrer loin en Iran. Et ce dernier peut attendre. A la
limite, un coup d'État militaire qui renverserait un Khomeiny affaibli par l'événement ne justifierait cette action aux
yeux des Iraniens que s'il sauvait l'honneur sur le Chatt. Et
comme l'Irak n'a pas de moyens illimités, il inclinera, je
pense, à un accord.

— Qu'avez-vous pensé de la visite de Sadate en Israël ?

— Deux mots voisins dans le Larousse le diront mieux
que moi. Génie : « aptitude naturelle à créer quelque chose
d'original et de grand ». Généreux : « de bonne race ».
Sadate le généreux a montré du génie.

— Et de Camp David ?

— C'est un bon traité.

— Hors Carter, Sadate et Begin, et encore qu'en est-il
aujourd'hui ! vous n'êtes pas nombreux à penser de la
sorte.

— Rechercher un accord global au Proche-Orient est tout à fait souhaitable, mais un accord simultané, tout à fait impossible. Si l'Égypte doit attendre la Jordanie qui attendra l'Arabie séoudite qui attendra l'Irak qui attendra la Syrie qui attendra les Palestiniens qui n'attendent personne pour interdire un compromis, rien n'avancera jamais. Sadate a eu le courage de briser le cercle infernal.

— D'autres appellent ce courage faiblesse. L'obligation pour l'Égypte de compter sur l'aide américaine afin de ne pas sombrer dans une crise épouvantable a peut-être joué davantage dans son esprit que les vastes desseins que vous lui prêtez.

— L'Égypte vaut assez par elle-même pour n'avoir pas à s'abaisser.

— Mais il n'y a pas eu contagion de la paix et Camp David est resté lettre morte en Cisjordanie.

— Il eût été plus sage en effet pour Sadate et Begin de signer un accord militaire, un armistice entre soldats qui, sur le terrain, se serait traduit par les mêmes concessions mutuelles que d'appeler paix, avec les implications politiques que ce mot comporte, un traité dont les effets ne dépendaient pas d'eux. Je m'étais permis de donner ce conseil à Golda Meir, avant de me rendre au Caire où j'ai rencontré Sadate en 1975.

— Vous y avez aussi rencontré Arafat.

— Oui.

— Que lui avez-vous dit ?

— Ce que je répète à qui veut bien m'entendre : que les socialistes français ne prêteront pas la main à la destruction de l'État d'Israël dont les Nations unies ont reconnu le droit à l'existence ainsi qu'à des frontières sûres et reconnues ; que ce droit d'exister ne peut se passer des moyens d'exister ; que nous soutenons les résolutions de l'ONU sur l'évacuation des territoires occupés par Israël à la suite de

la guerre des Six jours ; que le peuple palestinien a droit à
une patrie et dans cette patrie d'y bâtir un État.

Ce langage, je l'ai tenu à Boumedienne, à Rabin, à Sadate,
à Souslov, à Perez, à Carter, devant la presse israélienne à
Tel-Aviv, sur les écrans de la télévision, à Alger et, ce printemps, aux vingt-cinq mille Juifs rassemblés à Pantin à
l'occasion des « 12 heures pour Israël ».

— Là commence l'embrouille. Comment interpréter la
résolution 242 de l'ONU ?

— Question juste. La traduction française demande l'évacuation des territoires occupés, ce qui élimine tout préalable, et la traduction anglaise l'évacuation des territoires, ce
qui laisse place à la négociation.

— Pour laquelle optez-vous ?

— Peut-on régler l'affaire sans d'abord négocier ? Qui
donc y songerait ?

— Les extrémistes des deux camps.

— Deux peuples pour la même terre. Deux peuples et des
siècles qui témoignent pour eux. S'appelle-t-il extrémiste,
celui qui veut une patrie ?

— Les problèmes sans solution, ça existe.

— Je recevais, l'autre jour, au Parti socialiste, des maires
de Cisjordanie. Ils se plaignaient de l'attitude israélienne,
de la police, des attentats, des expulsions, des colonies juives, de l'occupation militaire. En Cisjordanie, ils étaient
chez eux. Ils voulaient rentrer chez eux. Israël n'avait rien à
y faire. Comment pouvions-nous les aider ? Soudain l'un
d'eux, d'un ton posé, nous dit : « Nous ne voulons pas vous
tromper. Ne croyez pas que nous bornions notre revendication à la présence israélienne en Cisjordanie. C'est de
Palestine même qu'elle doit disparaître. Jamais nous ne
reconnaîtrons le partage ». Je rappelai que les socialistes
avaient approuvé l'acte de 1949, qu'ils n'avaient pas changé
d'avis. Notre interlocuteur nous regarda droit dans les

yeux et répondit : « Et quand Hitler occupait la France,
l'acceptiez-vous ? Et s'il avait gagné la guerre auriez-vous
estimé qu'il avait gagné le droit de rester chez vous ? » Je
protestai que cette comparaison appliquée au peuple juif
était pour des raisons faciles à comprendre particulièrement malheureuse. Nous nous quittâmes peu après.

— Au fond Begin, à sa manière, ne pense pas autrement :
Israël n'occupe pas des territoires, il les libère.

— Prenez cette bible et ouvrez-la aux deux signets que j'y
ai placés. Dans la Genèse vous trouverez ce verset : « Ce
jour-là Yahvé conclut une alliance avec Abram en ces termes : « A ta descendance je donne ce pays, du torrent
d'Égypte au grand fleuve, le fleuve Euphrate ». Et dans le
livre de Josué : « Après la mort de Moïse, Yahvé parla à
Josué et lui dit : « Moïse mon serviteur est mort, il est temps
d'agir et de passer le Jourdain que voici, toi et tout ce peuple vers le pays que je donne aux enfants d'Israël. Tout lieu que
foulera la plante de vos pieds je vous le donne. Depuis le désert
et le Liban jusqu'au grand fleuve, l'Euphrate, et jusqu'à la
grande mer, vers le soleil couchant, tel sera votre territoire ».
Begin est un croyant. Israël garde la terre de Dieu. Il ne peut
donc en disposer. C'est Dieu qui l'a donnée, non pas pour les
beaux yeux du peuple, mais pour qu'il y soit lui-même servi.

— Si Dieu a perdu la moitié de sa terre, ça promet !

— Oui, deux peuples pour la même terre et un Dieu de
chaque côté, la diplomatie a de quoi s'essouffler.

— Les problèmes sans solution en ont une : la violence.

— L'embrouille a commencé beaucoup plus tôt que les
arguties de l'ONU et durera tant qu'Israël dira « jamais » à
l'existence d'un État palestinien, et l'OLP « jamais » à
l'existence d'Israël.

Je pense que nous devons faire la sourde oreille au rappel insistant de ces pétitions de principe et traiter la réalité
en médecins de campagne.

— Pour quelle ordonnance ?

— Ordonnance est trop dire ! Je m'efforcerai en tout cas de parler clairement. Il n'y a pas meilleur service à rendre à ses amis. Je conseillerai donc à Israël de consentir à la naissance d'un État palestinien. A cet argument venu cent fois dans nos conversations, Shimon Perez et les dirigeants du Parti travailliste me rétorquent que cet État palestinien existe, qu'il s'appelle la Jordanie, qu'avant la guerre des Six jours il englobait déjà la rive droite du Jourdain, que l'insistance mise par l'Europe à demander la création d'un État nouveau démuni de toutes racines et sans aucun précédent historique n'est pas sérieuse. J'ai beau leur répondre que je ne vois pas en quoi la présence de deux États palestiniens au lieu d'un aux frontières d'Israël constituerait une menace plus grave, ils n'en démordent pas. Regardez la carte d'Israël : difficile de ne pas comprendre leur prudence. Mais le qui-vive perpétuel n'est-il pas un plus grand risque ?

— Vous avez déclaré que vous préfériez la négociation directe à l'arbitrage extérieur.

— Dans la phase préliminaire, oui, je préfère la négociation directe à l'assistance intéressée d'arbitres qui n'en sont pas. Les Nations unies et cette drôle d'instance, dite des quatre grands, un moment essayée, États-Unis, URSS, France et Grande-Bretagne, n'ont eu aucune prise sur l'événement. La conférence de Genève reste en l'air. Je compte davantage, à ce stade, sur les médiations sollicitées ou acceptées de pays et d'hommes d'État qui ont su garder raison, comme Ceaucescu ou Willy Brandt, ou de grands mouvements d'opinion comme l'Internationale socialiste.

— Et la France ?

— Elle a fini de gâcher ses chances, peut-être de les perdre à l'occasion du récent voyage de Valéry Giscard d'Estaing dans les émirats. Il a semblé par son silence sur

Israël vendre notre âme pour du pétrole. Et quelle étrange idée d'observer la Galilée à la jumelle du haut des bunkers jordaniens ! Maintenant qu'il vend nos techniques nucléaires à l'Irak, les irritations s'exaspèrent.

— L'obstination de Begin qui bloque la négociation sur la Cisjordanie, qui encourage l'implantation de colonies juives dans les territoires occupés; qui obtient de la Knesseth qu'elle proclame Jérusalem capitale éternelle d'Israël, a de quoi lasser les amitiés les plus fidèles. Voir l'Amérique.

— Sadate en sait quelque chose. Mais Begin passera. Il est déjà passé.

— Récusez-vous Jérusalem « capitale éternelle d'Israël » ?

— L'acte de la Knesseth a quelque chose de provocant, donc d'inutile. Mais il y a dans l'attachement d'Israël à cette ville une dimension que je comprends. Je m'étonne davantage que la Knesseth n'ait pas proposé, à cette occasion, un statut religieux et politique pour les lieux saints chrétiens et musulmans.

— Et que diriez-vous à l'OLP ?

— Que tant qu'elle posera en principe la destruction de l'État d'Israël, elle n'obtiendra pas son droit à négocier.

— Nous en revenons à ce que nous disions tout à l'heure.

— Hélas ! Mais j'espère encore, j'espère quand même. Qu'ils viennent donc de part et d'autre, Israéliens, Palestiniens, sans autre état civil que leur patriotisme, s'asseoir autour d'un tapis vert et tous s'étonneront de ce qui germera.

— Refuseriez-vous à Arafat, comme une campagne d'opinion l'exige, son visa pour la France ?

— Non.

— L'y recevriez-vous ?

— Cette décision appartiendrait à mon parti.

— Mais vous, qu'en pensez-vous ?

— Je veillerais à ce que cette rencontre, si elle devait
avoir lieu, ne prêtât pas à confusion.
— N'avez-vous rien d'autre à dire sur le Proche-Orient ?
— Oh si ! Mais nous n'écrivons pas une encyclopédie ! Je
ne fermerai pas ce dialogue sans avoir appelé les Nations
unies et la conscience des hommes à rendre justice au
Liban, écartelé, et qui, trop petit pour gêner la marche
insensible du temps, est abandonné à la mort.
— Restons en Asie, mais à l'autre bout. Il s'est passé en
Chine depuis la mort de Mao Tsé Toung des événements
considérables : l'ouverture vers le monde extérieur, une
remise en question de la voie communiste telle qu'elle avait
été définie par Mao Tsé Toung. Et surtout la rupture avec
l'Union soviétique. Quelles conséquences en tirez-vous à
court terme ?
— La rupture de la Chine et de l'Union soviétique a précédé de loin la mort de Mao. J'ai assisté en 1961, à Pékin,
Chang-haï et Canton aux premières tensions visibles entre
Russes et Chinois. Les experts et techniciens soviétiques
commençaient de remplir les avions en partance pour Moscou. Une campagne nourrie de quolibets visait Khrouchtchev
dont on parlait communément comme d'un traître, plus
traître que sot, ou bien usurpateur. Par comparaison, on
flattait la mémoire et l'œuvre de Staline avec lequel pourtant Mao avait eu maille à partir. Mao se considérait
comme le seul héritier, le seul interprète qualifié de
Lénine, le seul interprète aussi de Mao Ze-dong, non pas
continuateur mais fondateur du communisme dans le
monde, partout semblable et différent. L'ambassadeur
Tchervonenko, actuellement à Paris, qui a vécu de près la
dégradation des relations sino-soviétiques puisqu'il représentait l'URSS à Pékin, m'a parlé sans indulgence des
façons de faire de Mao à l'égard de son pays.
Premier homme politique français à rencontrer Mao chez

lui, j'ai raconté dans *La Chine au défi* les circonstances de ma visite à Hangchow. La conversation, interrompue par des promenades dans le jardin, avait porté sur les États-Unis d'Amérique, encore qualifiés de tigre de papier, sur la guerre d'Algérie, sur la révolte du Tiers-Monde. Il reprochait à de Gaulle sa soumission aux intérêts américains et mettait les socialistes dans le même sac. Tout cela très aimablement. Des Russes, il n'a rien dit, sinon cette incidente : « Nous avons besoin d'aide, mais pas de protection. Nos amis russes le comprendront ». Aux rivalités idéologiques qu'entraînait la différence de conception et de méthode entre la révolution paysanne, fondement de l'ordre chinois, et la révolution ouvrière de Lénine, s'ajoutaient des rivalités, des affrontements aux frontières. L'un de mes interprètes, professeur à l'Université de Pékin, me vantait de sa voix douce l'extrême patience de la Chine devant l'expansionnisme russe. De retour à Paris j'avais plaidé pour la reconnaissance de la Chine populaire par la France, qui préférait encore Tchang Kaï Chek. Il fallut attendre trois ans avant que la France comprît que le grand schisme de l'église communiste et la montée prochaine de la Chine, superpuissance, transformeraient les données de l'échiquier mondial.

Quelques années auparavant, je m'étais heurté de la même façon au tragique aveuglement de la IVe République. Au moment où Georges Bidault concoctait le lâchage d'une bombe atomique sur Hanoï, et où Foster Dulles pratiquait le containment, sorte de ceinture de sécurité bourrée d'armes et d'explosif tout autour de la Terre dont il s'était institué le gardien, nous étions quelques-uns à penser et à dire que tout passerait bientôt par la Chine en Extrême-Orient, avant que beaucoup de choses ne passent par la Chine sur le reste de la planète.

J'avais suivi l'évolution de ce pays et tout en analysant

les causes probables des tensions futures avec son grand voisin, j'avais conclu qu'au moins pour les dix années à venir, la solidarité l'emporterait sur la querelle. J'avais mal mesuré le formidable besoin d'être soi, de sortir de son moyen âge, d'accéder aux responsabilités de son rang qui habitait, douze ans après la fin de la Longue Marche, la Chine de Mao.

Il est vrai que les dernières années de son règne ont été obscurcies par des intrigues de palais et des compétitions, parfois sanglantes, pour le pouvoir. Et même si les marchands et les industriels d'Occident commençaient à parcourir l'empire du Milieu, même si les missions diplomatiques, commerciales, culturelles chinoises multipliaient parades et politesses dans les capitales d'Europe, la Chine restait, attentive et secrète, immobile au-dedans d'elle-même.

— Y retournerez-vous bientôt ? Êtes-vous invité ?

— Oui. Je l'ai d'abord appris par des voyageurs yougoslaves, puis par des voyageurs portugais, — retour de Pékin. Mario Soarès m'a téléphoné de Lisbonne pour me dire qu'on m'attendait. L'invitation est arrivée ensuite par l'ambassade. Maintenant on insiste pour que ce voyage soit proche. Je pense pouvoir m'y rendre en janvier ou février.

— Cette hâte après, il faut le dire, une longue indifférence vous paraît-elle liée à la rupture de l'Union de la Gauche en France ?

— On peut le penser. On aurait tort aussi de n'attribuer qu'à l'antagonisme sino-soviétique l'intérêt que portent les Chinois aux socialistes dans le monde. Brandt, Berlinguer, Carrillo, Soarès m'auront précédé dans la Chine de Deng Xiao Ping.

— Pour un socialiste français qu'est-ce qui est le plus important ? De bonnes relations avec la Chine ou avec l'URSS ?

— Mieux vaut soigner son voisinage. Si le voisin a des humeurs rien n'interdit d'aller ailleurs chercher à qui parler.

— Fourniriez-vous à la Chine des armes contre l'URSS ?

— Non.

— Vous reprochez pourtant à l'URSS son expansionnisme que les Chinois appellent, eux, hégémonisme.

— Certes. Les Chinois n'ont pas tort. Mais il n'est pas nécessaire d'imiter Gribouille qui se jetait à l'eau pour ne pas se mouiller.

— Croyez-vous à la guerre entre Chinois et Russes ?

— Plutôt non, enfin, pas dans l'immédiat. On ne se prépare pas à la guerre quand on réduit comme vient de le faire la Chine ses crédits militaires de huit milliards de francs. Il est vrai que Deng annonce tous les quinze jours que la guerre mondiale est pour bientôt. Mais il situe son déclenchement loin de chez lui, au Moyen-Orient ou en Europe. Est-ce l'expression d'une conviction ou bien une attitude ? Je ne sais.

— Croyez-vous alors à la réconciliation ?

— Quand la génération des plus de soixante-dix ans aura disparu des deux côtés, oui. Mais comme font ami-ami chien et chat.

— Peut-on conclure de sa guerre avec le Vietnam que la Chine est elle aussi expansionniste ?

— Non. Elle ne l'a jamais été.

— Et le Tibet et Tai Wan ?

— J'estime qu'au Tibet, elle était dans son droit et qu'elle assimilera Tai Wan l'heure venue, sans conflit, en lui accordant au besoin un statut de large autonomie.

— Quelle signification donnez-vous au bouleversement actuel de l'environnement politique, économique, social et militaire en Chine ?

— C'est la fin de la Longue Marche, de sa route inspirée,

de ses colossales improvisations, d'une génération et du dieu sur la terre. Les managers sont arrivés.
— Mais c'est le même Parti communiste.
— Comme instrument de pouvoir, oui, de la révolution, non. Les nouvelles équipes ont autre chose à faire. Pas de temps à perdre non plus avec la liberté. On ne verra plus Mao que parcimonieusement sur les murs. Mais les dazibao y seront interdits. L'heure est au travail, à l'éducation, à la technologie, à la construction d'un appareil industriel et militaire, aux quatre modernisations. On s'évadera de la littérature niaise à dégoûter de l'héroïsme. On avancera au jugé. Deux pas par ci, trois pas par là. On tâtonnera. En dépit de la propagande forcenée pour la contraception, quinze à dix-sept millions de Chinois continueront de naître chaque année et l'on importera cinq millions de tonnes supplémentaires de céréales. Avec un poids pareil, l'imagination a peine à s'envoler. Autour de Deng Xiao Ping et de Zhao Ziyang on va parier sur l'efficacité.
— Efficacité. Ce n'est pas le qualificatif que l'on accordera à l'ensemble des pays industriels pour leur façon de traiter les problèmes du Tiers-Monde. Certes, la Chine par sa dimension, ses ressources et sa vieille civilisation ne peut être assimilée aux pays en voie de développement. Elle a cherché cependant, elle cherche toujours à exercer sur eux une influence politique et économique fondée sur une certaine identité. Mais elle a trop de problèmes à régler chez elle pour être d'une aide utile à l'extérieur.
La Russie ne néglige pas non plus d'entretenir avec les pays du Tiers-Monde qui se trouvent dans sa sphère d'influence, comme le Mozambique, l'Angola, l'Éthiopie, des relations actives. Mais ses techniciens ne semblent pas posséder la psychologie nécessaire pour ancrer durablement les intérêts soviétiques. On l'a vu en Égypte, en Guinée, et, peu avant la mort de Netto, en Angola. On est

davantage preneur de ses armes que de ses idées. Exemples : l'Irak, la Syrie. Bref l'occasion paraît bonne pour l'Occident, qui dispose de l'argent, des techniques et par certains pays anciennement colonisateurs, comme l'Angleterre ou la France, de la connaissance des mentalités, de faire prévaloir ses intérêts. Or, le couple Nord-Sud est plus grippé que jamais et l'Occident semble rater ce rendez-vous déterminant.

— Le Tiers-Monde n'est plus ce qu'il était. Les pays producteurs de pétrole se sont dégagés de la misère et de l'asservissement, même quand leur statut social ou féodal réserve aux classes dirigeantes l'essentiel du profit. Leur entrée subite dans le concert des puissants et des riches contribue même au déséquilibre général. Je crois qu'on ne peut traiter du devenir des pays pauvres sans s'intéresser aux structures et d'abord aux structures économiques et financières qui commandent aujourd'hui les relations Nord-Sud.

— Le système monétaire international, en effet, est arrivé à un tel degré d'instabilité qu'il porte en lui des risques graves d'effondrement et pour les pays occidentaux et pour les pays en voie de développement. Comment agiriez-vous si vous déteniez le pouvoir ?

— En cernant, pour commencer, les causes du mal. J'en vois trois principales : l'effacement du rôle des institutions internationales, la confusion des différentes fonctions du dollar, le poids des pétro dollars.

Les étapes de l'affaiblissement des institutions internationales ont été marquées par la déclaration américaine d'inconvertibilité du dollar, l'abandon de la référence à l'or, l'échec de l'instauration des droits de tirages spéciaux, ou DTS, comme moyens de paiement et le caractère irresponsable — depuis dix ans — de la politique monétaire des États-Unis dans la mesure où elle fait abstraction du rôle international qu'a pris *de facto* le dollar.

Monnaie interne, monnaie véhiculaire ou de transaction internationale et, depuis 1971, monnaie de réserve, le dollar entretient une confusion qui provoque des mouvements monétaires sans relation avec les paramètres économiques et soumis aux seules inflexions et impulsions des pays de l'OPEP.

Enfin l'augmentation brutale du prix du pétrole provoque des excédents de paiements considérables d'un côté et des déficits équivalents de l'autre. Faute d'une réforme du Fonds Monétaire International (FMI) le recyclage de ces capitaux fous dits pétro dollars, greffé sur la fonction traditionnelle des marchés financiers, accélère la course à l'abîme.

— L'analyse du mal ne suffit pas à le guérir.

— Faisons le tour des remèdes jusqu'ici proposés. En premier lieu — toujours ce vocabulaire barbare ! — le « projet de compte de substitution » mis à l'étude lors de la dernière assemblée générale du Fonds Monétaire International à Belgrade et renvoyé, *sine die* après la réunion de Hambourg du 25 avril 1980. Ce projet visait à renforcer la coopération monétaire en donnant au FMI plus de poids, et apportait un début de solution au problème des monnaies de réserve : chaque banque centrale remettrait ses dollars au FMI, qui les replacerait sur le marché financier américain, recevant en échange des droits de tirages spéciaux rémunérés en fonction des taux d'intérêts aux États-Unis. Se superposait à cette construction un mécanisme de crédit pour financer les déficits de balance de paiement. Mais les États-Unis n'ont pas voulu s'y rallier, redoutant que ce « compte de substitution » ne constitue une première étape vers le contrôle du dollar. Et la France, fidèle à sa doctrine hyperlibérale, en a demandé l'ajournement.

En deuxième lieu, les conclusions de la commission Brandt chargée par les Nations Unies d'étudier les conditions du développement des pays du Tiers-Monde. La Commission propose une aide publique des pays industrialisés égale à 0,7 % de leur produit national brut (PNB), ce qui aboutirait à un rajout de trente milliards de dollars par an d'ici à 1985. Elle suggère que les pays en voie de développement bénéficient de nouveaux moyens de financement, par la plus-value dégagée sur le stock d'or, par un recours plus large aux droits de tirages ordinaires, par l'attribution de droits de tirages spéciaux — au-delà de ce qu'autorisent leurs quotes-parts — et par un nouveau partage du pouvoir au sein du FMI. Ces propositions ont pour mérite d'être intelligentes et réalistes et d'inviter les pays industriels à sortir de leur conservatisme. Leur limite — sur le plan politique — est que l'important transfert de ressources qu'elles supposent vers le Tiers-Monde n'échappe pas à la logique de la libéralisation des échanges et à la redistribution de la division du travail conçue, voulue, par les sociétés multinationales. Sur le plan technique, elles représentent davantage — mais tel était leur objet — un ajustement au problème particulier des pays en voie de développement qu'une refonte générale du système monétaire international. Une réaction immédiate des pays membres de l'OCDE, lors de la trentième session de leur comité exécutif, en mai 1980, révèle que les conclusions de la commission Brandt suscitent de sérieuses réticences, pour ne pas dire plus, dans ces sphères. Ainsi, le rapport de synthèse du secrétariat général déclare : « La plupart des pays membres se sont montrés peu disposés à accepter l'idée de l'établissement d'un lien entre les allocations de DTS et l'aide au développement. L'accroissement du transfert de ressources ne doit pas venir interférer avec la question de la création et de la distribution d'avoirs officiels de réserve ».

Langage cotonneux (« se sont montrés peu disposés ») et alambiqué (« ne doit pas venir interférer avec la question de ») — avez-vous remarqué ce retour à la préciosité du langage dit technocratique ? Après la fausse rigueur, la fausse rhétorique, — qui signifie tout simplement que les puissances capitalistes n'entendent pas réduire l'endettement des pays du Tiers-Monde autrement que par une mouture nouvelle du pacte colonial.

Dans un domaine plus restreint et sur un mode mineur, la création du système monétaire de l'Europe des Huit (l'Europe du Marché commun moins la Grande-Bretagne) répond au même besoin d'un retour à un certain ordre. Ce système décidé aux sommets de Brême et de Bonn en juillet 1978, et institué en mars 1979, met pour partie dans la même caisse les réserves des pays de la communauté et crée une monnaie commune, l'écu. Mais il ne participe pas à proprement parler, à la reconstruction du système mondial. Que dis-je ? Il s'en éloigne. Prenant acte de la crise, les européens s'organisent entre eux pour amortir le choc et cherchent à promouvoir l'écu, au rôle tant désiré de monnaie de réserve.

— Permettez-moi de vous interrompre : tout en approuvant le principe d'une communauté monétaire en Europe, vous n'avez pas accueilli avec beaucoup de chaleur la proposition de MM. Giscard d'Estaing et Schmidt qui devait aboutir à la création du SME.

— Le rattachement du franc au mark, monnaie forte, aggrave la politique d'austérité qui asphyxie notre économie et accroît les inégalités entre les classes sociales. Nous avons quelque raison d'être méfiants. Si le SME semble avoir pris un bon départ, il le doit aussi à la faiblesse provisoire de la balance des paiements allemande. Enfin il se contente de suivre le train et ne règle, fût-ce dans son aire géographique, ni les problèmes posés par l'inflation mondiale, ni l'errance des pétro dollars, ni l'absurde recyclage des surplus pétroliers.

J'ajoute que depuis l'époque, début 1978 à fin 1979, où mûrissaient les plans que je viens d'évoquer — « compte de substitution », rapport Brandt, SME — d'importants événements en ont déplacé l'axe. J'en citerai cinq :

• L'obligation où s'est trouvé le gouvernement américain de s'endetter en devises étrangères et d'intervenir sur le marché des changes pour soutenir le dollar.

• Le revirement du gouvernement de la République fédérale allemande acceptant que le deutsch mark devienne une monnaie de réserve.

• La déception causée par le SME qui n'a pas fonctionné comme l'instrument d'une véritable coopération monétaire au sein de la communauté. Je ne suis pas sûr, par exemple, que la République fédérale allemande ait consulté ses partenaires lors de son marché avec l'Arabie saoudite. Une occasion s'offrait alors de financer les déficits de paiements des Neuf, l'endettement pouvant être garanti par les stocks d'or et de devises au FECM. Mais la proposition faite en ce sens par les socialistes français à l'Assemblée européenne n'a pas été retenue.

• L'instabilité aiguë des cours de l'or et des monnaies depuis six mois.

• L'adhésion de la Chine au FMI et l'intérêt que portent à cette institution plusieurs pays du pacte de Varsovie : la Roumanie et la Yougoslavie en sont déjà membres et la Hongrie et la Pologne publient les statistiques exigées par les statuts du FMI.

— Et si rien ne se fait ?

— Les tensions deviendront vite insupportables. On peut imaginer l'insolvabilité des pays en voie de développement non producteurs de pétrole, de certains pays de l'Est, comme

la Pologne, et un krack du marché financier du type 1930.
— Par quoi donc commencer ?
— Avant toute chose par la réforme catégorique du FMI
et de la Banque mondiale. Songez que les pays producteurs
de pétrole n'y occupent que des strapontins, qu'ils n'ont
pas plus que les autres pays du Tiers-Monde accès à la décision et que l'URSS n'y siège pas. Il est inacceptable que le
système monétaire international dépende de la domination
d'un seul, les États-Unis d'Amérique. Le FMI devra
favoriser le développement, comme l'écrivait heureusement Jean-Pierre Chevènement dans Le Monde, en liant,
contrairement à la tendance actuelle, la création de nouvelles liquidités — cinq à six milliards de DTS pour les deux
prochaines années — et l'octroi de ressources supplémentaires aux pays pauvres du Tiers-Monde. Quant à la première action du FMI réformé, — je pense à une augmentation de 33 à 40 % de la part du Tiers-Monde dans le total des
quotes-parts — elle sera de substituer aux changes flot-
tants des parités stabilisées et d'inventer une nouvelle monnaie de compte substituée au dollar.
— Laquelle ?
— On pense tout de suite au « panier de monnaies » —
d'autres diraient « cocktail » — si souvent suggéré par des
experts longtemps considérés comme des marginaux. Et
pourtant ! Si l'on obtenait des banques centrales qu'elles
déposent leurs réserves en devises — moins la valeur d'un
mois d'importation — dans un compte du FMI pour recevoir en échange la « monnaie moyenne » créée à cet effet,
quelle sécurité pour tous ! J'ajoute qu'associer les mesures
du genre « compte de substitution » et l'utilisation de nouvelles monnaies de réserve, le mark, le franc suisse, le yen,
l'écu, et pourquoi pas, le jour venu, le rouble, à un certain
retour à l'or permettrait d'entreprendre une politique
cohérente des réserves monétaires.

— L'or ! Encore lui ! Alors, de Gaulle et Rueff avaient raison ?

— Si l'or, au prix actuel, représente environ 60 % des réserves mondiales, je n'y puis rien.

— Le gouvernement américain opposera son veto.

— Devant la montée de la crise dont il est grandement responsable, il aura de moins en moins les coudées franches.

— Mais l'or n'est produit que par quelques pays au sous-sol privilégié, au premier rang desquels l'URSS et l'Afrique du Sud.

— Aussi ne doit-il pas être à lui seul le centre du système. La reconnaissance de son rôle monétaire aurait, quoi qu'il en soit, dans l'immédiat un effet non négligeable, celui de conduire le FMI et les banques centrales à contrôler un marché livré aux spéculateurs. Parmi les propositions de la commission Brandt, rappelez-vous celle qui suggère de répartir au profit du Tiers-Monde les plus-values dégagées par la réévaluation du stock d'or des banques centrales.

— Logique avec le *Projet socialiste* qui réclame la nationalisation du secteur bancaire, vous insistez beaucoup sur le rôle des institutions nationales ou internationales pour assécher le marché des pétro dollars. Qu'attendez-vous d'elles ?

— Qu'elles surveillent rigoureusement l'activité des banques commerciales et qu'elles s'y substituent s'il le faut.

— Quelque intérêt que présente votre analyse, elle s'en remet pour devenir action à des conditions dont vous n'êtes pas maître : l'accord des États-Unis sur une politique contraire à leurs vues, le renoncement des pays industrialisés au profit immédiat, ce qui n'est pas dans leur nature, une prise de conscience de leurs devoirs chez les pays arabes producteurs de pétrole, etc. Vos propositions risquent donc de ne pas déboucher. Le rôle des gouvernants n'est-il pas, faute de mieux, de coller au réel ? Et dans le cas présent le réel exige qu'on lui réponde sans délai.

— C'est à quoi s'appliquent les Nations unies, la Banque des règlements internationaux, le GATT, qui depuis le début de l'année s'interrogent, à tour de rôle, sur la meilleure façon de recycler les pétro dollars. Mais pendant ces cogitations la masse des pétro dollars enfle et déborde les faibles digues qu'on leur oppose. Sauf réaction rapide cela ira de mal en pis. Les pays producteurs, tant ils sont saturés, achèteront moins d'équipements aux pays industrialisés. Les Occidentaux coincés par la crise ne pourront augmenter le prix de ces équipements au rythme du prix du pétrole. J'ai dit qu'une solution heureuse serait de faire dériver sur le FMI et la Banque mondiale les excédents déposés à vue dans les banques américaines ou suisses. Mais puisque vous me pressez de prendre parti pour le court terme, je pense que la formule des emprunts collectifs, réemployés dans les pays pauvres, est bonne. Également l'idée émise à La Havane par les pays du Tiers-Monde d'une banque nouvelle qui prêterait des pétro dollars aux plus démunis. Je me réjouis de constater que la communauté européenne s'efforce d'impliquer les pays pétroliers dans un effort conjoint avec le monde industriel, pour aider les plus pauvres à réduire leur dépendance vis-à-vis du pétrole importé et qu'elle ait, à cette fin, demandé à la conférence de New York la définition de règles destinées à assurer un équilibre positif entre l'offre et la demande d'énergie au niveau mondial et régional. Enfin, je ne saurais trop insister sur la proposition de Claude Cheysson d'élaborer des plans financiers à long terme, en vue de mettre en œuvre de vastes projets de développement négociés entre groupes de pays industrialisés et groupes de pays pauvres.

— La France ne fait-elle pas un effort particulier en faveur du Tiers-Monde ?

— Non. Je vous renvoie à un excellent article de Jean Boissonnat — qui n'en est pas chiche — paru début septembre dans *Le Provençal*. Jean Boissonnat note que si l'aide publique française au développement des pays pauvres nous coûte 0,6 % de notre production nationale, soit le double de ce qu'elle coûte aux États-Unis et au Japon, elle reste loin derrière la plupart des pays d'Europe du Nord et d'abord de l'Allemagne. En outre ce pourcentage repose sur une astuce. La moitié de l'aide française, à peu près, va à nos départements et territoires d'outre-mer — c'est-à-dire à nous-mêmes — ce qui ramène notre contribution au niveau du Japon et des États-Unis.

Autre légende : la Corrèze et le Zambèze, c'est-à-dire la France prodigue de ses deniers et qui dépenserait sans compter pour assister les peuples lointains en oubliant le sien. Or nous vendons beaucoup plus aux pays du Tiers-Monde que nous ne leur achetons : nous exportons vers eux cinq fois plus de produits industriels que nous n'en importons, le quart du total de nos exportations de ce type. L'aide publique coûte cher aux contribuables mais rapporte beaucoup aux capitaux privés !

Mais Boissonnat élargit le débat. Il constate que le Tiers-Monde est endetté pour quatre cents milliards de dollars, que parmi les pays pauvres, nombreux sont ceux qui ne trouvent plus prêteurs tandis que les autres se contentent d'utiliser les prêts et les dons qu'ils reçoivent à refinancer les dettes parvenues à échéance. C'est le serpent qui se mord la queue. Au bout du compte, quand le Tiers-Monde ne trouvera plus d'argent, le monde développé ne trouvera plus d'acheteurs. On voit déjà de grandes banques américaines menacées de faillite pour avoir trop prêté à des pays insolvables. Et Boissonnat a cette formule : « Au même

292   ICI ET MAINTENANT

moment des capitaux oisifs dans certains pays pétroliers, des machines arrêtées faute de commandes dans les pays industrialisés et d'immenses besoins insatisfaits dans le reste du monde... C'est le triangle de l'absurde ! »

— Dans son dernier livre Jean-Jacques Servan-Schreiber explique que les pays de l'OPEP seraient décidés à aider le Tiers-Monde à sortir de sa misère et à lui consacrer d'énormes capitaux, qu'à cet effet ils indexeraient le prix du pétrole, ce qui entraînerait l'indexation de tous les prix des matières premières produites par le Tiers-Monde, idée chère à Mendès-France.

— On peut tout imaginer. Même cette stratégie de guerre froide qui, Helmut Schmidt a raison, tournerait vite à la guerre chaude, dès lors qu'il s'agit d'énergie, ce sang des sociétés modernes.

Que les choses se passent ainsi ou non, on peut mesurer l'incroyable incapacité du monde occidental, et donc du grand capital, à dominer l'égoïsme, l'immobilisme dont il est frappé. Il n'a pas su utiliser les capitaux arabes, puisque cet argent prélevé sur tout le monde par le prix de l'énergie et qui revenait se placer en Europe ou aux USA n'était pas ou mal investi, et puisque le Tiers-Monde dont il aurait pu faire un client innombrable pour sa technologie en a été privé. Et l'on s'étonne du chômage, de l'inflation, de l'entrée fracassante du Japon sur le marché mondial, de l'impossible dialogue Nord-Sud et du déclin de l'Occident que Spengler annonçait à ma vingtième année...

— Quelque chose de fou s'est emparé de nos esprits.

— La mort, plutôt. Ce couple infernal, le dollar, le pétrole, ne conçoit que des morts-nés.

— Encore pessimiste !

— Comment un socialiste serait-il pessimiste puisqu'il croit au devenir de l'homme ? Non. Il reste à se battre.

— Je reviens au livre de Servan-Schreiber. N'exprime-t-il pas une idée-force lorsqu'il estime que Tiers-Monde plus Japon plus pays producteurs de pétrole, cela constitue pour demain le triangle majeur, maître de l'avenir ?

— Oui et non. Oui, quand il développe la thèse selon laquelle le Tiers-Monde des pauvres doit brûler l'étape classique de l'industrie lourde et passer sans détours à l'ère informatique. Oui, quand il observe que le Japon est mieux préparé et mieux placé qu'un autre pour fournir l'équipement ad hoc. Oui encore, quand il ouvre aux pétro dollars un nouveau champ d'investissements.

Non, si l'on doute que les pays producteurs de pétrole soient assez unis pour entreprendre un si vaste projet et politiquement et moralement prêts à investir sur le long terme plutôt que chercher l'abri douillet du profit immédiat.

Non, si en dépit de ses prodigieuses performances on sait que le Japon aura bientôt lui-même besoin de se défendre, sur son propre terrain, contre la concurrence de Taï Wan, Hong-Kong, Singapour et la Corée du Sud. Non enfin, si l'on pense que l'économie du Tiers-Monde suit le train de la politique qu'on y mène...

— Se dessine là pourtant une perspective audacieuse.

— Intelligente aussi, mais, comment dirai-je ? géométrique, trop géométrique. On ne trace pas au compas l'histoire des sociétés. Mais vive les idées ! Où iraient les hommes sans les vues de l'esprit ?

— Japon, Corée du Sud, Taï Wan, Hong-Kong, Singapour cela fait du monde en veine de puissance à l'autre bout de la terre !

— L'axe de la planète s'éloigne de nos rivages. Après la Méditerranée, l'Atlantique et l'Océan indien, voici maintenant l'heure du Pacifique. D'un côté la chaîne des peuples asiatiques, de l'autre l'Alberta, la Colombie britannique, la

Californie, le Mexique. L'Europe ferait bien de prendre la mesure du temps.

— Le nom de Willy Brandt est revenu plusieurs fois dans notre conversation depuis que nous traitons des affaires du Tiers-Monde. L'ancien chancelier d'Allemagne est en effet depuis près de cinq ans président de l'Internationale socialiste dont vous êtes, vous-même, vice-président. Sous sa direction l'Internationale a considérablement accru son audience. Que s'est-il passé ?

— Le rayonnement de Willy Brandt, sa générosité d'esprit et ses capacités de travail ont réveillé une organisation qui, avec l'âge, s'assoupissait. La vieille dame ne sortait plus guère de chez elle. Brandt et le petit groupe des dirigeants appelés aux responsabilités en 1976 ont tout simplement regardé le monde autour d'eux et compris que vivre comme naguère, les pieds au chaud dans une Europe aux volets clos, nous condamnait à disparaître. Nous avons pris à bras le corps les problèmes tels qu'ils se posaient. En ouvrant d'abord l'Internationale à des partis, à des pays considérés jusqu'alors trop remuants pour qu'on prît le risque de les laisser troubler l'heure du thé. En Amérique latine les mouvements révolutionnaires en lutte contre les dictatures et les oligarchies et cependant désireux d'échapper au choix cubain sont venus à nous, curieux, intrigués, méfiants au début mais vite gagnés par l'intérêt des débats et le poids de l'organisation. Ils sont maintenant présents dans nos structures de décision. Nous avons tenu au mois d'avril dernier une session en République Dominicaine, prolongée au Pérou. Nous y avons rencontré l'un des membres de la junte du Nicaragua, les chefs de la résistance armée du Salvador et du Guatemala. Auparavant, deux missions, l'une conduite par Felipe Gonzalès, l'autre par Mario Soarès étaient allées en Amérique centrale, aux Caraïbes et dans la partie nord du continent sud-américain. Et je pense que l'assistance de nos représentants à Saint-Domingue lors du passage difficile de la dictature Ballaguer au gouvernement Guzman a contribué à faciliter une transition dont tout laissait penser qu'elle finirait dans le sang. Une conférence à Caracas en 1976, un congrès à Vancouver en 1978, l'adhésion — comme observateur — du principal parti d'opposition au Brésil, des relations confiantes avec l'Equateur, le Panama, la Jamaïque, la caution donnée aux combats des démocrates en Argentine, au Chili, en Uruguay, au Paraguay, en Bolivie, ont rendu l'Internationale actuelle et nécessaire.

Mais cette activité s'oriente dans d'autres directions. Récemment Leonid Brejnev, pour la première fois dans l'histoire des deux Internationales concurrentes, a reçu au Kremlin une délégation — où se trouvait Lionel Jospin — venue l'entretenir des problèmes du désarmement, après en avoir débattu à Washington avec Carter et à New York avec Waldheim. Bruno Kreisky, chancelier d'Autriche, à la tête d'un groupe de travail a rencontré les dirigeants arabes pour étudier les possibilités d'un règlement pacifique au Proche-Orient. Olof Palme, rentrant d'une mission en Afrique australe, se trouvait l'autre jour à Téhéran, tandis que les socialistes de l'Europe du Sud, italiens, espagnols, portugais, français, grecs et maltais discutaient à Lisbonne des réalités méditerranéennes et s'inquiétaient de la situation turque au lendemain du coup d'État. Une mission conduite par Lionel Jospin s'est informée sur place de l'évolution du régime au regard des droits de l'homme à Tunis.

L'Internationale a condamné l'affaire Sakharov et le coup de Kaboul. J'avais moi-même, en son nom, à une époque où l'indifférence encourageait le génocide, dénoncé le régime de Pol Pot au Cambodge.

Au sein du Marché commun l'union parlementaire des Partis socialistes, présidée par Robert Pontillon puis par

Joop den Uyl, est à l'origine de la plupart des initiatives pour donner à l'Europe un autre contenu économique et social. Bref l'Internationale existe.

Elle reste liée, pourtant, plus qu'il ne conviendrait, à ses origines européennes. Peu présente en Asie, sauf au Japon, en Corée du Sud, en Malaisie, en Israël, en Turquie, et demain, je l'espère, au Liban, elle ne compte qu'un parti membre en Afrique, le parti socialiste sénégalais, dont le leader Léopold Sedar Senghor joue, en revanche, un grand rôle dans notre organisation.

— L'Internationale n'apparaît-elle pas comme exagérément touche-à-tout ? Et n'a-t-elle pas des ambitions au-dessus de ses moyens ?

— Ses ambitions sont à la fois immenses et modestes. Immenses, puisqu'elle entend témoigner partout pour les droits et pour les libertés, droits des travailleurs, droits de la femme, droits de l'enfant, droit de l'homme et du citoyen, droit des peuples à disposer d'eux-mêmes, et pour le règlement pacifique des conflits. Modestes, puisqu'elle n'exerce d'autre pouvoir que celui de la recommandation politique et morale.

— J'ai lu les propositions économiques qui seront discutées en novembre à votre prochain congrès de Madrid. Je les trouve plutôt timorées.

— Vous touchez là l'une de nos difficultés. Il y a parmi nous ceux qui gouvernent et, en plus grand nombre, des partis d'opposition. Les intérêts d'Etat se mêlent, parfois pour les contredire, aux aspirations socialistes. Cette contradiction ne peut être entièrement surmontée puisqu'elle est inhérente à la nature des choses. Mais elle prouve aussi notre respect mutuel de l'indépendance de chacun. L'Internationale n'est pas un super-État — ça, on l'a compris ! — ni un pouvoir occulte, Rome ou Moscou des socialistes. C'est un lieu de rencontre où s'élabore une démarche dont la donnée centrale reste la conquête des libertés.

— D'où vient que les dirigeants communistes dans le monde, et particulièrement les dirigeants communistes français, l'accusent d'ingérence dans les affaires intérieures des États et vous accusent, vous, d'obéir à des directives étrangères, l'Internationale socialiste étant considérée dans leur logomachie comme l'instrument ou l'agent de liaison de ce qu'ils appellent l'impérialisme germano-américain ?

— Je me souviens de cette remarque de Souslov qui ne manquait pas de saveur au beau milieu d'une discussion qui nous opposait, au Kremlin : « Contrairement au Parti communiste français, qui est libre de ses décisions, vous dépendez des directives d'une organisation internationale ». Entendre cela de la bouche de Souslov ! Et à propos des dirigeants du P.C.F. ! Il y a des moments, je vous l'assure, où la langue de bois atteint aux sources du comique. Pierre Mauroy et Gérard Jaquet, qui se trouvaient auprès de moi, sont partis d'un grand rire et, ma foi, il m'a semblé que Souslov se retenait d'en faire autant...

En vérité, l'Internationale socialiste, aussi utile que soit son rôle dans le domaine qui est le sien et que j'ai défini, ne se mêle pas de nos affaires intérieures. Voudrait-elle agir autrement qu'elle n'y pourrait rien.

— Vous avez lancé l'idée d'une conférence des Partis socialistes de l'Europe du Sud, que vous avez réunie la première fois chez vous, à Soustons, en 1975. Au cours de ces derniers mois le rythme s'est accéléré : Paris, Madrid, Corfou, Lisbonne. Papandreou, le Grec, qui n'est pourtant pas membre de l'Internationale, Craxi, l'Italien, Gonzalez, l'Espagnol, Soarès, le Portugais et vous, le Français, avez donc tant de choses à vous dire, hors de la présence des autres partis ?

— Nous avons en commun des problèmes, un langage, une réalité politique et, pourquoi pas, des affinités, qui expliquent l'intérêt de ces rencontres, que j'ai en effet suscitées il y a cinq ans et se multiplient désormais au gré des circonstances. Mais nous ne faisons pas bande-à-part ! Les scandinaves se rencontrent aussi et ce n'est pas la seule conférence régionale au sein d'une organisation qui se veut décentralisée. Quant à Andreas Papandreou, s'il n'est pas membre de l'Internationale, son parti, le PASOK, siège avec les socialistes à l'Assemblée européenne.

— N'étiez-vous pas vous-même circonspect ? Si, à Epinay, le nouveau Parti socialiste dont vous alliez devenir le Premier secrétaire, a adhéré comme ses devanciers à l'Internationale, vous vous êtes, dit-on, abstenu.

— Mes amis de la Convention, le groupe auquel j'appartenais avant Epinay, ont pour la plupart voté contre cette adhésion. Ils craignaient que l'Union de la Gauche autour d'un programme commun, alliance inconnue jusqu'alors en Europe, ne rencontrât l'opposition de l'Internationale. Moi, je pensais qu'ils se trompaient, j'ai voté pour et j'ai bien fait.

— Ne l'avez-vous pas regretté ? Il paraît que pendant deux ou trois ans les relations ont été plutôt fraîches ?

— Pour être exact elles ont surtout été inexistantes. Nous étions très absorbés par notre tâche de réorganisation du mouvement socialiste en France et, à l'exception de quelques-uns d'entre nous, les nouveaux dirigeants ne connaissaient pas les animateurs de l'Internationale. D'ailleurs celle-ci dormait, je l'ai dit, si paisiblement qu'elle ne s'en est pas aperçue.

— Mais à l'époque Willy Brandt était chancelier d'Allemagne et la pierre de touche, comme en beaucoup d'autres domaines, de la bonne entente au sein d'une organisation à dominante européenne, c'est la relation France-Allemagne.

Or, vous êtes restés tout ce temps à vous regarder comme des chiens de faïence.

— J'ai raconté dans un autre livre comment s'est nouée entre Willy et moi une franche amitié. Je reconnais qu'il y a eu quelque mérite. La conception que j'ai de l'intérêt de la France dans l'Europe née de la dernière guerre me rend aisément sourcilleux. Et si les intérêts de l'Allemagne recoupent souvent — le plus souvent — les nôtres, notre point d'équilibre ne peut être le sien. Nous avons parlé, Brandt et moi, comme il arrive rarement qu'on se parle, trois heures durant dans le train spécial qui nous amenait de Stuttgart à Mayence. J'ai su ce jour-là qu'au-delà de Mayence nous allions poursuivre ensemble et longtemps notre route. Il est une image aussi, commune à des millions d'hommes, gravée dans ma mémoire : Brandt à genoux à Varsovie devant le monument dressé en souvenir de l'holocauste, le cœur plein de pitié pour le peuple des suppliciés dont il demandait le pardon pour le sien.

— Varsovie, la Pologne, Dantzig. L'Histoire semble passer par les mêmes chemins. Quelle a été votre réaction à l'annonce des grèves polonaises ?

— Qu'elles signaient le procès-verbal de carence de la révolution léniniste.

— Ce n'était pas la première fois. Déjà à Berlin, à Budapest, à Prague et déjà en Pologne...

— Précisément parce que ce n'était pas la première fois. Dans le même pays, pour la même raison et malgré la répression sanglante de la première fois, plus moyen, la deuxième, de plaider l'accident ou le malentendu ou les erreurs d'un homme, d'une équipe. La deuxième fois met le système en cause.

— Mais ce système, vous avez traité avec lui !

— Je ne comprends pas cette remarque.

— Vous avez signé le Programme commun avec les communistes après Berlin, Prague, Budapest, et les grèves de Silésie. Curieuse façon de condamner le léninisme !

— Vous imaginez Lénine acceptant la démocratie à l'intérieur du mouvement socialiste, la pratique démocratique et parlementaire à l'extérieur, la liberté syndicale, la voie nationale pour chaque parti dans chaque pays, et même... la construction de l'Europe de l'Ouest, toutes choses consignées dans le Programme commun ? Pour les ouvriers polonais le Programme commun serait une merveilleuse libération !

— Vous avez déclaré au Club de la Presse d'Europe 1 qu'il y avait incompatibilité entre le marxisme-léninisme et l'existence de syndicats indépendants en Pologne.

— Cette incompatibilité relève de l'évidence. Ou bien le Parti communiste polonais reprendra la situation en main et il éliminera les syndicats. Ou bien il continuera de composer et le régime s'effondrera.

— Si les choses sont aussi tranchées l'issue devient fatale.

— Rien n'est écrit d'avance. L'URSS ne peut s'offrir tous les luxes à la fois. Elle s'enlise en Afghanistan. Elle doit se garder à la frontière de Chine. L'extension possible du conflit irako-iranien l'inquiète. Son économie s'atrophie. Elle attache un grand prix à la reprise des négociations sur le désarmement. Elle veut que la conférence de Madrid, sauvée des eaux afghanes, réussisse. Elle sait que les autres pays de l'Europe de l'Est ne sont pas chauds pour une intervention militaire, type Prague. Elle craint les réactions du peuple polonais. Mais il lui reste la patience.

— Avez-vous redouté l'intervention soviétique dans les premiers jours du confit ?

— Non, et je l'ai dit aux dirigeants de mon parti. Il m'avait suffi, pour le comprendre, d'observer le comportement de l'Église catholique.

— Une polémique s'est élevée entre Michel Rocard et Lionel Jospin après que le premier eût suggéré l'envoi de la flotte française en Baltique dans le cas d'une intervention soviétique.

— La mise au point de Lionel Jospin, publiée avec mon accord, n'avait pas d'intention polémique et ne s'adressait pas seulement à Michel Rocard. Elle signifiait qu'avant de supputer les conséquences d'une intervention qui n'avait pas eu lieu, mieux valait s'attacher à ce qu'elle n'eût pas lieu. Nous devions prendre garde aussi à laisser les ouvriers polonais apprécier eux-mêmes jusqu'où ne pas aller. Lech Walesa, par une pratique souple et cependant intransigeante, a su faire plier un pouvoir qui n'avait encore jamais reculé. J'ai déjà évoqué la tragique imprudence de Nagy, qui en dénonçant le pacte de Varsovie lors de l'insurrection hongroise s'en était pris directement à l'impérium russe. Les Américains l'y avaient, dit-on, encouragé. Mais à l'heure des comptes, vérifiant une fois de plus cette règle que les conseilleurs ne sont pas les payeurs, il n'y avait plus personne — qu'une potence et des pendus. En situant ses revendications sur le plan des salaires, du pouvoir d'achat et des libertés syndicales, avec en fond de teint la liberté tout court, le mouvement ouvrier de Gdansk a visé juste. Toute implication internationale eût provoqué le pire.

— Mais vous rappeliez à l'instant que cette expérience de liberté, aussi limitée qu'elle fût, ne serait pas admise par le système léniniste...

— Le temps gagné, c'est la vie même.

— Le répit risque d'être bref.

— Bref, mais utile. La conférence de Madrid tombe à pic : l'URSS a besoin de négocier la pause.

— La pause pour ce qui touche à l'équilibre mondial des forces, oui. Mais la Pologne là-dedans ?

— La Pologne est prisonnière de Yalta, comme les autres.

— Cela ne lui laisse guère de champ.

— Les grondements tchèques et allemands (de l'Est), les avertissements de la *Pravda*, la gêne du nouveau pouvoir à Varsovie, annoncent en effet l'orage pour demain. Patience russe, patriotisme polonais, telles sont les deux pièces majeures du jeu qui se déroule tandis que l'Europe retient sa respiration.

— Vous ajoutiez : « Si le régime communiste continue de composer il s'effondrera. »

— Libre de ses mouvements, la classe ouvrière de Pologne aurait balayé sans retour ce communisme-là. Mais Moscou veille. Ah ! si l'on pouvait contenir, cantonner, enfermer dans une réserve interdite aux visiteurs du dehors les grands mouvements de l'Histoire ! Réduire à un folklore la révolte de Gdansk ! Mais voilà, la liberté est contagieuse. Et si les ouvriers allemands d'à-côté, par exemple, commençaient à bouger ? Ils ont des souvenirs, après tout. Vous comprendrez pourquoi Honecker montre les dents. Il sait, lui, où se feront entendre les prochains craquements.

Je vais maintenant me contredire : les autres pays de l'Est ne sont pas chauds, ai-je supposé, pour une nouvelle opération de police chez l'un d'entre eux. Pas chauds, certainement. Mais chacun sent déjà son pouvoir menacé. Ils exigeront bientôt de César, s'il hésite, qu'il baisse enfin le pouce.

— Il n'y a donc plus rien à faire ?

— Si. Le rapport de forces est subtil sous sa visible brutalité. Ici la puissance des armes, là le désir formidable de vivre. Un ouvrier mieux que quiconque comprend le double sens et l'autre dimension des mots « gagner sa vie ».

— Nous arrivons au terme de notre conversation. Non que nous ayions tout dit, loin de là. Mais nous nous étions promis de nous en tenir aux sujets que l'actualité proposait et les occasions ne vous manqueront pas de répondre aux questions absentes de ce livre. La guerre du Chatt el Arab, la révolte de Gdansk et maintenant, après Bologne, après Munich, l'attentat de la rue Copernic, l'événement s'est rapproché de nous ces temps derniers. Pourquoi tout juste débarqué de l'avion qui vous ramenait de l'île de la Réunion, étiez-vous à la synagogue le lendemain du crime ? Faut-il y voir une réaction affective ou bien un geste politique ?

— Je vais à mes amis quand ils sont dans la peine.

— Redoutez-vous la contagion du terrorisme en France ?

— Nul ne sera indemne ou préservé tandis que se réveillent les vieilles haines et les vieilles violences.

— Alors, Hitler pas mort ?

— Hitler est mort, mais la société qui lui donna naissance est, elle, toujours là.

— Le racisme, le fanatisme, l'instinct de mort et de puissance, quelle société leur échappe ? Parlons plutôt du mal de l'homme.

— Oui, de l'homme oublié, abandonné, perdu, livré aux forces qui l'accablent. On meurt un peu partout de faim, de misère, de solitude, on a tué un peuple au Cambodge, on en tue un autre à Timor, les enfants de l'Ouganda n'ouvrent les yeux que sur l'horreur d'avoir vécu et ces rapaces que sont les pouvoirs rongent les os de deux milliards d'êtres humains. Que serait l'ordre établi sur les deux tiers de la planète sans la mitraillette ou la corde, la torture ou l'exil ? Je mesure à cette aune le privilège d'être Français.

Mais chez nous, même chez nous, l'iniquité rampante sape, corrompt le corps et l'âme de la nation. Un pays comme le nôtre, aux quinze cent mille, deux millions de chômeurs cesse d'être un pays libre, accepte la rupture du pacte fondamental.

— N'est-il pas de recours ?

— Ultime paradoxe. Le recours est en nous mais ne nous sauvera que si nous sommes capables de sortir de nous-même, de rencontrer les autres. Le salut est l'affaire de tous...

— Est-ce cela le socialisme ?

— Il est d'autres réponses que la nôtre à l'interrogation de l'homme sur lui-même. Mais faire ce qu'on peut là où l'on est, je ne connais pas d'autre morale. Et ne pas s'arrêter de chercher à comprendre.

Latche - Paris, 1er août - 10 octobre 1980

Table des matières

www.ingramcontent.com/pod-product-compliance
Lightning Source LLC
Chambersburg PA
CBHW071837270326
41929CB00013B/2021